本书出版得到了教育部新农科研究与改革实践项目“综合性大学传统农科专业改造提升的改革与实践”（2020327）、教育部新农科研究与改革实践项目“农林人才思政教育与‘大国三农’教育实践”（2020328）、重庆市高等教育教学改革研究重大项目“新农科课程思政教学改革研究与实践”（221006）、重庆市高等教育教学改革研究重点项目“新农科建设背景下基于专业认证的植物保护一流专业建设实践”（212030）的支持。

|“新农科建设课程思政案例库”丛书|

植物保护专业
课程思政案例库

《植物保护专业课程思政案例库》编委会　编著

西南大学出版社
国家一级出版社　全国百佳图书出版单位

图书在版编目(CIP)数据

植物保护专业课程思政案例库 / 《植物保护专业课程思政案例库》编委会编著. -- 重庆 : 西南大学出版社, 2022.12

("新农科建设课程思政案例库"丛书)

ISBN 978-7-5697-1631-3

Ⅰ. ①植… Ⅱ. ①植… Ⅲ. ①高等学校－思想政治教育－教案(教育)－中国 Ⅳ. ①G641

中国版本图书馆CIP数据核字(2022)第183125号

植物保护专业课程思政案例库

ZHIWU BAOHU ZHUANYE KECHENG SIZHENG ANLI KU

《植物保护专业课程思政案例库》编委会　编著

责任编辑:畅　洁　周　杰
责任校对:雷　刚
封面设计:闰江文化
排　　版:杨建华
出版发行:西南大学出版社(原西南师范大学出版社)
网　　址:www.xdcbs.com
地　　址:重庆市北碚区天生路2号
邮　　编:400715
经　　销:全国新华书店
印　　刷:重庆新生代彩印技术有限公司
幅面尺寸:185 mm × 260 mm
印　　张:19.25
字　　数:460千字
版　　次:2022年12月 第1版
印　　次:2022年12月 第1次
书　　号:ISBN 978-7-5697-1631-3
定　　价:78.00元

“新农科建设课程思政案例库”丛书编委会

《植物保护专业课程思政案例库》编委会

主　　编：王进军

执行主编：青　玲

副 主 编：刘　怀　唐荣发　蒋红波　李玉胜

执行副主编：李　竹

编写人员：丁　伟　马小舟　马冠华　王进军　王　佳　王宗庆
王梓英　车艳丽　牛金志　方安菲　邓永学　厉　阗
申光茂　田斌年　刘　怀　孙现超　孙新华　杜喜翠
李广云　李玉胜　李亚迎　李　竹　李园媛　李明骏
杨宇衡　杨　旸　豆　威　肖　伟　吴根土　何　林
余　洋　余　钱　张开军　张　平　张永强　张　赞
陈国康　陈娟妮　青　玲　罗金香　袁国瑞　钱　坤
徐志峰　高　剑　唐荣发　董国菊　蒋红波　窦彦霞
樊光进　魏丹丹　魏　朋

前言

党的十八大以来，以习近平同志为核心的党中央站在新的历史高度，就高校思想政治工作作出了一系列重大决策部署。强化课程思政和思政课程的同向同行，充分发挥课程的育人功能，将知识传授、能力培养和价值塑造有机融合，帮助当代大学生树立正确的世界观、人生观和价值观，把思政教育贯穿人才培养全过程，是高校落实习近平总书记关于教育重要论述的重要举措，是培养堪当民族复兴重任时代新人的必然要求。

西南大学植物保护专业是学校最早设立的专业之一，是国家首批特色专业、重庆市本科高校"三特行动计划"特色专业、西南大学首批优势专业，已入选首批国家级和重庆市级一流本科专业建设点。在新时代新农科建设背景下，如何推进课程思政与专业教育同频共振，培养具有家国情怀、社会责任感和"一懂两爱"的植物保护人才，是一个需要深入思考和不断探索的新命题。

为深入贯彻落实习近平总书记关于教育的重要论述和全国高校思想政治工作会议精神，坚持落实立德树人根本任务，全面推进国家级一流本科专业建设，本书编写组以习近平新时代中国特色社会主义思想为指引，深入挖掘植物保护专业核心课程蕴含的思政元素，编写完成了可融入植物保护专业教育教学的思政案例，以期专业课程教学更有温度、更有深度、更有高度，达到知识传递、能力培养和价值引领相结合的人才培养目标。

本案例库包含使命担当、先驱楷模、进展前沿、精神文化四部分内容，共收录95个案例，适用范围涵盖了普通昆虫学、普通植物病理学、农业昆虫学、农业植物病理学、植物化学保护学等植物保护专业核心课程及部分专业选修课程。第一章"使命担当"，主要介绍与植物保护专业相关的重要政策法规、重大病虫害的治理情况和重大生物安全历史事件等，增强学生的专业认同感和使命感，厚植学生的"三农"情怀。第二章"先驱楷模"，重点介绍植物保护相关领域的科学家们根植家国情怀和践行科学家精神的光辉事迹，激励学生脚踏实地、攻坚克难、奋发图强，为实现中华民族的伟大复兴做出应有贡献。第三章"进展前沿"，集中介绍植物保护学科相关领域的重大科学发现，拓展学生专业视野，培养学生创新精神。

第四章"精神文化",着重介绍与植物保护相关的我国优秀传统文化,例如昆虫文化、昆虫诗词,以及古人治理有害生物的经典案例,以增强学生的民族自豪感,培养学生的人文和艺术素养。每个案例均列出了思政要点、适用课程及章节,将习近平总书记关于生态文明建设、科技创新等重要论述的精神融入其中,有助于课程思政与专业课程教学协同配合,践行社会主义核心价值观和生态文明理念,弘扬爱国主义和集体主义精神,厚植"三农"情怀,增强学生的责任感和使命感,传承科学精神,增强学生的民族自豪感和文化自信。在突出专业教育功能的同时,充分发挥专业课堂的育人功能。本案例库既可作为全国植物保护专业以及涉农学科、生物学科相关专业的教师开展课程思政的辅助教材,也可为相关专业学生的课程学习和价值塑造提供参考。

本案例库的编写得到了兄弟院校和西南大学植物保护学院全体教职工的支持和帮助,在此深表感谢。普通昆虫学、普通植物病理学、农业昆虫学、农业植物病理学、植物化学保护学课程相关案例分别由王进军教授、青玲教授、刘怀教授、孙现超研究员和丁伟教授负责统筹。由于编写时间紧,加之编者水平所限,难免有不当之处,敬请各位同行和广大读者提出宝贵意见。

本书出版适逢西南大学植物保护学院建系70周年暨建院20周年。谨此,我们向长期以来关心、帮助和支持学院建设和发展的各级领导、各位校友、社会各界朋友及全体师生员工致以最崇高的敬意和最诚挚的感谢。

编者

2022年9月

目录

第一章

使命担当

01 与时俱进，依法防控有害生物

——有害生物防控相关政策法规相继颁布

“悠悠万事，吃饭为大。”中央一号文件连续多年聚焦农业。2018年1月印发的《中共中央、国务院关于实施乡村振兴战略的意见》提出：“充分发挥立法在乡村振兴中的保障和推动作用。及时修改和废止不适应的法律法规。推进粮食安全保障立法。”粮食安全贯穿于粮食生产、储备等各个环节，粮食有害生物的防控也渗透在各个环节中，只有从立法、监管、技术等多个方面进行系统保障，才能对各环节各方面粮食安全保障做出制度性安排，统筹推进粮食安全保障的制度建设。因此，为保证粮食安全，经过多年的实践探索和经验积累，我国制定了一系列有关粮食生产、储备等的法律法规。

2020年3月26日发布的《农作物病虫害防治条例》，自2020年5月1日起施行。接着，《中华人民共和国生物安全法》由中华人民共和国第十三届全国人民代表大会常务委员会第二十二次会议于2020年10月17日通过，自2021年4月15日起施行。农作物病虫害防治事关农业生产安全、农产品质量安全和生态环境安全，更关系着国家粮食安全。习近平总书记指出：“粮食安全是‘国之大者’。”

一、党系民心，与时俱进

中国共产党始终把解决好人民吃饭问题作为党的一项重要任务。早在20世纪30年代第二次国内革命战争时期，毛泽东同志就指出：“现在我们的一切工作，都应当为着革命战争的胜利，……为着争取物质上的条件去保障红军的给养和供给；为着改善人民群众的生活……”中华人民共和国成立后，以毛泽东同志为核心的党的第一代中央领导集体明确肯定农业在我国的基础地位，清晰表明粮食安全关系国家政治、经济和社会稳定。以邓小平同志为核心的党中央也将满足人民的粮食基本需求作为改善和提高人民物质生活的前提和基础。江泽民同志重视“三农”问题。以胡锦涛同志为总书记的党中央高度关注和重视国家粮食安全，提出粮食是国民经济中“重中之重”的基本要求。党的十八大以来，习近平总书记十分关心粮食生产和安全，高度重视粮食工作，多次强调粮食安全的极端重要性，明确要求“确保国家粮食安全，把中国人的饭碗牢牢端在自己手中”。在党的英明领导下，保障粮食生产的法律陆续出台，以法治力量保障粮食安全。

二、经国利民，法是重器

与有害生物防控相关的法律法规，为植保工作者的学习和工作指明了方向。党和国家依据科学，与时俱进，制定与有害生物防控相关的法律来保证粮食安全生产，体现了党和国家高度重视粮食安全，重视人民的生命健康。

《农作物病虫害防治条例》从明确防治责任、完善防治制度、规范专业化防治服务和鼓励绿色防控四个方面对农作物病虫害防治工作予以规范。要求县级以上人民政府要加强对农作物病虫害防治工作的组织领导，县级以上地方人民政府农业农村主管部门负责本行政区域农作物病虫害防治的监督管理工作，县级以上人民政府其他有关部门按照职责分工，做好农作物病虫害防治相关工作。按照农作物病虫害的特点和危害程度，将农作物病虫害分为三类，实行分类管理。加强农作物病虫害监测网络建设和管理，明确农作物病虫害预报发布主体。扶持专业化病虫害防治服务组织，要求县级以上人民政府农业农村主管部门为专业化病虫害防治服务组织提供技术培训和指导；鼓励和支持开展农作物病虫害防治科技创新、成果转化和依法推广应用，普及应用信息技术、生物技术，推进防治工作的智能化、专业化、绿色化；鼓励和支持科研单位、有关院校等单位和个人研究、依法推广绿色防控技术，鼓励专业化病虫害防治服务组织使用绿色防控技术。《农作物病虫害防治条例》是我国植物保护史上一部重要的行政法规，开启了我国农作物病虫害防治法治化新进程。

《中华人民共和国生物安全法》明确了适用范围：防控重大新发突发传染病、动植物疫情，生物技术研究、开发与应用，病原微生物实验室生物安全等。确立了国家生物安全管理的各项基本制度：生物安全风险监测预警制度，生物安全风险调查评估制度，生物安全信息共享制度，生物安全信息发布制度，生物安全名录和清单制度，生物安全标准制度，生物安全审查制度，生物安全应急制度，生物安全事件调查溯源制度，首次进境或者暂停后恢复进境的动植物、动植物产品、高风险生物因子国家准入制度和境外重大生物安全事件应对制度。该法是我国生物安全领域的一部基础性、综合性、系统性、统领性法律，它的颁布和实施，标志着我国生物安全进入依法治理的新阶段，为实现生物安全风险的“全链条”防控提供了可靠的制度依据，为包括粮食安全在内的国家生物安全提供了法律保障。

三、有法可依，勇担重任

健康的植物是地球生命之本。植物健康不但需要各级政府关注，也需要全民重视。公民要学法懂法，自觉遵法守法，积极配合检疫检查。植保卫士肩负“虫口夺粮”保丰收的使命，要奋勇当先、知难而进，投身植保科技创新，加强植物健康管理，守护美好家园。科学技术的推广应用要以法律为保障。种质资源的知识产权、有害生物防控措施的科学推进等都要由法律来保障。党和国家不断完善相关法律法规和政策体系，切实保护种粮主体的合法权益，使科学技术普及推广有法可依。

当代大学生，不仅要掌握基本的科学知识和作物病虫害防控的基本理论与方法，还要学习相关法律，在遇到恶意妨碍作物病虫害防控的行为时，能够拿起法律武器，维护自身安全和作物生产安全，捍卫国家粮食安全。

思政要点

1. 家国情怀：勇担粮食安全重任，学习科学技术，为农业生产提供科技支撑。

2. 法治精神：植物保护工作，不但要以科学为依据，还要有法律作保障。

适用课程及章节

普通植物病理学课程、普通昆虫学课程、农业昆虫学课程、农业植物病理学课程、植物检疫学课程、生物安全课程的绪论。

参考文献

[1]刘万才，朱晓明，卓富彦．以贯彻《农作物病虫害防治条例》为主线　强化防控责任落实　保障国家粮食安全[J]．中国植保导刊，2021，41(6)：5-9.

[2]习近平．决胜全面建成小康社会　夺取新时代中国特色社会主义伟大胜利——在中国共产党第十九次全国代表大会上的报告[N]．人民日报，2017-10-28.

[3]赵祝涛．中国共产党领导粮食安全工作的历史进程和经验总结[J]．决策与信息，2021(11)：19-24.

（撰稿人：孙现超、邓永学、袁国瑞）

02 植物检疫责任重，国家安全在肩上

植物检疫是在国家出台的法律法规支持下，由政府管理部门实施的一种重要的植物病害防治手段。当国家或地区植物资源面对难以通过常规手段进行防治的病害时，植物检疫是遏制病害扩散、保护其他地区农林经济和植物资源安全的最有效的方法。

检疫这一概念源自1403年威尼斯共和国的规定：所有来自鼠疫流行区的船只必须在港口封闭停靠40天后方可开展相关贸易活动。这个规定在当时有效阻止了黑死病在威尼斯的蔓延，并在法国人面对小麦秆锈病、葡萄白粉病和黑腐病时，被用来阻止境外感病植物产品的输入。爱尔兰马铃薯晚疫病大暴发时，英国政府也推行过类似的政策。人们逐渐发现，这种隔离方式能有效对抗那些发展快速、能够造成重大经济损失的植物流行病，以至逐渐形成了植物检疫的概念。现在，植物检疫已经成为国家保护自身植物资源和环境安全最基础的手段之一，且执行成效与国家安全直接挂钩。

如果没有植物检疫，植物病害究竟会产生多么严重的影响呢？

一、美洲栗疫病的发生及其对美国经济和环境的影响

美洲栗原是美国重要的经济树种，广泛分布于美国东北部。美国当地有一句俗语来形容美洲栗对人们的重要性，即“人们用美洲栗木来制作婴儿的摇篮，就像用它来制作老人的棺材一样”。美洲栗产的栗子不仅养活了周边的人们，用栗子制作的食品也是节日中不可或缺的一部分。在当时，人们会通过做栗子炖鸡或栗子酱来庆祝节日，甚至有一首歌*Chestnuts Roasting on an Open Fire*唱的就是人们在圣诞节一起烤栗子的场景。但是，从栗疫病暴发开始，那些与美洲栗相关的场景似乎再也无法像当年那样出现在美国人的生活中了。

1904年的一天，天气晴朗，人们成群结队地来到了纽约动物园，享受自己的假期。不少人发现动物园中几棵高大的栗树看着不那么健康了，树皮上出现了大片的溃疡，树枝干枯，树叶也枯黄凋零。谁也没有想到，就是这几棵栗树敲响了美洲栗的丧钟，让这种优势树种濒临灭绝。

对栗疫病的来源虽然现在还有争议，但是已经明确其来自东亚地区的木制包装材料中。栗疫病的病原是寄生隐丛赤壳菌，属子囊菌门粪壳菌纲间座壳目，最早是亚洲的一种常见栗树病原。中国板栗和日本栗对这种菌有良好的天然抗性，但美洲栗、欧洲栗等对这种菌易感。因此，自从该菌传入美洲以后，栗疫病快速在美洲栗中蔓延。至1923年，美国80%的美洲栗被感染。到了1950年，80%以上的美洲栗因疫病死亡。美洲栗从美国最受欢迎的经济林木变成了濒危物种，并被宣布功能性灭绝。甚至在一些地方，一旦发现成片没有感染栗疫病的美洲栗林，政府就会将其秘密保护起来，以防止游客进入时将栗疫病病原带入林区。

美洲栗疫病的大暴发造成了极大的经济影响和环境影响。如当时粮食供给量显著下降，甚至供给不足。在之后的50年中，美国研究者虽然通过杂交技术培育出了对栗疫病具有抗性的新品种，但是美洲栗想回到当年的“荣光”似乎已不太可能了。

美洲栗疫病的暴发及其所造成的影响直接体现了病原物跨区域传播对区域生态系统及社会经济的潜在影响，也促使美国颁布了《植物检疫法》，并开始着手建立完备的植物检疫法规及相关体系。

二、我国植物检疫体系的建立历程

植物检疫是保证一个国家和地区植物资源安全、生态系统稳定和经济增长的重要的植物保护手段。虽然在1928年，我国已颁布《农产物检查条例》，并开始建立相应的植物检疫体系，但是抗日战争使我国的植物检疫工作陷入停滞，并造成了我国区域性的农作物减产，如甘薯黑斑病就是日军带入我国的，而毒麦则是随苏联军队进入我国的。中华人民共和国成立初，我国面临人口增长和粮食供给不足双重压力，而植物病害成了威胁我国发展的重要因素之一，其中以甘薯黑斑病最为典型。作为一种发生在重要粮食作物上的病害，甘薯黑斑病在当时的发病率达到了30%—40%，且死苗率高，严重影响了甘薯产量。而其他病害，如谷斑皮蠹、毒麦等也严重威胁我国当时的粮食供给和粮食安全。因此，1965年，我国开始设立动植物检疫所，对进出境动植物材料进行检疫，并陆续发布了一系列相关法律法规，包括《中华人民共和国进出口动植物检疫条例实施细则》《植物检疫条例》《中华人民共和国进出境动植物检疫法》等，对检疫对象名单也进行了多次更新。截至笔者完稿时，《中华人民共和国进境植物检疫性有害生物名录》已列446种重要检疫性动植物，《全国农业植物检疫性有害生物名单》发布了31种农业植物检疫性有害生物和应施检疫的植物及植物产品，《全国林业检疫性有害生物名单》和《全国林业危险性有害生物名单》则分别发布了14种和190种对应的有害生物。

三、总结

习近平总书记在十九届中央国家安全委员会第一次会议中提出:“全面贯彻落实总体国家安全观,必须坚持统筹发展和安全两件大事,既要善于运用发展成果夯实国家安全的实力基础,又要善于塑造有利于经济社会发展的安全环境。”历史已经证明,植物检疫作为一种植物保护手段,用以防治重大流行病害的发生发展是有效的,而植物资源作为一种国家战略资源,它的保护工作更是离不开植物检疫。因此,植物检疫员不仅肩负着生物安全和生态安全的重任,同时也是国家安全的守护者,是植物保护坚实的盾牌!

思政要点

1.深刻领会总体国家安全观的理论和实践伟力。

2.明晰植物检疫对国家安全的重要性。

3.增强对植物检疫和植物保护工作的责任感和自豪感。

适用课程及章节

普通植物病理学课程、农业植物病理学课程、植物检疫课程的绪论。

参考文献

[1]顾忠盈,周明华,吴新华.建立中国进出境动植物检验检疫体系的思考[J].植物检疫,2009,23(S1):50-53.

[2]许志刚.植物检疫学[M].北京:高等教育出版社,2008.

[3]中共中央文献研究室.习近平关于总体国家安全观论述摘编[M].北京:中央文献出版社,2018.

(撰稿人:马小舟)

03

强化法律意识，筑牢安全屏障

——《农药管理条例》诞生记

农药，尤其是大范围使用的化学农药真正介入人类社会的时间不足百年，作为一种新生事物，人们对它的认知也有一个逐步深入的过程。在20世纪40年代，农药产业得到快速发展，农药研发、生产与利用主要集中在美国、日本和欧洲等国家和地区，而我国农药研发等发展相对滞后。但最近20多年来，我国农药产业发展迅速，农药生产和使用量均是世界第一。在这个发展过程中，《农药管理条例》的诞生、修改和完善，反映了新中国农药产业发展历程。

一、《农药管理条例》实施前的农药生产、使用、管理情况

我国农药产业起始于20世纪50年代初的四川泸州化工厂DDT生产，经过60多年的发展，经历了从无到有、从小到大的发展历程。20世纪90年代中期，我国农药产业进入仿中有创、仿制结合的快速发展阶段。但因为缺少相关法律法规的约束，农药在生产、销售、使用等环节存在较多问题。

这一时期生产的农药，多是中高毒性农药。人们较少关注农药毒性、农药残留等问题。在销售环节有不合规跨域销售、价格不透明、销售商抬高物价等现象，市场上充斥着伪劣农药和假农药。在农药使用过程中，更是存在盲目加大使用剂量，导致有害生物抗药性增强等问题。

虽说在20世纪80年代，我国也开始逐步实施农药登记制度，但依然缺乏涉及农药全流程的相关法律法规。进入20世纪90年代，对农药的研究在全球范围内再次成为热点，我国政府和学术界也都意识到需要一部相关的法律法规出台以规范其研发、生产等行为，《农药管理条例》应运而生。

二、1997年《农药管理条例》正式颁布

1997年5月8日,《农药管理条例》(以下简称《条例》)发布。这是我国第一部专门的农药管理法规,解决了我国长期以来农药管理无法可依的问题,标志着我国农药管理进入法治化、规范化轨道。1999年7月23日,《农药管理实施办法》(以下简称《办法》)发布,使《条例》内容更完善、操作性更强、执行主体更明确、处罚更合理。2002年7月2日,农业部(现为农业农村部,后同)就加强农药管理工作在北京举行新闻发布会,决定对高毒农药采取更为严格的管理措施,并连续发布了农业部194号、199号、274号、322号公告和《农药限制使用管理规定》。自2007年1月1日起,全面禁止在国内销售和使用甲胺磷等5种高毒有机磷农药。自2008年1月8日起,农药名称按照《农药标签和说明书管理办法》的规定执行。

农药生产者、经营者、使用者的法治意识有所提高,我国的农药管理工作也取得了显著的成效:一是农药管理工作已步入法治化轨道;二是农药登记管理水平明显提高;三是农药市场秩序明显好转;四是农药安全使用工作得到重视。

三、2001年11月29日《国务院关于修改〈农药管理条例〉的决定》

进入21世纪,我国农药产业逐步发展壮大,从事农药研究、生产、销售等环节的从业人数不断增加。到2005年,我国已成为世界农药生产、出口第一大国。这段时间,我国的农药产业整体呈现“五多”特点。

一是生产经营企业多。从生产企业看,截至2017年,全国持有农药登记证的企业有2206家,其中55%的生产企业分布在山东、江苏、河北、河南、广东、浙江、四川。销售收入2000万以上的规模企业有820家。但我国农药生产企业规模普遍偏小。2017年,我国百强农药企业总销售额1542.5亿元,不到世界四大农药企业(先正达、拜耳、巴斯夫、陶氏杜邦)销售额2345亿元的2/3。

二是生产数量多。据中国农药工业协会统计,2017年,全国农药产量折纯147.6万吨,居世界第一位,占世界农药总产量的50%左右。从品种结构看,除草剂占61.4%,杀虫剂占23%,杀菌剂占13.4%。从区域分布看,前四位分别为江苏、山东、浙江、四川,生产总量116.5万吨,占全国农药生产总量的79%。

三是登记产品多。截至2017年底,有效期内的农药登记产品累计3.8万余个(杀虫剂14865个,杀菌剂9857个,除草剂9675个,卫生杀虫剂2545个,其他1305个)。从产品毒性看,低毒及以下农药占83.1%,中等毒占15.6%,高毒和剧毒占1.3%。从产品有效成分看,涉及农药品种678个,其中农作物上使用的高毒农药还剩10个。

四是出口数量多。据海关统计,2017年,我国农药出口实物量146.8万吨(原药50.6万

吨),出口金额67.6亿美元(原药38.06亿美元)。我国农药出口量居世界第一位,出口企业836家,出口188个国家和地区,占我国农药生产总量的60%左右。

五是使用农药多。近几年来,每年主要农作物使用农药在30万吨左右(折纯),年均化学防治面积约77亿亩次。从农药使用次数看,总体上经济作物多于粮食作物,南方多于北方,保护地多于露地。

总体来看,我国农药产业发展迅速、成效显著,但也面临诸多问题,如产能严重过剩、产品同质化严重、产业集中度低、创新能力不足、农药监管任务重等。基于以上情况,2001年对《条例》进行了一次修订。

四、2017年《农药管理条例》修订颁布后的农药生产、使用、管理现状

《农药管理条例》于2017年2月8日国务院第164次常务会议修订通过,自2017年6月1日起施行。与其配套的五大规章也于2017年8月1日起正式施行,包括《农药登记管理办法》、《农药生产许可管理办法》、《农药经营许可管理办法》、《农药登记试验管理办法》和《农药标签和说明书管理办法》。这五大规章对农药管理制度、登记制度、生产许可制度、假冒伪劣农药定义、农药的使用与回收以及违法惩处都做了大量的修订。农药行业规范程度越来越高。

近年来,受环境保护和生产成本等因素影响,发达国家农药产能不断向外转移。我国则依托完善的基础化工产业链条和较低的生产成本,承接世界农化巨头的原药和大包装制剂的生产环节,成为全球最大的农药出口国。通过充分发挥产学研的协同效应,我国农药企业创制了一批具有自主知识产权的农药新品种,并取得了国内外专利。我国农药企业在技术设备和创新能力方面与国外农药企业,尤其是跨国农药企业的差距不断缩小。在技术设备方面,跨国企业农药生产已实现连续化、自动化、设备大型化,我国企业生产也已实现工艺参数集中显示、遥控操作,依靠生产线或设备的持续改进调整推动产能增加。在创新能力方面,国外创新型农药公司研发投入占销售额的比例平均在10%以上,我国相应研发投入占比也在不断提升。

思政要点

1.关心民生,植保人勇担使命。

2.通过回顾《农药管理条例》的颁布实施,以及修订过程,了解新中国农药创制工作的艰辛,增强专业认同感和社会责任感。

适用课程及章节

植物化学保护学课程的绪论、农药科学使用，农药生物测定课程的绪论，农药残留与分析课程的绪论等。

参考文献

[1]刘建.《农药管理条例》解读[J].农村实用技术，2020(10)：1-2.

[2]姚树萍.浅析新《农药管理条例》的主要变化[J].农药科学与管理，2018，39(7)：5-9.

（撰稿人：张永强）

04 “两减”行动在中国大地上

一、“两减”行动的由来

2015年，农业部为大力推进农药和化肥减量增效，积极探索资源节约、产出高效、产品安全、环境友好的现代农业发展之路，而印发了《到2020年农药使用量零增长行动方案》和《到2020年化肥使用量零增长行动方案》，拉开了中国大地上“两减”行动的序幕。

二、“两减”行动的实施背景

农药和化肥是现代农业生产过程中重要的生产资料。农药在防治病虫害、保障粮食增产增收等方面发挥着至关重要的作用。由于农作物种植面积逐年扩大，病虫害发生频繁，防治难度不断加大，加之农药的不合理使用，农药使用量逐年上升。据统计，2012—2014年，我国农作物病虫害防治中农药使用量为31.1万吨/年（有效成分），比2009—2011年增长9.2%。农药使用量逐年增加，以及不科学、不合理地使用农药，导致生产成本增加、农药残留超标、作物药害、环境污染等一系列问题。因此，农药减量控害势在必行。

化肥是重要的农业生产资料，是粮食的“粮食”，在提高单位面积农作物产量及农业可持续发展过程中发挥着重要作用。我国既是化肥生产大国，也是化肥使用大国。据统计，2013年，我国化肥生产量为7037万吨（折纯），农用化肥施用量为5912万吨。专家分析表明，化肥的使用对我国粮食增产的贡献率在40%以上。但目前，在化肥使用中存在盲目施用、过量施用以及施肥结构不平衡等一系列问题，由此产生了生态平衡破坏、环境污染和种植成本增加等问题。因此，亟须改进施肥方式，提高施肥效果，减少化肥不合理施用，引导化肥减施增效，促进农业可持续发展。

三、“两减”行动的实施及其成效

“十三五”期间，科技部启动了国家重点研发计划“化学肥料和农药减施增效综合技术研发”试点专项，主要针对化肥和农药减施增效综合技术体系的关键技术、基础研究和集成示范应用开展全链条设计、一体化实施。经过5年的科研攻关，到2020年底，以化肥和农药减量增效的“双减”行动顺利实现预期目标，农药和化肥使用量显著降低，利用率明显提高，有效地促进了农业及种植业的高质量发展。科学测算表明：2020年，我国小麦、水稻、玉米三大粮食作物农药利用率为40.6%，比2015年提高4个百分点；化肥利用率为40.2%，比2015年提高5个百分点。在农业生产过程中，农药、化肥投入持续优化，积极推进高效低毒低风险农药的使用，改善施药方式，精准施药，提高农药利用率。深入开展有机肥替代化肥行动，优化化肥施用结构。2020年，高效低毒低风险农药占比超过90%，有机肥施用面积比2015年提高50%，超过5.5亿亩次。大力推进精准科学用药和绿色防控技术体系推广，推广高效植保药械，准确预报病虫害，推行对症用药、科学防治和适时适量用药。2020年，主要农作物病虫害绿色防控覆盖率达41.5%，比2015年提高18.5%，绿色防控面积近10亿亩。深入推广科学施肥技术，大力开展测土配方施肥，促进肥料统配统施，提高化肥农药利用率。建立化肥农药减施增效示范基地、统防统治与绿色防控融合示范基地，引导并提升科学用肥用药水平。

四、“两减”行动的未来

“十三五”期间，“两减”行动为化肥农药减量增效打下坚实的基础。全国上下都非常重视农业生产过程中化肥和农药的减量增效。下一步，国家将继续加强举措，全面推动农业生产方式绿色转型，把化肥农药减量增效作为促进农业绿色可持续发展的重要内容。持续加大科研投入，积极开展绿色化肥和农药投入品研发创新，推广应用高效低风险农药和新型肥料。做好化肥农药减量增效宣传引导，开展科学用肥用药促进农业绿色发展主题宣传。力争到2025年，化肥农药使用量持续减少，主要农作物化肥、农药利用率再提高3个百分点，均达到43%。

思政要点

1.领会“两减”行动对农业发展的重大意义。通过回顾“十三五”期间“两减”行动，认识“两减”行动在保障农业生产高质量发展、高水平全面建成小康社会、实现乡村高质量发展方面的积极作用。

2.履行社会责任，强化使命担当。深刻认识植物保护工作在现代农业高质量发展、保障粮食安全中的重要作用。新农科学子应有“三农”情怀，肩负强农兴农、服务乡村全面振兴的责任和使命。

适用课程及章节

植物化学保护学课程的绪论、农药与环境安全、农药科学使用。

参考文献

[1]徐长春."十三五"国家重点研发计划农药减施增效类项目述评[J].植物保护,2018,44(5):91-94;175.

(撰稿人:张平)

05

病害自古有，粮安永为首

——《天工开物》等古书记载的作物病灾及防控

民以食为天，人类发展的历史与农业发展的历史密切相关。粮食事关国运民生，粮食安全是国家安全的重要基础。我国高度重视粮食安全，把粮食安全主动权牢牢把握在自己手中。

一、病害皆有因，古书解瘟神

粮食安全涉及土地分配、作物种植、粮食流通和粮食储备等。其中，作物种植是非常重要的一个环节。在古代，粮食生产依赖气候、环境因素，而病虫害是威胁粮食生产的重要因素。

由于古代人认识的局限性，人们将农作物的病害现象归因于鬼神。植物得病皆称“瘟”，即一种急性传染病，所以农民称稻瘟病为火烧瘟。明末宋应星《天工开物》中的“稻灾”部分记录了“炎火”和“焦炎”两种病害现象：“明年田有粪肥，土脉发烧，东南风助暖，则尽发炎火，大坏苗穗，此一灾也。”“凡苗吐穑（即抽穗）之后，暮夜鬼火游烧，此六灾也。……凡禾穑叶遇之，立刻焦炎。”“鬼火”是自然界中的“磷光现象”，即动物尸体骨骼中的磷经过化学变化而成为磷化氢气体，在空气中自燃的现象。古人因无法解释稻叶穗枯焦的现象，又不见白天有火烧，遂认为是磷光（鬼火）所致。从“东南风助暖”等因素来看，当指稻瘟病、赤枯病一类病害。

早在春秋战国时期，人们就认识到旱害、霜害等（按现代植物病理学概念，它们属于非侵染性病害的范畴）对农作物的影响。《管子·度地篇》的“五害之说”中就包括了旱害、霜害等，并指出了“除害”的重要性。《吕氏春秋》中记载了播种过早的麦“多疾”，这告诉人们提前种植的麦子容易得病。

南宋陈旉曾道：“多见人才暖便下种，不测其节候尚寒，忽为暴寒所折，芽蘖冻烂瓮臭。其苗田已不复可下种，乃始别择白田以为秧地。”他说的是播种太早，因冻害引起的烂秧，而诱发的绵腐病。明代马一龙《农说》中记录：叶虽丛生，亦必以渐消尽，而至于濯濯然。今俗云缩科是已。《祐山杂说》中记录：嘉靖二十三年(1544)，平湖、海盐大荒。五、六月，禾苗盛长，至七月，即蹲缩黄萎，粪多者尤甚。其中的“蹲缩”可能是指萎缩病。清末冯锈所著《区田试种实验图说》中记载了麦类、高粱的黑粉病和粟白发病。特别值得指出的是，这本书中有“预防霉病传染说”一节，这表明当时已经对病害的传染性有所认识。

二、粮安通古今，古人勤寻根

西汉晚期氾胜之汇录的农学著作《氾胜之书》记载了禾、麦轮作，避免重茬，总结了当时黄河流域劳动人民的农业生产经验，记述了耕作原则和作物栽培技术，对促进中国农业生产的发展产生了深远影响。北魏贾思勰遍查古籍并整理而成的《齐民要术》总结了当时以及前代的许多农耕经验，如其中记录了合理轮作防治病虫害技术。明代朱橚为了让辖区内的百姓们不再因为乱吃野菜而死，自己带着人到处记录植物的品种与其药性毒性。明代徐光启的《农政全书》总结了我国古代农业生产的先进经验、技术革新等成果。

粮食安全是民生保障。习近平总书记强调：中国要靠自力更生，自己养活自己！手中有粮、心中不慌。如果我们端不稳自己的饭碗，就会受制于人。粮食安全是战略问题。为了粮食安全，古有仁人志士，今有科技精英，披荆斩棘，锐意探索。植保学子应刻苦学习，掌握学科知识，做好作物有害生物防控，确保粮食安全。

思政要点

1. 牢记习近平总书记的嘱托，实学实干，扛起重任。

2. 继承和发扬一代代农业科学家爱岗敬业、无私奉献的精神。

适用课程及章节

普通植物病理学课程、农业植物病理学课程的病害介绍及防控。

参考文献

[1]张斌成.古农书中关于植物病害的记载[J].农业考古，1987(2)：293-295.

（撰稿人：孙现超）

06 小小卵菌引发人类大灾难

1845—1846年，由卵菌侵染引起的马铃薯晚疫病在爱尔兰大暴发，引发爱尔兰大饥荒。

一、马铃薯晚疫病暴发，引发爱尔兰大饥荒

马铃薯改变了爱尔兰的命运。据统计，到19世纪40年代，爱尔兰依靠好吃、耐饱、有营养的马铃薯，不仅让穷人得以糊口，还让人口增长了17倍之多，300多万小耕种者主要依靠马铃薯维持生计。

1844年，一种导致晚疫病的卵菌扩散到欧洲，蔓延速度很快，1845年夏登陆爱尔兰岛，使得爱尔兰全岛马铃薯减产1/3，第二年减产3/4，灾荒一直持续到1852年。原本产量稳定的马铃薯连年歉收，底层的爱尔兰民众彻底失去了赖以生存的口粮，人们处于饥饿状态长达7年之久。饥荒意味着什么呢？意味着一个家庭可能会遭遇“母亲前天饿死了，妻子昨天饿死了，孩子今天饿死了”。人们看不到生活的希望，整个社会发展几乎停滞。这场史无前例的大饥荒使爱尔兰人口锐减了20%到25%，其中100多万人饿死或病死，100多万人为了生存，冒着极大的风险，被迫远渡大洋漂泊到世界各地。大饥荒对人口结构的影响是长远的。直到2022年，爱尔兰人口才突破500万。这场大饥荒给爱尔兰人留下了严重的心理创伤，也改变了这个国家的命运。

二、寻找马铃薯生病原因，开启植物病理学研究历史

为什么会出现这样的人类历史悲剧？是什么原因使得高产的马铃薯几近绝收？植物病理学之父安东·德巴里将分离获得的病原菌孢子接种在马铃薯上，才揭示出引发这场大饥荒的罪魁祸首，即一种卵菌——致病疫霉。受到卵菌感染的马铃薯会在短时间内变黑、发霉、枯死，并散发出恶臭，无法食用。之后，病害随引种扩散至欧洲并快速蔓延，于1845年

在爱尔兰岛首次大暴发。病原菌在适宜的天气条件下萌发，孢子囊散发出的大量孢子借着风、雨传向远方。马铃薯晚疫病病原的鉴定和发现，终于揭开了造成爱尔兰大饥荒的真相，也由此开启了植物病理学研究历史。

习近平总书记在第十三届全国人民代表大会第一次会议上的讲话中提出：一切国家机关工作人员，无论身居多高的职位，都必须牢记我们的共和国是中华人民共和国，始终要把人民放在心中最高的位置，始终全心全意为人民服务，始终为人民利益和幸福而努力工作。习近平总书记在清华大学考察时指出：党和国家事业发展对高等教育的需要，对科学知识和优秀人才的需要，比以往任何时候都更为迫切。我们要建设的世界一流大学是中国特色社会主义的一流大学，我国社会主义教育就是要培养德智体美劳全面发展的社会主义建设者和接班人。

思政要点

1.广大青年要肩负历史使命，坚定前进信心，立大志、明大德、成大才、担大任，努力成为堪当民族复兴重任的时代新人。

2.认识植保工作的重要性，担负守护人民健康的重任。

适用课程及章节

普通植物病理学课程的绪论、植物病原菌物，植物病原菌物学课程的绪论。

参考文献

[1]宗兆锋，康振生.植物病理学原理[M].北京：中国农业出版社，2010.

[2]许志刚，胡白石.普通植物病理学[M].北京：高等教育出版社，2021.

[3]杨靖.爱尔兰大饥荒与大英帝国的解体[N].中国科学报，2020-03-12.

（撰稿人：青玲）

07

青霉的武器，人类的良药

——青霉素的发现与应用

微生物研究是植物病理研究的重要组成部分。植物病原菌之间常常会在有限的资源下相互斗争，形成颉颃关系。微生物的斗争是建立在化学物质相互作用之上的，而这些“化学武器”所表现出来的广谱抗菌性则变成了人类抵抗微生物感染的利剑，如青霉素的抗菌性能。

一、青霉菌简介

青霉病初期，果实表面出现水渍状软腐，之后表面出现大量青绿色酶层且最终全果腐烂。青霉病传播速度快，若柑橘储存在高湿常温环境中可快速发病。造成这种病害的真菌是意大利青霉，属真菌界子囊菌门盘菌亚门不整囊菌纲曲霉目发菌科青霉属。该属分生孢子梗和分生孢子为绿色，并可将菌落中心染绿，故而得名青霉。青霉其实是生活中非常常见的一类真菌，在土壤、腐败食物等中均能发现。很多青霉可生成毒枝菌素，这是一种致癌物质，会严重威胁食品安全。有意思的是，一种对人类健康史，甚至是战争史影响极大的药物分子正是从青霉中提取出来的。

二、青霉素的发现

1928年，英国微生物学家弗莱明如往常一样关闭了实验室，筹划着如何度过自己难得的一段休闲时光。就像很多急于放假的人一样，急切的心情让他忘记了将放于实验室台面上的葡萄球菌培养基收好。等他休完假回到实验室以后，第一眼就看到了在台面上放置的培养基。“理论上，”他心想，“这些培养基应该都已经长满了细菌，而且鬼知道上面还有什么东西，所以还是扔了吧。”他边想边准备把培养基处理掉。但是，他意外地发现培养基上居然没有长满葡萄球菌，更准确地说，在青霉菌落周围几乎没有葡萄球菌的菌落！这一发现让他对真菌产生了极大的兴趣。但是很快他就发现，这些真菌并不好研究，所以他只写了一篇研究论文就放弃了对这种真菌的探索。

在之后的10年里，这一发现并没有被大家重视，少数的研究进展包括确定了该菌的名称为特异青霉，以及德国化学家钱恩成功提纯青霉素，并将青霉素产量从2 U/cm^3提高到了40 U/cm^3。一直到牛津大学弗洛里教授注意到了弗莱明的研究。弗洛里教授清楚地知道葡萄球菌虽然对健康的人体不会造成什么影响，但会感染伤口，导致伤口化脓、愈合缓慢，并会引起各种继发性感染。而在那个时候，人们对于伤口感染并没有什么很好的处理方法，所以常常一个小伤口就能致命。据记载，当时的开放性伤口患者中有1/3死于细菌性感染导致的肺炎，而伤者一旦被感染，则有80%的概率会失去性命。因此，如果特异青霉中用于攻击其他微生物的物质能够被提取出来，那么这种物质就很有可能成为一项极其重要的发现并拯救难以计数的生命。所以，弗洛里教授利用自己的关系网组建了一个跨学科专业团队，其中包括生物学、医学、病理学、微生物学、生物化学等各个领域的学者，他们各司其职，潜心研究特异青霉与抗菌的相关问题。

随着研究的深入，弗洛里教授与他的团队很快证明了青霉素的药用潜力，但是也遇到了更大的问题：青霉素的提取并不容易，且这一工作需要大量的资金支持。就在这时，第二次世界大战爆发了。二战初期，因为没有治疗感染的药物，有些受伤的战士在手术或伤后会出现继发性感染，甚至有些医生因在手术过程中感染而死亡。白求恩大夫就是因为在手术过程中被伤员的肋骨割伤，之后发生伤口感染，患败血症去世的。因此，当时各国政府和医药公司都在积极寻找解决方法。

弗洛里教授说服美国政府为他的研究提供经费。最终，青霉素在战场上证明了自己，也成为整个二战史，甚至人类历史上千金不换的救命良药。这一系列行为将青霉素正式推上了历史的舞台，也打响了人类向细菌进攻的第一枪，开启了人类社会的“抗生素时代”。

青霉素很快就变成了战场上最抢手的药品。青霉素在当年有多珍贵呢？我国有一部电影《盘尼西林1944》，它讲的就是我们的战士为了从日军处抢夺两箱青霉素而艰苦战斗的故事。而青霉素本身也在当时被美国军方定为“军需品”和“违禁品”，直到战争后期才得以进入民用市场。在当时，青霉素的价格等同于黄金，有时它的价格甚至更高，而全世界拥有大规模制造青霉素技术的只有美国，因此当时的美国几乎垄断了世界范围内所有青霉素供给市场。

1944年末，从美国留学归来的汤飞凡和樊庆笙在国民政府的支持下成立了中央防疫处，并成功地提取了青霉素，为我国青霉素工业化生产奠定了坚实的基础。中华人民共和国成立后，以马誉澂为代表的一批科学家对青霉素的研发、生产奉献了一生。终于在1950年初通过中试放大，生产出了我国第一批结晶青霉素钾针剂，一举打破了国外技术封锁，开创了新中国自己的抗生素研发事业。

青霉素的发现不仅实现了人类对细菌感染性病害的反攻，更是战后人口爆炸式增长和全球经济快速发展的重要因素之一。可以说，青霉素的出现真正改变了人类的命运，让人类终于能够摆脱细菌的威胁。

三、青霉素的结构、抗菌机理与发展

生物为了保证自身的营养供给，会通过一切手段与周围其他生物展开斗争，而这一行为本身也为人类的发展提供了机会。就如其他生防菌一样，青霉素是特异青霉保证自身环境不被其他细菌侵蚀的化学武器，其结构为(2S，5R，6R)-3，3-二甲基-6-(2-苯乙酰氨基)-7-氧代-4-硫杂-1-氮杂双环[3.2.0]庚烷-2-甲酸，它能够对抗多种革兰氏阳性菌，部分革兰氏阴性菌、螺旋体和放线菌，主要抗菌方式为干扰细菌细胞壁的合成，干扰细菌内外渗透压平衡，最终导致菌体破裂。但是，青霉素对人体无害，这使得人类利用青霉素防治细菌性肺炎、败血症等成为可能。值得注意的是，部分人群对青霉菌及青霉素过敏严重，但这一问题已经被其他新型抗菌药物解决。

基于青霉素，科研工作者们开发出了一系列具有良好抗菌性能的抗生素，如头孢类抗生素。常常会在青霉制备的青霉素中发现头孢菌素。研究发现，头孢菌素比青霉素抗菌谱广且细菌不易产生耐药性，因此受到了人们的重视，并在临床医学上被广泛应用。

四、总结

青霉素作为一种应用广泛的医用抗生素，最早来源于微生物之间的相互搏斗。而它的发现，不仅来源于一次美丽的意外，也来自科研工作者们坚持不懈的努力和通力合作。青霉素开启了人类对抗疾病的新篇章，它虽始于植物病害，最终却成为可以改变人类命运的良药。

思政要点

学习科学家大胆假设、小心求证，广泛合作、深入发掘，不畏艰难、持之以恒的科学家精神，以及他们的创新思维。

适用课程及章节

普通植物病理学课程的绪论、菌物等，林木病理学课程的菌物。

参考文献

[1]李浅予.一只烂西瓜让他获得诺贝尔奖[J].知识就是力量,2008(11):71.

[2]邱佩芳.我国第一代医学病毒学家汤飞凡[N].联合日报,2020-02-29.

（撰稿人：马小舟）

08

DDT——是天使还是魔鬼?

作为人类历史上第一种有机合成杀虫剂,DDT的出现标志着人类对农业有害生物防治的历史进入有机农药的崭新发展阶段。有机农药的使用在特定时期为消灭农业害虫、增加世界农产品产量等方面做出了不可磨灭的贡献,但使用DDT导致的一系列弊端,也让人类认识到了滥用化学农药的危害,这也决定了当今植物化学保护中农药安全性至关重要的地位。

一、DDT的贡献

20世纪40年代至70年代,DDT在控制农业害虫、增加世界农产品产量、缓解二战后人口快速增长与粮食短缺的矛盾等方面发挥出了巨大的作用。与此同时,DDT通过控制传播疾病的媒介——害虫,在阻断疟疾、斑疹伤寒等疾病的传播方面也做出了不可磨灭的贡献。1945年,疟疾作为一种在全球广泛传播的疾病,曾一度造成大约100万人死亡。由于疟疾经由蚊子等媒介传播,而DDT对蚊子具有很好的灭杀效果,因此科学家通过将DDT用于杀灭蚊子进而达到预防疟疾肆意传播的目的。到了1960年,全球由疟疾导致的死亡人数急剧下降。为此,全世界许多国家响应世界卫生组织的号召,在1962年的世界卫生日发行了对抗疟疾的邮票。许多国家都选择将DDT作为邮票的主题,这一画面也被历史的镜头永远记录了下来。DDT的发现者——保罗·赫尔曼·穆勒于1948年获得诺贝尔生理学或医学奖。

二、DDT的危害

在DDT诞生初期,由于DDT的各项优点过于突出,科学界甚至还没来得及全面评估其安全性问题,它便被世界各地的人们所使用。直到1962年《寂静的春天》正式出版,DDT的危害才引起公众的关注,全球各界开始正视相关问题。DDT杀虫谱广,对蜜蜂等有益昆虫也有很强的致死效果,而其化学结构决定了DDT在自然环境中性质非常稳定,不易受到日光和微生物的分解，在田间复杂环境中可以稳定存在，挥发性也很低，水溶性差，脂溶性强，不怕雨淋冲洗，因此在环境中可残留很长时间。如果仅从防治有害生物的角度来看，DDT的这些性能堪称完美：对绝大多数害虫有效，意味着在防治过程中只需喷施DDT即可；化学性质稳定，持效期长，意味着可有效减少施药次数；脂溶性强，表明其容易穿透害虫表皮，杀虫效果好。这是早期DDT在害虫防控中备受赞誉的重要原因。但是，这些特性会对非靶标生物和自然环境产生很大的危害。杀虫谱广，意味着对有益昆虫，甚至哺乳动物的威胁很大；持效期长，意味着对自然环境的胁迫压力大；脂溶性强，意味着很容易进入农产品的内部，药物残留浓度高。DDT被喷到植物表面后，能透过表皮蜡质层进入植物体，或在果皮中长期存在，不仅在作物上不容易被分解，在土壤中也不易被分解。加之长期以来农药的有效利用率并不高，甚至高达70%的农药都残留在环境中，因此长远来看，DDT的相关特性于环境而言实际是弊大于利，也是其造成"寂静的春天"这一后果的直接原因。自此，人们开始正式评估农药的利弊并在其特性中开始做出抉择，农药的研发也开始以低毒、低残留、专一性强为主要目标。

三、中国禁用DDT的曲折历程

中国禁用有机氯农药六六六和滴滴涕(DDT)的曲折历程大致有以下几个时间节点：

(1)20世纪50年代开始对其残留性进行研究；

(2)20世纪70年代开始有意识地发展替代农药；

(3)1982年开始减产，1983年实现禁产；

(4)1992年正式在农业生产上实施政策性禁用；

(5)2002年正式颁布在农业生产上禁用的法令。

这些时间节点表明，在有机农药使用早期，由于DDT在生产生活中的重要作用，我国并未完全禁止使用。因为在当时中国农药工业企业大而不强，可生产的农药品种少，主要是以有机氯为代表的高毒高残留农药，并且农药生产线单一，基本专药专线，短期内贸然停产会对农业生产造成极大的影响。此外，农药的生产和使用均有一定的技术要求，很难在短时间内培训出足量且合格的操作人员，因此还有很大的人员安全风险。

在此背景下，我国政府通过制订并实施DDT减产计划，采取增加替代农药产量，加大耗氯产品生产力度，加强进口农药管理工作，加快农药工业技术改革的步伐等措施，稳步推进和实现了DDT的禁用。该过程体现了党中央在社会发展过程中求实的作风、全面的眼光、深远的布局，以及"对子孙后代的生存负责"的历史责任感，实现了环境治理与经济发展的双赢。

思政要点

1.深入学习贯彻习近平生态文明思想。

2.用辩证思维看待农药及农药残留问题。

适用课程及章节

植物化学保护学课程的农药与环境安全、农药毒理学课程的绪论。

参考文献

[1]张连辉."对子孙后代的生存负责"——中国禁用有机氯农药六六六和滴滴涕的曲折历程[J].当代中国史研究,2020,27(5):101-114;159.

（撰稿人：申光茂）

09 寂静春天的故事

《寂静的春天》是美国科普作家蕾切尔·卡逊创作的科普读物，于1962年首次出版。她在书中描写了人类忽视生态环境，一味追求对农业害虫的控制效果，过度使用以DDT为代表的化学农药，对生态环境造成破坏。这本书引起了人类社会对有机化学农药安全性的深切关注，也掀开了农药安全性评估的大幕。

一、《寂静的春天》背景故事

作为20世纪四五十年代最成功的有机农药，DDT取得了一系列的辉煌成就，但随着时间的推移，其负面影响逐渐显露出来。不同领域的专家学者关于DDT的研究从未间断过，但是并未引起大范围的重视，直到1962年《寂静的春天》的出版。这本书深刻地揭示出了DDT的负面价值，DDT的命运由此发生了转折。1972年，美国环境保护局正式宣布禁止使用DDT。随后，各国纷纷出台相关法律法规来限制DDT的生产与使用。我国也于1983年开始禁产DDT，并于2002年正式颁布在农业生产上禁用DDT的法令。

《寂静的春天》一方面揭示了以DDT为代表的有机氯类农药对生态环境的破坏情况，另一方面引起了人们对农药安全性的思考。20世纪40年代到60年代，可谓有机合成农药的"黄金时期"。在这个时期，由于缺乏对农药安全性的重视，只要这种化学物质对有害生物有致死作用，它很快就能得到大规模应用。因此，这一时期诞生了DDT、林丹、狄氏剂、硫丹、对硫磷、甲拌磷、西维因等大量有机氯和有机磷类杀虫剂。而在《寂静的春天》出版后近20年时间里，世界上新登记使用的仅有拟除虫菊酯类农药和数种昆虫生长调节剂，有机农药研发速度大为放缓。

二、抗性问题

害虫抗性指昆虫具有忍受杀死正常种群大多数个体的药量的能力，并在其种群中发展起来的现象。在有机农药广泛应用之前，就有科学家发现美国加州梨圆蚧对石硫合剂产生抗性，但在当时抗性是一种罕见现象，并未引起人们的广泛关注。然而随着有机杀虫剂的出现和推广，害虫抗性发展速度明显加快。实际上从20世纪50年代后期开始，由于有机氯和有机磷杀虫剂的大量使用，抗性害虫的种数几乎直线增加。田间残留下来的极少数害虫个体由于携带抗性基因，经过一定时期的恢复后又重新引发灾害。而高水平抗性一旦产生，重复使用同类型的化学农药就无法再起到防控效果了。进入20世纪80年代，田间害虫种群同时对多种化学杀虫剂产生抗性的现象普遍存在；害虫抗性增长速度加快，完全敏感的害虫种群在田间甚至成为劣势种群。

抗性问题，这一从寂静的春天就开始孕育的危机，现在已成为害虫防治中最大的难点之一，由此引发的农药滥用、失效等附带效应，也对农药产业产生了深远的影响。

三、《寂静的春天》对农药研发及农药安全评估领域的影响

《寂静的春天》引发了人类社会对农药安全评估和对抗性问题的重视：从单纯追求对有害生物防控，即“高效、高残留、广谱”，开始转向“高效、低残留、专一性强”，并由此延伸出了农药毒理学的评估内容，即测试农药的毒性（急性毒性、慢性毒性、蓄积毒性、联合毒性等）和特殊危害（致突变、致畸、致癌等）；探究农药毒性作用的机制，为制定防止农药危害措施等提供科学依据；研究农药的代谢过程——吸收、分布、转化、排泄、积蓄以及残留期，为制定农药的应用范围、使用剂量、安全间隔期及残留量标准等提供重要依据；研究和改进农药危害的监测方法。

由此可见，《寂静的春天》背后并不寂静，它所揭开的是人类社会对农药安全性重视的大幕。

思政要点

以《寂静的春天》为切入点，介绍其巨大影响力背后的专业知识和对植物化学保护及农药毒理领域的深远影响。从专业角度回顾这一重要历史事件，深入解读使用化学农药的利弊，明确当前对农药性能的要求，强调对绿色农药、安全用药、有害生物综合防治的重视，增强专业认同。

适用课程及章节

植物化学保护学课程的绪论、农药与环境安全。

参考文献

[1]吴国强.论农药的社会属性[J].农药科学管理,2021,42(9):1-5.

[2]袁善奎.《寂静的春天》读后感——化学农药的使用:利益与危害的博弈[J].农药科学与管理,2020,41(12):8-13.

(撰稿人:申光茂)

10

中国人的农药梦想

——“井冈霉素”的创制

井冈霉素又称有效霉素，于20世纪70年代由我国上海农药研究所沈寅初院士研究团队创制，是一种具有自主知识产权的生物源杀菌剂。1971年，沈寅初研究团队从江西井冈山的土壤样品中筛选出对水稻纹枯病菌具有良好防效的吸水链霉菌井冈变种菌株，并将它们的活性成分定名为井冈霉素。井冈霉素抗真菌活性表现出一定的选择性，对担子菌，尤其是立枯丝核菌的抗菌活性最强，对一些子囊菌和毛霉菌的活性较弱，对卵菌的活性较差，经常被用于防治由立枯丝核菌引起的农作物病害，尤其对水稻纹枯病有特效，对玉米纹枯病和棉花立枯病等也表现出了优异的防治效果。

一、不畏艰险，创制出“井冈霉素”

20世纪40年代以后，世界进入有机农药时代。尤其20世纪五六十年代，大量的有机氯、有机磷和氨基甲酸酯等杀虫剂，福美类和代森类等有机硫杀菌剂，苯氧羧酸类、酰胺类和三氮苯类等除草剂，用于农林业生产，但这些产品几乎都是国外研发的。中华人民共和国在成立初期也开始了农药物资的生产，但生产的都是仿制产品。可见，我国当时的农药工业也相对落后。在这样的历史背景和现实条件下，1964年，沈寅初院士在攻读完微生物遗传专业研究生学位后，加入了刚成立不久的上海市农药研究所，走上了创制具有自主知识产权新农药的道路。

20世纪60年代的中国，农业生产比较落后，主要的粮食作物——水稻每年都会出现大量的水稻纹枯病。水稻纹枯病成为我国水稻高产稳产的最大障碍之一。沈寅初领导一个只有5个人组成的团队，开始在全国各地挖掘泥土，然后回到实验室做了上万次实验，以筛选可以防治水稻纹枯病的菌株。这一过程相当艰难，为了获得土壤样本，他们在原始森林里迷过路，每天走数十里路却只背着一个水壶和几个馒头……

有效菌株的获得发生在1971年。这一年沈寅初团队走进革命老区井冈山，这片红色的土壤给他们带来了好运——一种微生物的代谢产物能非常有效地防治水稻纹枯病。随后，经过大面积大田试验，他们确定此种微生物的代谢产物对水稻无药害，对人畜也非常安全，充分显示出“防效高、无药害、无污染”的环保型农药的特点。特定的年代，特定的地点，沈寅初团队决定将这一新药取名为“井冈霉素”。

二、助力“井冈霉素”产业化，更好地服务农业生产

在实验室和田间药效试验均确定“井冈霉素”为一种优秀的生物源杀菌剂的前提下，沈寅初团队将其进行产业化生产，这也是科研的最终落脚点，能更好地服务农业生产。他们从上海出发，先到杭州，然后坐船，折腾一整天才到浙江桐庐。在这里，“井冈霉素”第一次实现了产业化。沈寅初亲自带队，本着“为产业服务，为国家做贡献”的理念，进行现场指导，架设设备，让“井冈霉素”顺利产业化。井冈霉素生产水平提高了上百倍，实现年产量3万—4万吨（以5%制剂计），创造了抗生素行业中单位时间生产量的最高纪录。把每亩地的用药成本降低到0.5元以下，成为当时药效最好、价格最低的农药。

井冈霉素年防治面积达2亿—3亿亩，挽回稻谷损失数十亿公斤。至今，井冈霉素仍然是我国防治水稻纹枯病的首选药物，我国也成为目前世界上最大的井冈霉素生产国。沈寅初院士曾在接受记者采访时说：“袁隆平用水稻种子研究高产稻种，我用‘井冈霉素’为水稻高产保驾护航。”

然而令人难以置信的是，沈寅初从“井冈霉素”这一发明里一共才获得87元的奖励。沈寅初说，那个年代，大家都特别淳朴，知识是属于大家的，而他们所做的一切，就是为了服务更多的人。所以，只要有工厂提出想要生产“井冈霉素”，沈寅初都会亲自或者派出团队成员前去指导。最鼎盛时期，全国各地生产“井冈霉素”的企业超过60家。一项科研成果最终在全国遍地开花，在沈寅初看来，“这才是科研的真正价值”。

思政要点

1.使命担当：沈寅初院士勇挑科研重任，不畏艰险，排除万难，创制出防治水稻纹枯病特效药的精神值得我们学习和践行。

2.树立把论文写在祖国大地上的意识和信念、服务乡村全面振兴的使命感和责任感。学习沈寅初院士积极助力井冈霉素产业化，服务农业生产的理念和精神。

适用课程及章节

植物化学保护学课程的杀菌剂。

参考文献

[1]金斌.沈寅初:“中国生物农药之父”的家乡情[N].今日嵊州报,2015-09-11.

[2]徐利剑,赵维,曹聪,等.井冈霉素的研究进展[J].中国农学通报,2015,31(22):191-198.

[3]林志楷,刘黎卿,陈菲.井冈霉素研究概况[J].亚热带植物科学,2013,42(3):279-282.

(撰稿人:罗金香)

11 植物保护科技工作者勠力同心揭示稻飞虱迁飞规律

水稻是世界半数人口的主粮作物。为害水稻的飞虱主要有三种:褐飞虱、白背飞虱和灰飞虱。其中,以单食性的褐飞虱发生和为害最严重。褐飞虱在亚洲分布十分广泛。据邹钟琳先生查考,我国关于稻飞虱的记载最早见于明代胡震亨编著的《海盐县图经》,书中记载了400多年前稻飞虱在浙江省为害的情形。“飞虱”一词也是邹先生最早采用,因这种害虫体小善跳,形似虱而有翅能飞。

一、稻飞虱暴发成因及其对我国水稻生产造成的巨大危害

20世纪60年代,东南亚国家开始推广耐肥高产品种,且这一品种偏施氮肥、改变栽培制度(如双季稻增加、双季稻改三季稻等),并滥用广谱性、杀生性化学农药,破坏了稻田生态系统,削弱了自然制约因素,形成了稻飞虱发生的有利生态条件,促使其种群泛滥成灾,成为中国、日本、越南、泰国、印度尼西亚等许多亚洲国家水稻的首要害虫。稻飞虱在我国频繁暴发成灾,其中在1966年、1969年、1975年、1987年、1991年、1997年、2005年、2006年尤为严重。据全国农业技术推广服务中心统计,1980年以来,褐飞虱在我国每年发生面积约为1300万—2000万公顷,约占全国水稻种植面积的50%,年均损失稻谷10亿多公斤。1987年,褐飞虱在全国各稻区特大暴发,受害面积达1800万公顷,实际损失稻谷约20亿公斤。1991年,它又一次在全国各稻区特大暴发,发生面积2300万公顷,损失空前惨重。

二、我国稻飞虱迁飞规律的研究历程

20世纪60年代后期,由于褐飞虱在我国频繁暴发,为害日趋严重,引起了我国各级政府和植保相关研究机构的普遍关注。当时国内对稻飞虱的研究还很少,对稻飞虱迁飞规律的研究几乎空白,因此众多学者对于稻飞虱的越冬问题,也就是虫源问题产生了分歧:一种观点认为褐飞虱能在本地越冬;另一种观点认为褐飞虱不能抵御冬季的低温环境,不能越

冬,只能从外地迁入。

为了揭示褐飞虱在我国的越冬和迁飞规律,以防止该虫猖獗为害,20世纪70年代起,中国南方水稻生产省份(如广西、广东、浙江、江苏、云南、四川、贵州等)先后对褐飞虱开展了连续多年的研究。随着研究的深入,逐渐明确了褐飞虱在我国的越冬情况,即褐飞虱在我国的越冬可分为三个区域:终年繁殖区(北纬19度以南)、少量越冬区(海南省中部北纬19度以北至北纬25度之间)和不能越冬区(北纬25度以北的我国广大稻区)。

1977年,在国家科委的领导下,全国140多个单位组成了全国褐飞虱研究协作组。该协作组在褐飞虱远距离迁飞规律、异地预测预报和"同期突发"现象等方面开展了田间调查、灯诱、高山网捕、飞机空捕、海上航捕以及多点大规模标记释放与回收、卵巢解剖分级、天气资料分析等多学科、全方位的协作研究,历时3年,取得了大量的研究成果。例如,"同期突发"现象是迁飞性昆虫种群的典型特征。我国各地病虫测报站通过灯诱、田间调查等手段进行测报时发现,褐飞虱种群在一定地理区域内(特别是本地无越冬虫源的广大稻区)有明显的"同期突发"现象。"突发"前长时间灯诱与田间调查均不见稻飞虱的踪影,而当稻飞虱迁入时,在一定纬度的地理区域内均会出现虫量突增的现象。如1976年7月7—8日,15—16日,以及8月12日前后,在长江中下游江苏、浙江、安徽、上海四省(市)数十个县级测报站设置的诱虫灯下及田间,均出现3次典型的"同期突发"现象。同样,1977年6月26日至7月4日,从广西北部、湖南南部到苏北、皖北,出现了一条西南—东北走向、纵横1000多千米的"同期突发带"。当时在广西、湖南、湖北、江西、福建、安徽、浙江、江苏、上海、四川和贵州等地100多个病虫测报站的灯下或田间,甚至在衡山、黄山等6处高山大型捕虫网中,都出现了这一现象。

这一时期的研究成功地揭示了褐飞虱在我国的越冬情况,证实了褐飞虱在我国东半部季节性南北往返迁飞的规律,并拟定了异地预测预报的办法,为开展中长期稻飞虱的预测工作和寻找根治途径提供了重要依据,对我国20世纪80年代粮食生产做出了重要贡献。

习近平总书记指出:"我们最大的优势是我国社会主义制度能够集中力量办大事。这是我们成就事业的重要法宝。"对褐飞虱越冬和迁飞规律的研究,是在全国众多植保科技工作者的共同奋斗和齐心协力下进行的。除了成立全国褐飞虱研究协作组以外,很多省份还成立了省级协作组,植保科技工作者满怀热情、不畏艰辛,承担了协作组中的不同研究工作。

思政要点

深刻认识中国特色社会主义制度的优势。

适用课程及章节

农业昆虫学课程的水稻害虫、杂粮害虫等。

参考文献

[1]程遐年,吴进才,马飞.褐飞虱研究与防治[M].北京:中国农业出版社,2003.

[2]程遐年,陈若篪,习学,等.稻褐飞虱迁飞规律的研究[J].昆虫学报,1979,22(1):1-21.

(撰稿人:张开军)

12 防控病虫害,助力小麦稳产保供

美国前国务卿基辛格曾说:“谁控制了粮食,谁就控制了人类。”全世界超过40%的人以小麦为主粮,小麦供应和价格的变动往往牵一发而动全身,会产生极为深远的影响。

一、中国粮商大战国际资本

一直以来,全球80%的粮食交易都掌握在四大粮商手中,即美国的三家公司ADM、邦吉、嘉吉和法国的路易达孚。自中国加入WTO,中国粮食企业与国际资本的斗争也逐渐拉开序幕。

2003年,美国政府单方面对中国挥舞关税与配额“大棒”,迫使中国大量购入美国大豆。与此同时,美国利用限制供给和散布不实消息,恶意抬高大豆价格,导致中国企业恐慌性购买。随后,国际大豆价格迅速回落,最高时甚至跌了一半。由于此次采购规模巨大,中国超半数相关企业都因为无力消化采购成本或无力还贷而破产出局。当中国大豆产业哀鸿遍野时,跨国粮商露出了他们的獠牙,乘虚而入,大举收购破产的大豆压榨企业,迅速控制了80%的大豆进口货源和85%的国内油脂压榨产能。此役过后,中国大豆产业逐渐丧失自主权,对美国大豆的依存度与日俱增。

2005年,国际粮商想要故技重施,妄图继续在中国粮食市场吸血,然而国内在大豆战役惨败后,早已做好主粮战争的准备。在此后接近3年时间里,国际小麦价格涨了4.6倍,而国内小麦价格却只涨了0.7倍。这并非国际资本手下留情,而是中国动用了国家储备。当国际粮价暴涨时,国内粮价也开始蠢蠢欲动,中国随即开始抛售储备小麦。尽管资本方拼命抬价,全部吃进,试图造成供不应求的假象,但我方不为所动,仍源源不断地抛储,以至于最后无人敢接。当时没人知道中国的粮食储备到底有多少,但所有人都相信,中国的储备足以撑死炒作的投机资本。因此,局面开始出现反转,先前大量买进的西方资本争先恐后抛售,粮食价格急剧下降。连锁反应之下,所有的大宗商品价格也全面暴跌。中国打赢了这场小麦价格保卫战，也粉碎了国际资本进一步侵蚀我国粮食市场的野心。中国在短短几年之内就能在国际资本的压力下打个翻身仗，要归功于粮食的自给自足，并能有所盈余，可以建立庞大的国家储备。习近平总书记强调，中国人的饭碗任何时候都要牢牢端在自己手上。我们的饭碗应该主要装中国粮。目前，中国的小麦储存量累计占全球50%以上，可以从容应对全球粮食市场的各种异动。

二、严控病虫害，提高小麦产量

中国是全球最大的小麦生产国，近年来年产量稳定在13000万吨左右。然而，我国小麦年产量因病虫害等原因仍有较大的损失。

山东省农业科学院植物保护研究所与中科院动物研究所合作，在中国小麦病虫害造成的产量损失时空分布格局研究方面取得重要进展。其结果显示，病虫害每年造成我国黄淮海地区、长江中下游地区、西南地区、黄土高原地区、东北地区和新疆地区的小麦产量损失高达1767万吨，相当于2.89亿人的口粮。其中，作为占全国冬小麦总产量68%的黄淮海地区，每年因病虫害造成的小麦损失达1394万吨，约占全国小麦产量损失总量的79%，相当于2.28亿人的口粮。该研究成果表明，我国小麦生产因病虫害导致的损失仍然十分严重，而小麦锈病、小麦蚜虫及小麦白粉病仍是当前威胁我国小麦安全的高风险病虫害。因此，最大限度控制小麦病虫害，尤其是减少黄淮海地区小麦病虫害造成的损失，是保护我国小麦安全的“压舱石”。

习近平总书记指出：“当前中国处于近代以来最好的发展时期，世界处于百年未有之大变局，两者同步交织、相互激荡。”在这样的时代背景下，作为植保人，应心系家国、励精图治，积极助力粮食稳产保供，保障粮食安全，为国家高质量发展提供坚实的物质基础。这是党和人民赋予我们的历史重任，也是我们义不容辞的使命担当。

思政要点

深入学习领会习近平总书记给安徽省太和县种粮大户徐淙祥回信的精髓要义，沿着习近平总书记指引的方向，抓好粮食生产各项工作，让中国人的饭碗牢牢端在自己手中，为不断夯实党在农村的执政基础做出应有贡献。

适用课程及章节

农业昆虫学课程的绪论、小麦害虫。

参考文献

[1]孟岩，马俊乐，徐秀丽.4大粮商大豆全产业链布局及对中国的启示[J].世界农业，2016(1):62-67.

[2]盛清燕.世界粮食危机与中国粮食安全[J].山西农业大学学报(社会科学版)，2008(5):497-499;507.

(撰稿人:王佳)

13 降服害虫的制胜法宝——情怀

植物化学保护学是农学、化学等相结合的交叉学科。山东农业大学的慕立义教授在学科交叉上勇于开拓创新，为国家农业生产和农民增收做出了重要贡献。

一、独创"三新技术"，解决玉米螟防治难题

20世纪70年代前，我国十大病虫害之一的玉米螟防治困难。玉米螟常隐蔽于玉米新叶与茎秆中，当时的常用剂型难以接触到其虫体，防治效果较差，因此田间常用0.3%甲基对硫磷混合沙土往玉米心叶里灌药。甲基对硫磷是一种高毒农药，用手施药极不安全，而且在玉米发出新叶时会带出部分药泥，严重影响药效。针对这些问题，慕立义教授研发了新剂型、新药械、新方法配套的"三新技术"，取代了过去常用的施药技术。

自燃后的煤矸石孔隙度高、稳定性好，对药效缓释有一定作用，同时可以大量获得。慕立义教授将其粉碎后作为农药载体，创制成高含量低用量的颗粒剂，如1.5%辛硫磷颗粒剂和5%甲基对硫磷颗粒剂。为了方便颗粒剂的使用，慕教授还研制出了手电筒大小的新药械——"颗粒剂点施器"。农民手持点施器，对着玉米心叶按扣即可定量施药，颗粒剂附着力不强，心叶向上长，颗粒剂就向下滚落，有助于药效的持续发挥。"三新技术"的成功推广，实现了废物利用，达到了少施药、对靶施药和缓释施药的目标。

二、首创呋喃丹微粒剂，破解高毒农药低毒化使用难题

慕立义教授善于举一反三，在成功破解玉米螟防治难题后很快又获得了另一个研究成果——"呋喃丹微粒剂防治棉花苗期蚜虫"。1973年，国家农资总社从美国购进了200吨75%呋喃丹母粉，拟加工成拌种剂防治棉花蚜虫，但在生产加工过程中，粉剂污染导致工人中毒，试产被迫停止，母粉被封存。母粉若在保质期内不能有效使用，将给国家造成重大损失。慕立义教授在得知此事后，多方辗转得到一点儿呋喃丹母粉，经过两年的加工研究和

药效试验，确定以河沙为载体，用30号机油与75%呋喃丹母粉相混，研制出了3%呋喃丹微粒剂产品。该药剂不但解决了生产中粉剂污染易导致工人中毒的问题，而且对棉花蚜虫有效控制期长达55天，可坚持到麦收前不喷药。

3%呋喃丹微粒剂的面世，使我国农药领域多了一种新的剂型，为国家解决了难题，为农民防治棉花蚜虫降低了劳动强度和成本，对棉花蚜虫的天敌——瓢虫的危害也有明显的杜绝作用。

三、创制“棉铃宝”乳油，化解棉花生产危机

在20世纪90年代初，棉农“谈虫色变”，这个“虫”就是棉铃虫。由于棉铃虫频发，针对该害虫的化学防治频率远高于其他害虫。特别在20世纪70年代中后期光稳定性拟除虫菊酯问世后，对棉铃虫化学防治的用药主要选择该类药剂，致使我国广大棉区的棉铃虫普遍发生了严重的抗药性问题。棉农们大量使用高毒的对硫磷，引发了许多中毒事件。低毒的辛硫磷由于其“光解性”强，只能在太阳升起前和落下后使用，而且对棉铃虫高龄幼虫的防治效果差。

1989年是山东棉花包产后连续丰收的第七年。在当年11月山东省召开的农业再上新台阶献计献策研讨会上，慕立义教授忧心忡忡地提出：“棉花丰收这是大喜事，但我们也要看到危机，棉铃虫抗药性越来越强，如不及早采取对策，两三年内有可能出现棉铃虫大暴发！”这并非危言耸听，而是慕立义教授根据自己多年来从“两头(田头+案头)”掌握的信息，对棉铃虫在北方棉区的大暴发做出的预测。山东省领导十分重视，希望慕教授用3年时间攻克这一难题。仅用3年时间解决一个世界性难题，其难度可想而知，但是慕教授为了国家和农民毅然决然地接下了这个极具挑战的任务。

1990年夏天，棉铃虫在夏津县暴发了，年近花甲的慕立义教授当即带领团队赶往生产第一线。为了掌握棉铃虫的抗性发展规律，他和团队成员吃住在夏津，“晴天一身汗，雨天两脚泥”，长时间待在田间观察虫情，进行田间试验。为了研制高效低毒农药，慕教授带领团队在国内外四处奔波学习，收集资料和国内外的农药。功夫不负有心人，1992年4月，经过大量室内和田间试验，50%棉铃宝乳油问世。该制剂毒性低，其中辛硫磷主攻低龄幼虫，对硫磷横扫高龄幼虫，解决了棉铃虫严重威胁棉花生产的危机。此外，慕立义教授还带领团队，推广了一套可操作的治理方案，解除了棉农的后顾之忧，对稳定当时的棉花生产发挥了巨大作用，产生了重大的经济效益和社会效益。

棉铃宝的问世不仅解除了广大棉农的忧虑，还挽救了濒临倒闭的周村制药厂。由于棉铃宝防治效果好，毒性低且价格低廉，棉铃宝十分抢手，周村制药厂因此获利百万，扭转了濒临倒闭的局势。为了棉农可以一直买得起棉铃宝，慕立义教授多次恳请厂长不要涨价，

解决了棉农担忧的问题。

1992年12月,棉铃宝通过省级鉴定,成为当时国内防治棉铃虫效果最好的药剂。1993年1月,山东省省长批示拨款,扶持药厂扩大棉铃宝的生产,推动山东棉花生产。同时,棉铃宝还被化工部列入统一调拨物资,在全国11个省市防治棉田3亿亩次。1995年,慕立义教授的研究成果"棉铃虫抗药性规律及综合治理研究"获国家科技进步三等奖。

思政要点

1. 学习领会习近平总书记考察清华大学时重要讲话精神。
2. 引导学生以强农兴农为己任,"懂农业、爱农村、爱农民"。

适用课程及章节

植物化学保护学课程的农药剂型和使用方法、农药的科学使用,农药剂型加工及应用课程。

参考文献

[1]慕立义.呋喃丹微粒剂防治棉蚜初步药效试验[J].昆虫学报,1978(2):212-216.

[2]慕立义.高含量、低用量颗粒剂防治玉米螟的研究[J].昆虫学报,1979(1):22-29.

[3]阿堵.春天里的旋律:记著名植保专家慕立义教授[J].华东科技管理,1994(3):25-26;48.

[4]温孚江.时光划过一瞬间——祝贺慕立义教授八十华诞暨"慕·赵奖学金"颁奖十周年纪念册[M].天津:天津科学技术出版社,2013.

[5]罗万春.位卑未敢忘忧国——读慕立义入编《中国农药科技界著名老专家传略》有感[N].山东农大报,2018-01-08.

(撰稿人:何林)

14

中央一号文件点名严防“幺蛾子”

草地贪夜蛾，又称秋粘虫，隶属于鳞翅目，夜蛾科，原产于美洲热带和亚热带地区。草地贪夜蛾是一种多食性重大农业害虫，会对玉米、小麦、水稻、高粱、甘蔗、棉花等作物的生产构成威胁，因此在2017年被国际应用生物科学中心列为世界十大植物害虫之一。鉴于草地贪夜蛾的惊人破坏力，其又被国人冠以“幺蛾子”的别名。

一、特能飞、特能吃、特能生

草地贪夜蛾具有极强的远距离迁飞和扩散能力。迁飞一般只在夜间进行，在风的运输携载作用下它每晚可飞行100千米，成虫在产卵前可迁飞500千米。据记载，该虫曾在30小时完成了长达1600千米的迁飞。2018年，该虫被联合国粮农组织列为全球预警的重大迁飞性农业害虫。

草地贪夜蛾分为“玉米型”和“水稻型”，前者嗜食玉米和高粱，后者则主要取食水稻和牧草，均以幼虫取食为害。以草地贪夜蛾为害玉米为例，幼虫各个龄期可为害玉米的整个生育期，尤其是高龄幼虫具有暴食性，喜好钻蛀玉米心叶，啃食生长点，影响玉米抽雄和果穗生长；直接钻蛀雄穗和果穗，咬断雄穗分枝，影响授粉；啃食幼嫩籽粒，直接影响玉米产量和品质；玉米苗期，它还会钻蛀根茎，造成玉米整株死亡。

草地贪夜蛾在28摄氏度条件下，30天左右即可繁殖一代；条件适宜时，一年四季都可繁殖，且数量惊人。雌蛾一次可以产出100—200粒虫卵，短暂的一生可产出900—1000粒虫卵。

二、“幺蛾子”的疯狂入侵

2016年开始，草地贪夜蛾走出美洲大陆，在极短时间内就肆虐了非洲44个国家，造成了严重的经济损失。鉴于该虫入侵非洲时，季风是由非洲吹向美洲，与其扩散方向不符，不支持迁飞入境，科学家推测，草地贪夜蛾从美洲入侵非洲是通过国际贸易的途径“搭便车”被无意引入的。2018年5月，草地贪夜蛾入侵印度。2018年12月底，草地贪夜蛾来到中国云南。2019年1月，草地贪夜蛾被我国科学家发现了行踪，当年，在全国至少26个省1524个县级行政区见虫。2020年2月，草地贪夜蛾在我国的见虫面积已是2019年同期的90倍。

三、一场针对“幺蛾子”的人民阻击战

草地贪夜蛾刚被联合国粮农组织列为全球预警的重大迁飞性农业害虫时，中国工程院院士、中国农业科学院副院长吴孔明就已敏锐地察觉到该害虫很可能入侵中国，便迅速在云南江城设置监测点。与此同时，国内昆虫、植物保护领域的科学家系统地开展了草地贪夜蛾及其特征、防控技术的相关研究，为“虫口夺粮”之战争取了时间。

草地贪夜蛾进入我国以来，党中央、国务院高度重视，社会各界普遍关注。农业农村部和各地政府把防控草地贪夜蛾、确保粮食丰收当作农业农村工作的大事要事来抓，科学研判形势，全面动员部署，压实属地责任，落实关键措施，有力有序有效推进防控工作。一场形势严峻的人民阻击战就此打响。

概括来讲，在草地贪夜蛾入侵我国的当年，全国上下一心，做到了“四个到位”，有力阻击了其全面入侵的步伐。一是责任落实到位。农业农村部及时制定《全国草地贪夜蛾防控方案》，明确防控策略、目标任务、责任分工和工作要求，建立部门指导、省负总责、县抓落实的防控机制。在防控关键时期，农业农村部领导动员部署防控工作，并深入重点地区调研指导，督促防控责任落实。各地党委政府及农业农村部门也高度重视，分管领导靠前指挥，层层压实责任。二是监测预警到位。农业农村部加密布控监测网点，布设性诱捕器、高空测报灯和昆虫雷达等监测设备，实行全天候立体监测。组织全国2万多名植保专业人员和近百万农民技术员，全面开展虫情普查。严格虫情报告制度，新发生区当天即报，已发生区一周两报，及时发布虫情预报。三是指导服务到位。农业农村部成立全国草地贪夜蛾防控专家组，先后派出多批次技术指导组赴各地巡回指导，印发挂图、技术资料，分发到重点区域的每个村、每个农药经营门店；组织开展多层次技术培训，提供有力的技术支撑。四是应急处置到位。按照“治早治小、分区分时、全面扑杀”的要求，全力开展应急防控。会同财政部紧急下拨了5亿元资金，地方财政筹措3.6亿元应急资金，支持各地开展防控工作，做到见虫区域应防尽防。

2020年，草地贪夜蛾大有“卷土重来”之势，其北迁时间更早，发生区域更广，危害程度更重，防控任务更艰巨。因此，该虫屡上热搜，曾被中央一号文件点名，农业农村部连发通知要求做好防控工作。中国农业科学院植物保护研究所研究员王振营在接受《中国科学报》采访时说：“基于我国完善的农作物病虫害测报体系、多种多样的防控手段和技术、健全

的防治队伍，以及去年在监测与防控工作中取得的成功经验，草地贪夜蛾为害局面在我国可以得到有效控制，不会对农作物造成太大的产量损失。”

目前，全国防控架构已趋于成熟，已经形成主攻周年繁殖区、控制迁飞过渡区、保护玉米主产区的策略，布设了边境监测防控带、长江流域监测防控带、黄河流域阻截攻坚带、长城防控阻击带。在强化“三区四带”布防基础上，实施大区联合监测、分区协同治理，采取综合防控措施，层层阻截、遏制危害，势必取得这场阻击战的最终胜利。

思政要点

增强植物保护专业学生对专业的认同感和使命感。

适用课程及章节

农业昆虫学课程的杂粮害虫。

参考文献

[1]韩扬眉，刘如楠，李晨．“虫口夺粮”：重拳出击草地贪夜蛾[N]．中国科学报，2019-06-18.

[2]李晨．草地贪夜蛾“卷土重来”？[N]．中国科学报，2020-03-09.

[3]李维薇，刘佳妮，桂富荣，等．中国面临外来生物入侵挑战与防控对策研究——以草地贪夜蛾为例[J]．中国农学通报，2020，36(12)：120-126.

（撰稿人：王佳）

15 小虫酿大灾

柑橘是国际贸易中居于首位的水果，也是世界上最重要的农产品之一。我国是世界上最早种植柑橘的国家，栽培历史已有4000多年。2008年开始，我国柑橘的种植面积和产量同时跃居世界首位，成为我国优势出口农产品。但是，柑橘病虫害如柑橘木虱的发生、蔓延和以它为传播媒介的柑橘黄龙病，让橘农们闻之色变。

一、小虫虽小，助“病”为虐

柑橘木虱是世界上对柑橘生产危害最大的一种害虫，国外主要分布在美国、巴西和墨西哥等美洲国家，国内主要分布于海南、台湾、广东、广西和江西等地。柑橘木虱以柑橘、柠檬、九里香等芸香科植物为寄主，成虫和若虫在这些植物的韧皮部取食汁液。它的为害方式多样，除了直接刺吸叶片造成危害之外，还会带来极严重的间接危害。柑橘木虱在叶片上排泄蜜露，引发煤烟病，降低植物的光合作用，导致叶片出现褐色枯瓣，嫩梢枯萎甚至死亡。此外，柑橘木虱是柑橘毁灭性病害——柑橘黄龙病病原菌的主要传播媒介。木虱在刺吸感病嫩叶以后，病原菌就会进入自身体内进行增殖，随后带菌的木虱在转株取食的过程中传播病原菌。柑橘木虱一旦感染病原体则可以传播病原菌。它的成虫和若虫均能传播疾病，且80%以上的木虱能将病原菌传播到未感染的健康柑橘树上。柑橘木虱的传毒速度很快，在刺吸病树嫩叶5小时后就可以有效传毒。木虱的成虫有翅，因此可以借风扩散，这助长了病原菌的扩散传播。

柑橘植株—病原体—柑橘木虱三者之间的相互作用加速了柑橘黄龙病亚洲致病种的传播。植物在受到害虫或病原菌的侵袭后，会释放一种挥发性植物挥发物——水杨酸甲酯。这些散发着水杨酸甲酯气味的柑橘对木虱而言，意味着“食物、配偶和适宜的产卵场所”，会吸引越来越多的木虱。而黄龙病的病原体柑橘黄龙病亚洲致病种则借机劫持柑橘的次生代谢系统，使它们释放更多的水杨酸甲酯，吸引更多的昆虫。大量昆虫取食之后，柑橘植株便不能再满足昆虫的取食需求。随着害虫迁移到其他健康的植株上,病原菌也在果园传播开来。总之,虽然柑橘木虱对果树的直接危害不大,但是它带来了不可估量的间接危害——柑橘黄龙病。

二、柑橘"癌症",祸"果"殃民

柑橘感染黄龙病后出现斑驳花叶,叶片转绿后随即褪绿转黄,黄化部分逐渐扩散形成黄绿相间的斑驳花叶,被害植株树冠上的部分枝条黄化,树冠呈现黄梢。该症状与缺锌症状极为相似。未经过专业培训的人员,很难将感染黄龙病的植株与营养缺乏症状区别开来。病树结果少,病果小而畸形。果实成熟时,近果蒂处果皮呈红色,其他部位呈黄绿色,称为"红鼻果"或"青果"。

柑橘木虱的温度耐受性范围广,发育速度快,繁殖力强,种群增长速度快,病原菌传播能力强,因此柑橘木虱及柑橘黄龙病的防治非常困难。柑橘植株在感染病菌后并不立即显症,存在一定的潜伏期,而潜伏期的长短由柑橘品种、树龄、健康状况和种植环境等多种因素决定,这进一步加大了防治难度。此外,至今无法在人工培养基上培养病菌,这大大限制了相关研究的开展,因此对柑橘黄龙病的发病机制的研究进展比较缓慢。自1919年发现黄龙病害到现在,世界各国均未研究出有效的防治方法,因此柑橘黄龙病有柑橘"癌症"之称。

柑橘黄龙病给我国的柑橘产业带来了巨大的经济损失。2020年,仅广西就损失了740万棵树,全国每年有超过1000万棵病树被毁。我国高度重视柑橘产业的发展。2016年,中央财政安排9000万元农业生产救灾资金,支持6个柑橘主产省(区)有效防控柑橘黄龙病。为提高补助资金的使用效果,同年,农业部印发了《柑橘黄龙病防控补助试点实施方案》。这一实施方案的落实,实现了"三降低、一提高",切断了柑橘黄龙病的传播途径,有效遏制了该病的流行趋势。

思政要点

1. 增强植物保护专业学生的责任感和使命感。

2. 建立"科技助农"的专业自信。习近平总书记在党的十九大报告中指出,培养造就一支懂农业、爱农村、爱农民的"三农"工作队伍。

适用课程及章节

农业昆虫学课程的柑橘害虫。

参考文献

[1]舒本水,吴仲真,崔扬,等.柑橘木虱蜜露排泄机制:进展与展望[J].昆虫学报,2020,63(2):235-244.

(撰稿人:李广云)

16 蛆柑事件背后的蝴蝶效应

2008年的秋天，许多老百姓都记住了一个植物检疫专业名词：柑橘大实蝇。但没人会想到，一条藏匿在即将成熟柑橘中的实蝇幼虫，竟给整个柑橘市场造成了严重的负面影响。人们看到的是，橘园里、市场里的橘子一批接一批地烂掉；人们惊呼这里、那里又发现了疑似的“蛆柑”；人们不敢吃橘子，不敢买橘子，对食品安全议论纷纷……蛆柑事件一时间成为舆论焦点，但我们却忽略了一个重要方面——辛劳了一年的各地橘农究竟受到了怎样的影响？这一事件又折射出了什么？

一、一条短信，漫天扩散

轰动全国的蛆柑事件，要从2008年9月22日说起。四川省广元旺苍县张登操家的果园空地上，掉落的果子四散，拿起掉果挨个剥开，一只虫子爬了出来，监测该害虫22年的广元植保植检站站长何三美当即判定：这是柑橘大实蝇幼虫！但在场的人都没料到，这条从川北小果园里长出来的蛆虫，会在月余后“吃掉”全国相当一部分柑橘销售量。

“旺苍已经10年没有大实蝇疫情了。”何三美说。作为柑橘重要害虫，大实蝇是国内外植物的检疫对象。因为柑橘种植面积增加、果实频繁调运等原因，大实蝇疫情发生的范围迅速扩大，危害程度不断加重，至今仍制约着各地柑橘的生产。而在旺苍，根据大实蝇的产卵、孵化、化蛹时间，从1986年起，经过10余年防控，大实蝇终于在1998年消失在监测记录中。

2008年9月23日，旺苍农业局将情况上报到广元市农业局，并在当天将病果投入深坑，撒上石灰后掩埋。在成都打工的一男子打电话给《华西都市报》热线称：“嘉川镇政府昨天通知橘子不能吃，似乎因为地震杀死了有益元素。我家有1万多斤橘子，全部要摘下来深埋……”随后，两篇关于旺苍县柑橘“暴发大实蝇疫情”的报道分别于10月4日和5日在《华西都市报》刊出。

“告诉家人、同学、朋友暂时别吃橘子！今年广元的橘子在剥了皮后的白须上发现小蛆状的病虫。四川埋了一大批，还撒了石灰……”2008年10月20日22时人们陆续收到这样的短信。各大论坛上也迅速刮起了“广元蛆虫柑橘”风。从一部手机到另一部手机，这条短信不知道被转发了多少遍。这样简单的一条短信导致了一场危机：我国柑橘严重滞销。在湖北省，大约7成柑橘无人问津，损失估计达15亿元。而在广西、湖南、贵州等地，随处可见橘农或者水果批发市场里的商贩守着烂掉的橘子哭泣的场景。

二、湘北鄂西，损失数亿

2008年，广元大实蝇疫情发生后，农业部立即要求四川省农业部门扑灭疫情。当地及时发布了疫情防控通告，全面动员，摘除蛀果，进行深埋、消毒等无害化处理。10月10日前，处理蛀果1252吨。与此同时，加强集贸市场检查，并在疫情发生区的主要交通要道设立检查检疫站，24小时值班检查，严禁蛀果上市和向外调运。

四川省农业部门的迅速防治和积极响应，有效地控制了柑橘大实蝇的传播扩散，但漫天扩散的消息依然严重影响了当时的柑橘市场。当季市场上的柑橘主要是湖南、湖北两地的早熟品种，据不完全统计，湖北省因蛆柑事件导致的经济损失达15亿元，湖南常德损失近4亿元。

“发生蛆柑事件，最可怜的还是普通果农。”时任湖北省农业厅果品办主任、省果业协会秘书长的李传友说，“目前我省柑橘外销已经处于全面停滞状态，对柑橘销售造成了巨大冲击。”2008年10月20日以前，仅宜昌市夷陵区每天就有三四百辆10吨以上的外地车辆前来购运柑橘，日销量近万吨，而10月20日以后，受蛆柑事件影响，几乎没有一辆运柑橘的外地车辆。当地相关企业由于销路受阻，全面停止收购柑橘，对橘农影响巨大。“现在果农只能看着橘子哭，如果事态继续发展下去，我省橘农的损失将达到15亿元。”李传友说，“今年本来是个大丰年，按照往年的销售情况，橘农每亩可以赚三四千元，现在很有可能血本无归了。”

三、正确认知，科学防控

在2008年，有人称大实蝇的出现与汶川地震有关，事实证明这是谣言：柑橘大实蝇的生长与地壳变动并无必然联系。为消除四川广元柑橘大实蝇事件的影响，缓解部分柑橘主产区和主销区销售受阻情况，农业部采取一系列有效措施：进一步加大宣传力度，普及大实蝇等害虫对人畜无害的科学知识，消除消费者的恐惧心理；做好滞销柑橘储藏和销售工作，积极联系客商、提供信息，帮助农民解决产品滞销问题；及时控制、扑灭疫情；等等。柑橘大实蝇的防控,要做到正确处理"三果"。"三果",指的是采青果、摘黄果和拾落果。加强对柑橘大实蝇危害的宣传,采取强制措施进行杀虫,提倡果农将发生区内有明显产卵痕迹的青果全部摘下,及时摘除幼虫蛀害的黄果,掉落在地上的虫果一并捡走。

思政要点

1. 自觉遵守法律法规,坚决做到不造谣、不信谣、不传谣。从官方途径了解信息,切勿相信、转发网上出现的不实信息,更不要编造、发布不实信息,共同维护健康有序的社会环境。

2. 运用专业知识,做出科学判断。要认真学好专业知识,提高专业素养和技能,在关键时刻发挥重要作用。

适用课程及章节

农业昆虫学课程的柑橘害虫。

参考文献

[1]湖北柑橘七成滞销　损失可能达15亿[N].内蒙古晨报,2008-10-28.

[2]农业部采取系列措施消除大实蝇影响[N].齐鲁晚报,2008-10-29.

(撰稿人:李亚迎、王进军、刘怀)

17 植保卫士狙击“飞虫”，共筑“绿色奥运”

在2008年北京奥运会前夕，国际检疫性害虫美国白蛾和迁飞性害虫草地螟均暴发成灾，并快速向北京市区逼近。倘若让外国游客在北京看到成群集结于各种建筑或绿色植物上的“飞蛾”，势必会让“绿色奥运”在人们心中大打折扣。

一、“狙击”美国白蛾，守护“绿色奥运”梦

美国白蛾原产于北美，是典型的杂食性害虫，具有适生能力强、传播蔓延快以及暴发危害性大等特点。该虫自1974年传入我国辽宁丹东，主要在我国北京、天津、河北、辽宁、山东发生，而这些地区都是北京奥运会的比赛场馆所在地或赛事途经地。针对美国白蛾的防控，应从“物质绿色”和“意识绿色”两个层面来理解“绿色奥运”的内涵。一方面，保护好满目葱郁、生机盎然的绿色森林景观，是“绿色奥运”最直观的体现和最基本的要求；另一方面，在防治过程中要体现“绿色奥运”的理念，使用环境友好型生物制剂，推行无公害防治，不能给生态环境造成污染。北京、河北已落实飞机防治2400架次，严防美国白蛾，确保市区不出现灾情。国家林业局(现为国家林业和草原局)更是下达2008年度美国白蛾防治任务，分别与北京、天津、河北、辽宁、山东、陕西6省(市)政府签订美国白蛾防治责任书，明确防治任务目标，落实防治责任和各项技术措施，为绿色奥运助力。

二、利用探照灯诱集带，空中“阻截”草地螟

草地螟属鳞翅目螟蛾科，多食性，可取食200余种植物，在我国主要分布于东北、西北、华北一带，是一种间歇性、暴发性、迁飞性害虫。其幼虫在3龄后，取食量增大，可将叶肉全部吃光，只剩叶脉。

2008年8月2日，奥林匹克中心区报告场馆内突发大量草地螟。8月3日，受强气流和场馆内超强日光灯及蜜源植物吸引的影响，草地螟发生数量不断增加。当晚，全市48个监

测点平均单灯诱蛾量达到4800余只。中国农科院植物保护研究所设置在北京延庆县监测迁飞性昆虫的雷达高空探照杀虫灯单灯诱蛾量突破30万只。奥运场馆及周边地区均出现了大量的草地螟成虫。本次草地螟的暴发来势猛、虫量高、范围广，严重威胁着北京奥运会。经专家研判，延庆地区的草地螟一个晚上即可到达北京市区，要想阻止其大量迁入北京市区，必须将已起飞的迁飞性昆虫尽早拦截在北京市区以外。面对突如其来的虫灾，为确保奥运会开幕式成功举办和各项赛事顺利进行，北京市委市政府于8月3日紧急召开草地螟防控会，农业、财政、气象、运输等几乎所有部门参加。紧急关头，植保工作者表现出强烈的使命感和责任心，临危受命，迅速制定草地螟应急防控方案。进一步加大防控力度，紧急调集应急高射程风送迷雾式防控车8辆，其他各种防治机械36台套，应急防治药剂3吨，运送到指定地点并分发给其他奥运场馆。8月4日，农业部种植业管理司再次调集频振式杀虫灯8000多盏，高射程风送迷雾式打药机4台，高射程风送迷雾式防控车11辆，紧急组装雷达高空探照杀虫灯300盏。8月6日，利用300盏探照灯诱虫器在延庆、怀柔、密云、平谷设置第一道阻截带；在昌平、顺义、海淀沿六环设置第二道阻截带，辅以频振式杀虫灯，从而形成了立体式防控网，对草地螟成虫进行诱杀。事实证明，探照灯诱虫器和频振式杀虫灯组建的空中阻截带可有效拦截空中迁飞的草地螟成虫。经过市、区两级防控部门的快速联动和巩固性防治，在奥运会开幕前夕，草地螟得到全面控制，奥运场馆周边的优美环境得以恢复。8月8日晚，气势恢宏的开幕式如期举行。

回顾举世瞩目的北京奥运会，植保工作者深感自豪和荣幸，因为“绿色奥运”也有他们的奉献。植保工作者成功地遏制了美国白蛾对绿色奥运的潜在威胁，消除了草地螟对绿色奥运的影响，取得了对“害虫入侵”防控工作的最终胜利，保障了中华民族百年祈盼的奥运会顺利举行和圆满结束。

思政要点

1.中央一号文件明确指出：加强外来入侵物种防控管理，做好普查监测、入境检疫、国内防控，对已传入并造成严重危害的，要“一种一策”精准治理、有效灭除。面对来势汹汹的虫群，相关部门迅速联合行动，充分体现了社会主义制度优越性。

2.深刻认识植保工作的重要性，增强责任感和使命感。

适用课程及章节

农业昆虫学课程的害虫防治的基本原理和方法、迁飞性害虫。

参考文献

[1]赵汗青,卢广,种焱,等.北京奥运会有害生物入侵监测体系的建立和效果评估[J].植物检疫,2009,23(2):20-23.

[2]张云慧,杨建国,金晓华,等.探照灯诱虫带对迁飞草地螟的空中阻截作用[J].植物保护,2009,35(6):104-107.

(撰稿人:魏丹丹)

18

坚守国门，勇挑重担

——打赢红火蚁阻截防控攻坚战

2020—2021年，我国多地报道有蚂蚁叮人事件发生，红火蚁频繁登上热搜。2021年，这种危害严重的外来入侵物种已扩散至我国12个省份的435个县市、区。

一、红火蚁的危害

红火蚁隶属于膜翅目、蚁科，是从国外入侵我国的检疫性有害生物，由于其强大的繁殖力和对环境的耐受力，现已入侵多个国家并造成严重后果，因此被世界自然保护联盟列为全球100种危害最严重的外来入侵物种之一。

红火蚁对社会经济危害重大。其食性杂，觅食能力强，能捕杀昆虫、鸟类和小哺乳动物，甚至在大雨过后捕食水中的鱼类等。在红火蚁入侵区，其种群密度远远大于其他本土近缘种。红火蚁还会捕食其他无脊椎动物，降低单位面积内其他生物的数量和多样性，破坏生态平衡，对食物链造成灾难性破坏，导致本地物种出现半真空和真空状态。红火蚁还能破坏灌溉系统，其蚁巢会干扰收割工作。它们经常在电子设备中大批滋生，如空调、交通信号机箱、供电仪表等；它们会咬掉绝缘层或携带泥土进入设备中，造成电路短路等。红火蚁具有很强的攻击性，严重危害人类健康。其主要通过大颚叮咬，尾部的螯针连续针刺皮肤7—8次并形成一个环形的刺痕。其毒囊中的毒液含有高浓度的毒素。被红火蚁叮咬后，皮肤会出现红斑、红肿、痛痒，体质敏感的人会产生过敏性休克反应，严重者会死亡。

二、红火蚁的入侵历史

红火蚁的扩散、传播包括自然扩散和人为传播。自然扩散主要是生殖蚁飞行或随洪水流动扩散，也可随搬巢而短距离移动。人为传播主要是红火蚁随着园艺植物、草皮、土壤废土、堆肥、园艺农耕机具设备、空货柜、车辆等运输等做长距离传播。红火蚁原产于南美洲巴拉那河流域的巴拉圭、巴西、阿根廷等国，于20世纪三四十年代首次侵入美国亚拉巴马州。随后,通过苗木的运输,红火蚁迅速扩散到美国南部的广大地区,扩散速度平均每年近200千米。我国最早关于红火蚁的报道是2004年4月台湾官方公布的信息说明:2003年9—10月,桃园、嘉义采集到了红火蚁,之后调查明确了桃园县、台北县、嘉义县等红火蚁发生分布,面积约4000公顷。2004年,大陆地区也开始出现红火蚁,在广东吴川大山江街道办事处采集到红火蚁,后植检部门进一步普查,10—12月吴川红火蚁疫情范围增至7个镇(街)39个村委会(社区),面积约2000公顷。

三、红火蚁的阻截防控

红火蚁的防治首先需要做好检疫和监测工作:加强检疫从疫区调运的苗木等物资;借助公众力量进行大范围普查,在普查中要重点排查绿化带、苗圃、荒地、垃圾场和港口码头等红火蚁发生的高风险区;使用直接观察法或者诱饵诱集法对严重程度进行评估;在全面监测的基础上进行药剂防治。

我国从中央到地方都发布了关于红火蚁防治的政策文件,如《卫生部办公厅关于加强红火蚁伤人事件监测防控工作的通知》《农业部办公厅关于加强红火蚁等重大疫情防控工作的通知》《重庆市农业农村委员会等九部门关于加强红火蚁阻截防控工作的通知》等。通过采取更为有效的措施,控制重大植物疫情的发生和危害。

习近平总书记在清华大学考察时指出:"广大青年要肩负历史使命,坚定前进信心,立大志、明大德、成大才、担大任,努力成为堪当民族复兴重任的时代新人,让青春在为祖国、为民族、为人民、为人类的不懈奋斗中绽放绚丽之花。"作为植物保护专业的学生,要学好专业知识,挑起保卫国家生物安全的重担,研究探索高效绿色防控技术,为红火蚁的绿色长效防控贡献力量。

思政要点

1.学习贯彻习近平总书记考察清华大学时重要讲话精神。

2.学好专业知识,承担安全重任。

适用课程及章节

普通昆虫学课程的绪论、农业昆虫学课程的绪论。

参考文献

[1]陆永跃，曾玲.发现红火蚁入侵中国10年：发生历史、现状与趋势[J].植物检疫，2015,29(2):1-6.

[2]苏艳超.入侵红火蚁主要生态学特性及其控制研究[D].福州：福建农林大学，2009.

[3]于文静.农业农村部部署红火蚁春季防控行动[N].闽西日报，2022-03-30.

（撰稿人：王梓英）

19 管控小小线虫，守护金山银山

松材线虫病是一种世界性的重大检疫性森林病害，松树感染后病害发展速度快，危害大，防治难，会造成严重的经济损失。北美洲被认为是松材线虫病的原发地。据统计，松材线虫病导致的进出口限制使美国每年损失约1.5亿美元，加拿大每年损失约7亿美元。亚洲的中国、日本和韩国是松材线虫病危害最严重的地区，欧洲也是受到松材线虫病严重威胁的地区。松材线虫病在自然情况下可以感染的松属树种有51个，非松属树种16个。病害流行受到寄主植物种类、松材线虫、媒介昆虫以及其他一系列环境因素的影响。病原松材线虫致松树萎蔫速度快，致病机理复杂，至今未完全弄清。

一、松材线虫病在我国肆虐为害

在我国，松材线虫病于1982年首次在南京中山陵发现，同年在香港的马尾松上确定发生了松材线虫病，1983年在中国台湾琉球松上也发生松材线虫病。40年间，该病害在我国不断蔓延发展，到2021年，全国共有19个省742个县级行政区发生疫情，发生面积171.65万公顷。

最初，黑松和赤松是主要的受害树种，而在我国分布最广、数量最多的乡土树种马尾松一开始比较抗病，但随着入侵的松材线虫种群组成和群体适应性变化，马尾松也与黑松和赤松一样变得高度或中度感病。松树一旦感染了松材线虫，无论它本身生长状况如何，大多会发病死亡，而且在一片松树林中首先被传病感染的往往是长势最好的松树。日本和中国学者曾提出松材线虫病适宜流行区域是年平均温度在14摄氏度以上的地区，年平均温度在10摄氏度至14摄氏度的区域是松材线虫病可能发生的地区。据此，辽宁中部以南至黄河流域是松材线虫病可以发生的区域，黄河以南的华中、华南、华东等广大区域则是松材线虫病比较适宜发生的区域。1982—2015年，松材线虫病基本上都是在中国黄河以南最适宜病害发生的区域内流行。依据近年来中国松材线虫病发生的情况，及我们对中国松材线虫病所做适生区预测分析,我们发现我国绝大多数省区均属于松材线虫病的高适生区或中适生区,仅黑龙江、内蒙古、甘肃大部、青海、云南、西藏和新疆属于低适生区或非适生区。

二、松材线虫病的管控原理和措施

根据松材线虫病侵染循环规律,特别是根据北美洲以外区域该病害属于检疫性病害的特点,目前松材线虫病的防控方法主要是围绕病害检疫、疫情监测、疫木除治、媒介昆虫防治、树干注射预防、培育抗病树种等方面来展开的。

病害检疫:检测一般采用贝尔曼漏斗法,通过形态学鉴定法或分子检测方法鉴定松材线虫。

疫情监测:松材线虫病在一个新的地区发生时,若能早发现、早确诊,可以比较容易地控制病害的流行。如果不能及时发现,等到大面积发生后才确诊,会给病害控制带来极大困难。因此,疫情监测是病害防控的重要环节。

疫木除治:在中国松材线虫病发生的大多数地区,媒介松墨天牛仅发生1代,到第二年春季从越冬病死树中的羽化飞出,开启新一轮病害传播。在秋冬季进行疫木除治是病害防控的一个关键环节,此时松材线虫和媒介昆虫都集中在疫木中,它们可以被彻底杀灭。

媒介昆虫防治:一般采用地面树冠化学喷雾或飞机空中喷雾,杀灭天牛成虫;也可使用引诱剂和诱捕器诱杀成虫,或设置诱木诱集成虫。

树干注射预防:针对重要生态区和重要古松名木,国内外研发出多种树干注射保护剂,用于预防和阻止松树染病。目前,该预防保护技术在我国一些重要风景区和生态区应用较普遍,作用效果明显。

培育抗病树种:我国于2001年开始实施"安徽省马尾松松材线虫抗性育种"项目,在实生后代中进行抗病性人工接种测定,筛选出高抗家系68个;2011年,进一步利用高抗家系的89个无性系营建了1.6公顷抗病马尾松种子园。

三、保护松林生态,建设大美中国

松材线虫病不像山火、洪水那样猛烈,也不会在短时间内直接危及人类生命安全,但它是一场不冒烟的大火,吞噬着我国有限的森林资源,破坏着我们的绿水青山,威胁着人们的生存与发展。因此,高度重视和进一步加强松材线虫病灾害的防控,是维护国家生态安全的需要,是生态文明建设的内在要求。

随着生活水平的提高,人们对生活质量提出了更高的要求,对良好生态环境的需求也越来越迫切。党的十七大报告提出,要"建设生态文明,基本形成节约能源资源和保护生态环境的产业结构、增长方式、消费模式”。“山川秀美”是一个国家、地区富足和民族繁荣的重要标志，当今世界发达国家无不山川秀美，生态良好。从这个意义上说，加强松材线虫病防控，保护我们的绿水青山，合乎国情，顺应民意，有利于更好推进生态文明建设。

思政要点

1.倡导生态文明，践行植保理念，建设美丽中国。

2.牢记国之大者，保卫绿水青山。

适用课程及章节

农业植物病理学课程的林业病害、检疫性病害。

参考文献

[1]叶建仁，吴小芹.松材线虫病研究进展[J].中国森林病虫，2022，41(3)：1-10.

（撰稿人：陈国康）

20 微生物，大产业，大作为

微生物在自然界中无处不在，其主要由真菌、卵菌、细菌和病毒等构成，与人类和动植物的生存密不可分。其中，部分微生物对动植物的生长发育会造成不良影响，我们将这种微生物统称为病原菌。而另一部分微生物对人类和动植物具有益生等积极作用，主要包括香菇、木耳等食用真菌，以及乳酸菌等细菌。

一、食用菌助力乡村振兴

食用菌以其丰富的营养、鲜美的味道被人们称为“绿色食品”“保健食品”。随着人们越来越重视膳食结构以及食用菌栽培技术不断进步，越来越多的食用菌成功实现了商业化栽培并进入消费市场，我国食用菌产量也随之不断增长。作为食用菌第一大生产国和消费国，我国2020年食用菌总产量为4061.43万吨（鲜品），总产值3465.65亿元，较2011年增加了132.83%。其中，我国食用菌年产量居前7位的分别是香菇、黑木耳、平菇、金针菇、杏鲍菇、双孢菇、毛木耳。这7种食用菌年产量总和占全国食用菌总产量的83.97%，是我国食用菌的主要栽培品类。食用菌主要利用秸秆、木屑、玉米芯、棉籽壳等农林下脚料生产高蛋白、低脂肪、低热量的菌类产品，具有生态循环利用价值。食用菌生产后的菌糠也可以用于有机肥、育苗基质、栽培基质的生产，具有改良土壤、节肥增效的作用。食用菌产业真正实现了不与人争粮、不与粮争地、不与地争肥、不与农争时、不与其他争资源。因此，食用菌产业在市场经济条件下逐渐发展成为一个新兴产业。尤其在退耕还林、退耕还草、退耕还湖的背景下，食用菌产业已成为支撑国家食物安全的生力军。

食用菌产业是集经济效益、社会效益和生态效益于一体的农业产业，在促进农民增收中发挥着重要的作用。由于食用菌产业具有“短、平、快”的特点，许多地方都把食用菌产业作为扶贫产业来抓，尤其是在土地资源相对匮乏的山区。党的十九大后，各地方政府将发展珍稀食用菌产业作为特色产业，短时间内涌现出了一批规模化的新兴食用菌产区，促使我国食用菌产业跃升为继粮食、油料、果树、蔬菜之后的第五大类作物。各地各部门在推进实施乡村振兴战略过程中，产生了一批做出卓越贡献的优秀个人和团体，如“木耳院士”李玉教授利用黑木耳、香菇等食用菌显著提升了农民收入。

二、“蘑菇技术”提升大国形象

“以树养菇”是20世纪香菇栽培中常用的技术手段，而由此造成的“菌林矛盾”、生态恶化的问题非常突出。国家菌草工程技术研究中心首席科学家林占熺教授经过十几年的探索，发明了“以草代木”的菌草技术。这项技术成功解决了香菇生产中的突出问题。此外，应部分非洲国家政府邀请，中国菌草专家组成功将该技术在当地推广应用，帮助人们脱贫致富。当地人将菌草称作“中国草”，或“人类命运共同体草”。如今，菌草技术已被推广至全球100多个国家。菌草技术的成功不仅为我国脱贫攻坚做出了巨大贡献，而且引起了联合国开发计划署和粮农组织的关注。2017年，菌草技术被联合国列为“和平发展基金项目”重点项目，并向全球推广。2021年，国家主席习近平向菌草援外20周年暨助力可持续发展国际合作论坛致贺信。习近平指出，菌草技术是“以草代木”发展起来的中国特有技术，实现了光、热、水三大农业资源综合高效利用，植物、动物、菌物三物循环生产，经济、社会、环境三大效益结合，有利于生态、粮食、能源安全；强调中国愿同有关各方一道，继续为落实联合国2030年可持续发展议程贡献中国智慧、中国方案，使菌草技术成为造福广大发展中国家人民的“幸福草”！

三、益生菌呵护人类健康

益生菌是经适量服用后，有益于其宿主健康的微生物。它对人或动物体可进行稳态调节，具有抑制有害菌增殖、促进营养物质吸收、代谢合成营养物质、抗突变、改善肠道菌群失调、抗氧化、调节血脂等保健功效。此外，随着消费者健康意识逐渐增强，益生菌产品越来越受到消费者的青睐，其市场规模也不断扩大。2015年至2020年，我国益生菌市场规模复合年均增长率为11.83%。在食品、医药和饲料等行业中，乳酸菌和乳酸杆菌等作为重要的益生工业微生物，可以带来许多有价值的产物。乳酸菌产生的代谢产物，主要包括乳酸、双乙酰、细菌素和胞外多糖等。其中，乳酸的生成可以增加基质的酸度，提高抗菌活性；细菌素可以提高抑菌活性，可作为新型的食品生物防腐剂用于食品保鲜；胞外多糖作为乳酸菌代谢产物，可以抑制肿瘤细胞生长，具有抗肿瘤活性，能增强人体对癌症的抵抗能力。此外，乳酸菌还具有降低胆固醇、调节胃肠功能和刺激免疫系统等生理作用。

作为一名植保人，应该深刻认识到植保专业的重要性以及植保人的使命担当，立志以后要利用所学的植保知识为人类健康、社会经济发展以及构建人类命运共同体贡献自己的力量。

思政要点

1.学习领会习近平向菌草援外20周年暨助力可持续发展国际合作论坛致贺信内容，深刻认识植保专业在服务国家经济发展和外交中的重要作用。

2.认识植保社会责任，勇担植保时代使命。

适用课程及章节

普通植物病理学课程的绪论。

参考文献

[1]李玉.我国食药用真菌产业发展前瞻[J].微生物学杂志，2013，33(1)：1-3.

[2]李玉.中国食用菌产业发展现状、机遇和挑战——走中国特色菇业发展之路，实现食用菌产业强国之梦[J].菌物研究，2018，16(3)：125-131.

[3]范辉.发展食用菌种植产业助力乡村振兴[J].农业开发与装备，2022(1)：10-12.

[4]贺国强，魏金康，胡晓艳，等.我国食用菌产业发展现状及展望[J].蔬菜，2022(4)：40-46.

[5]董朕，武婷婷.大力发展木耳种植　助力产业振兴[J].河南农业，2022(5)：28-29.

[6]潘旭涛.菌草，中国给世界的礼物[N].人民日报(海外版)，2021-07-29.

[7]马爱平.菌草援外二十年　小小芳草变“中国神草”[N].科技日报，2021-09-06.

[8]邵卫科.发展菌草产业　打造黄河生态安全屏障[J].人大建设，2021(2)：14.

[9]刘晨喆，肖辉，张璐芳，等.益生菌提升运动员免疫功能研究进展[J].中国食品学报，2022，22(5)：434-443.

(撰稿人：田斌年)

21 舌尖上的安全

古语云:“民以食为天。”但近年来,我国食品安全事故频发。从毒饺子的高毒农药甲胺磷到毒豆芽的添加剂,从染色馒头到绝育黄瓜……一系列食品安全事件,使人们“谈吃色变”。食品安全已经成为人类无法回避的问题,如何解决食品源头的农药残留问题,成为植保人无法回避的责任。

一、开发低毒、安全的新农药

据报道,近年来几个国外农药巨头已经向着高效、低残留、低毒、无污染方向发展。新农药的研发创制更是如此,追求“三高”是其具体体现:第一,安全性高。能降解、无公害。第二,选择性高。对靶标害物以外的作物、益虫无活性。第三,生物杀虫活性高。新开发出的化合物有效剂量比现有的杀虫剂使用量低。世界上很多国家投入大量资金研究和开发生物农药。中国是农业大国,生物农药必然有极为广阔的发展空间。为了保障人民舌尖上的安全,植保人责任重大。

二、科学合理安全使用农药

科学合理安全地使用农药是保障舌尖安全的重要因素。随着农业生产规模日渐扩大,农药使用量也日渐增多。在当前的农业生产活动中,农药使用量过大的问题极为常见。如长期过量使用单一种类的农药,会导致各类病虫害的抗药性增强,对于生态环境的危害极为严重。一些农药使用者对农药知识缺乏基本了解,仅凭狭隘的经验使用农药,且在使用过程中忽视自我保护,缺乏环保意识,对自身安全和生态环境都造成了危害。因此,引导农民科学合理安全地使用农药,是植保人的责任和义务。

三、进一步研发生物农药

随着社会大众对食品安全越来越关注，生物农药的研发、登记和使用，受到政府、科研推广部门及农药企业等的高度重视。生物农药既具有化学制剂灭杀病虫害的特点，又不易产生残留和污染，并且不易使病原菌和害虫等有害生物产生抗药性，具有巨大的研究潜力和开发空间，已逐渐成为农药行业研究开发的新方向。我国近年来一直倡导安全科学用药，减少化学农药用量，努力推广绿色农药。因此，加快生物农药的研发是植保人的重要任务。

四、保护土壤环境

土壤污染是指因人为因素导致某种物质进入陆地表层土壤，引起土壤化学、物理、生物等方面特性的改变，影响土壤功能和有效利用，危害公众健康或者破坏生态环境的现象。随着经济的快速发展和城市化进程的推进，工业废弃物污染由空气、水体向土壤转移，突出表现为土壤重金属污染，农产品重金属超标问题日益严重。据调查，我国有约10%的耕地受重金属污染，其中镉、砷污染的比例最大，分别占受污染耕地的40%。土壤重金属污染危害广、隐蔽性强且留存时间长，重金属不能为土壤微生物所分解，而易于积累、转化为毒性更大的甲基化合物，被植物吸收，有的甚至通过食物链以有害浓度在人体内蓄积，对食品安全和人类身体健康构成严重威胁。随着农业化进程的不断加快，以及农业生产经营中的“短期行为”，农药、化肥等有机物的残留及污染问题日趋严重。据统计，我国化肥年使用量占世界的35%，化肥的平均利用率却只有35%左右，低于美国等发达国家5—10个百分点；我国农药的总施用量比发达国家高出一倍，农药施用后在土壤中的残留量为50%—60%。长期过度使用化肥、农药，特别是偏施氮肥，会使土壤酸化板结，造成耕地退化和农产品硝酸盐、亚硝酸盐污染。土壤环境的进一步恶化，会危及食品和粮食安全。因此，保护土壤健康，提升耕地质量，是植保人的使命担当。

思政要点

习近平总书记强调，民以食为天，加强食品安全工作，关系我国13亿多人的身体健康和生命安全，必须抓得紧而又紧。这些年，党和政府下了很大气力抓食品安全，食品安全形势不断好转，但存在的问题仍然不少，老百姓仍然有很多期待，必须再接再厉，把工作做细做实，确保人民群众“舌尖上的安全”。

适用课程及章节

植物化学保护学课程的绪论、农药与环境安全。

参考文献

[1]徐骞.低毒型生物源农药将成世界农药研发新方向——访上海市农药研究所副总工张一宾[J].中国农资,2014(10):26.

[2]张一宾.当今农药发展方向——开发新品种 改造老品种[J].农药市场信息,2017(7):19.

（撰稿人:厉阗）

第二章

先驱楷模

22

敬业乐道护农业，躬耕杏坛创新学

——植物病理学家戴芳澜先生

人物简介：戴芳澜，1893—1973年，字观亭，湖北江陵人，中国真菌学创始人，中国植物病理学奠基人之一。1914—1919年，留学美国威斯康星大学、康奈尔大学和哥伦比亚大学研究院。1955年当选为中国科学院院士（生物学部委员），1958年担任中国科学院微生物研究所第一任所长。早年对水稻、果树等作物病害及其防治进行研究，20世纪30年代以后从事真菌分类学、形态学、遗传学及植物病理学的研究，有关论文迄今仍为国内外同行广泛引用。毕生研究成果汇编成《中国真菌总汇》。

一、勇拓“菌”章，为国争光

为了求知，戴芳澜先生参加了北京公费开办的清华学堂，并以优异的成绩毕业，获得了留学美国的机会。1914年，戴芳澜先生赴美国威斯康星大学深造。他在谈到自己的留学动机时，说那个时代几乎不断地有外人欺侮我国的事件发生，生在那个时代的青年人，无不义愤填膺，希望祖国赶快富强起来。那时的青年人都抱有“实业救国”的志愿。戴先生认为美国农学颇发达，所以选择了农学。之后，戴先生以优异的成绩从康奈尔大学毕业并进入哥伦比亚大学研究院深造。然而，由于家庭变故，戴先生只得中断学业，回国养家。

戴芳澜先生回国之初，就立志要发展中国的植物病理学科。当时的中国植物病理学科大多是由植物学或昆虫学教员代为教授，而这些教员大部分都是外国人。外国传教士或博物学家常来我国采集标本并随意带出，在那个年代，中国领土上真菌的记载，全是外国人发表的。1927年，戴先生任金陵大学农学院生物系教授。有一天，美国籍系主任受哈佛大学委托，在中国采集真菌标本并将其带到美国鉴定，戴芳澜先生受邀参与其中。戴芳澜坚持标本必须在中国鉴定，并且要留一份标本在中国。美国籍系主任认为，在当时，中国无人可以胜任鉴定工作，戴芳澜出于强烈的民族自尊心，勇敢地承担了鉴定工作。戴芳澜下定决心要为中国人争口气做出成绩，他在授课之余花费了大量精力收集资料，开始了真菌分类的研究工作。1930年,他的论文《三角枫上白粉菌之一新种》在《中国科学社生物研究所论文集》上正式发表,这是中国真菌学创立的标志。

二、一心为农,敬业乐道

戴先生非常重视植物病害的防治问题,他回国后立志建设与发展中国的植物病理学科,为中国的农业生产服务。战乱时期,条件艰苦,没有装标本的合适容器,他就用大竹篮子装标本;经费困难,他就带领学生们办农场。戴先生带领学生们在内忧外患中,以自强不息的精神继续开展真菌的研究工作。在教学之余,他亲自采集标本、收集文献资料,把标本逐个解剖测微,鉴定其目、科、属、种,工作量巨大。几年后,他和学生们的《云南的鸟巢菌》等十余篇很有价值的研究论文相继发表。

中华人民共和国成立后,戴先生为了更好地建设我国植物病理学科,推掉了多余的职务,只担任中科院微生物所所长。在主持全所工作的同时,戴先生仍然把主要精力投入真菌学研究。20世纪60年代以后,我国的真菌学、植物病理学和微生物学都有了更大的发展。戴先生在修改书稿中度过了生命中最后一个小时。他的《中国真菌总汇》是一部有关中国真菌分类的大型参考书,对我国真菌学的发展、真菌资源的开发和利用有极大的促进作用。

三、躬耕杏坛,师生传承

戴先生毕生从事植物病理学的教学和科研工作。他一生的抱负是要为我国培养优秀的植物病理学人才和真菌学人才,以解决中国农作物病害问题。即使科研工作繁重,他也亲自讲课,编写教材和参考资料,还要管理学生的课堂实验并带领学生去野外采集标本和实习。戴先生的学生裘维蕃曾作诗记录戴先生带领学生采集真菌标本:秣陵初设帐,菌学风气先。奥入微观界,道通大自然。蔼蔼钟山下,清清滇池边,稽籍遍万国,著作等百篇。

戴芳澜培养学生主要从以下三个方面入手:第一个方面是重视基础课的教学,要求学生知识面要广,基础要扎实;第二个方面是提倡启发式教育,要求严格,赏罚分明;第三个方面是组织学术讨论会或读书会,提倡认真读书。他指出,学习菌物学的人不能只限于读菌物学方面的书,还要读动物学、植物学、细菌学、病毒学、生物学、生化学、遗传学等方面的书;做某项研究工作,不了解该领域的历史、动态和趋势,是很难做出较大成绩的。

戴先生是很有远见的。他不仅着眼于真菌学的发展,还考虑到中国生物科学的前景。余永年、郑儒永等学菌物,周家炽、裘维蕃学病毒,方中达学细菌,沈善炯学遗传,魏江春学地衣……这些人在戴先生的指导下学成之后,为我国的生物科学填补了很多空白。如裘维蕃院士开创了我国植物病毒学的研究先河，是我国植物保护与植物检疫事业的主要推动者。

中国科学院微生物研究所举办的“戴芳澜”暑期夏令营、“芳澜讲堂”都是以戴芳澜先生的名字命名的，以纪念第一位所长戴芳澜先生，让更多的人了解他做科研的初心和治学精神。正如戴先生的学生这样评价他：可能有别的科学家有比他更大的贡献，更高的成就，但他的业绩和道德风范无疑是中国科学界顶尖的，堪称楷模，为后人永远怀念与学习。

思政要点

1. 爱国精神：戴芳澜先生胸怀祖国、服务人民的优秀品质值得我们继承和发扬。

2. 求实精神：戴芳澜先生一生追求真理、严谨治学，为中国植物病理学科的建立奠定了基础。

3. 奉献精神：戴芳澜先生不忘初心，潜心研究，将自己毕生研究成果汇集于《中国真菌总汇》一书中，为后人发展中国真菌学、开发和利用真菌资源做出了杰出的贡献。

适用课程及章节

普通植物病理学课程的绪论、农业植物病理学课程的绪论。

参考文献

[1]刘楠楠．戴芳澜：芳华岁月战“菌”章[J]．中国档案，2020(9)：88-89.

[2]青宁生．我国真菌学的开山大师——戴芳澜[J]．微生物学报，2006(2)：169-170.

[3]马春沅．中国真菌学的奠基人戴芳澜[J]．中国科技史料，1983(1)：35-44.

（撰稿人：杨旸）

23

敢为人先，开创先河

——昆虫生理学之父威格尔斯沃思

人物简介：文森特·威格尔斯沃思，1899—1994年，英国昆虫学家，昆虫生理学奠基人之一，也被称为昆虫生理学之父。威格尔斯沃思曾就读于剑桥大学和伦敦圣托马斯医院。1926年，威格尔斯沃思在伦敦大学卫生和热带医学院开始他的研究工作。从此，他将毕生的精力都贡献于昆虫生理学研究。他提出，昆虫应该能够代替老鼠或其他实验动物作为动物生理和功能的基础性研究对象。威格尔斯沃思最伟大的科学成就是阐明了咽侧体和保幼激素在昆虫生长、发育和繁殖中的作用。其著作《昆虫生理学原理》影响深远，极大地推动了昆虫生理学的发展。

一、科学新星，绽放光芒

威格尔斯沃思出生于维多利亚时代一个与众不同的家庭。5岁时，威格尔斯沃思就对柳树上的虫瘿充满好奇，喜欢观察尺蛾变态发育过程。有趣的昆虫点燃了他对昆虫学巨大的学习欲望，这也是他不断探究昆虫生理学的动力源泉。威格尔斯沃思喜欢观察与思考。8岁时，他就用攒的零花钱买了一台显微镜，用来观察花粉颗粒和昆虫鳞片。15岁时，他在一台19世纪早期的复合显微镜上安装了平板照相机，拍摄了他的第一张昆虫照片。1919年，威格尔斯沃思开始在剑桥求学，以优异的成绩赢得了奖学金和科学与工业研究系的资助，并获得了在生物化学系开展研究的资格。威格尔斯沃思在攻读博士期间致力于人类、大鼠和青蛙的中间代谢物——酮症、酸碱中毒以及胰岛素作用的研究，于1929年获得了医学博士学位和最佳论文奖。

二、开创先河，严谨治学

1926年，威格尔斯沃思受邀到伦敦大学卫生和热带医学院担任医学昆虫学讲师，正式开始了对昆虫学的研究。他意识到，对脊椎动物的研究中存在的问题和疑惑可以在昆虫研究中得到解决。然而,当时的人们对昆虫内部如何运作一无所知,威格尔斯沃思要在未知的昆虫生理学中建立秩序,在一片荒芜中开出花来。他将昆虫(蟑螂、蚊子、跳蚤、粉虱等)作为研究对象,研究方向涵盖了脊椎动物生理学家通常赋予"系统"的功能以及昆虫特有的功能,如昆虫的羽化和变态发育、气管呼吸、水分保湿、肠道消化,以及昆虫与微生物的共生关系。不仅如此,为了攻克经由昆虫传播的重大传染疾病,威格尔斯沃思前往发生疟疾的地区:在尼日利亚北部采集引人昏睡的采采蝇;研究传播丝虫病的媒介——斑虻的消化系统;协助救援队对鼠疫患者进行病检或诊断,以及对坏死组织进行取样;从感染了黄热病病毒的猕猴身上收集虱子。科学成就离不开科学家的精神和对科学的热爱。敢为人先、开拓创新,是科学家不变的底色。威格尔斯沃思对昆虫生理学研究的专注之美和舍己为人的大无畏精神,令人敬佩,值得我们学习。

三、潜心钻研,撰写巨作

在威格尔斯沃思的眼中,昆虫不仅是几个世纪以来解剖学家和分类学家的研究对象,而且是能够代替老鼠或其他脊椎动物的、可作为动物生理和功能研究的对象。

威格尔斯沃思对一种传播美洲锥虫病(查格斯氏病)的媒介昆虫——长红猎蝽的研究最为透彻。长虹猎蝽的耐受力极强,通常以大型腐食鸟的血液为食,在蜕皮前需要进食,威格尔斯沃思曾尝试以手臂饲养它们。威格尔斯沃思利用长红猎蝽蜕皮前需要吸血这一特征,开展了最著名的蜕皮激素实验。实验表明,蜕皮是由取食后的幼虫的血淋巴中含有的激素导致的。威格尔斯沃思证明了蜕皮激素由前胸腺分泌,而由咽侧体分泌的保幼激素能够使昆虫正常蜕皮,却阻止昆虫变态;描述了胸腺和产生促胸腺激素的原脑神经细胞的发育过程;阐释了昆虫蜕皮和变态的生理机制。威格尔斯沃思有关昆虫激素调控蜕皮的研究具有划时代意义。

威格尔斯沃思首次证明了脑神经分泌细胞的功能,表明了胸神经节胶质细胞对神经元营养和离子调节的重要性,并从角质层的结构和形成、气管的生长、感觉器官对外界物质的响应、肠道形态、营养消化、离子稳态,以及昆虫与共生微生物的互作关系等方面展开研究,揭示了昆虫个体的动态复杂性等。

威格尔斯沃思的研究刷新了学界对昆虫的认识,为昆虫生理学的发展做出了巨大贡献。他所著的《昆虫生理学原理》影响深远,被认为是昆虫生理学的基础,为现代昆虫生理和生物化学理论奠定了基础。后辈学者将沿着他的科学之路继续追求真理,不断创新。科学家精神如同一支熊熊燃烧的火炬,不惧风雨,一路被传递着、被保护着,被作为火种传播着、扩散着。精神会传递,未来亦可期。

思政要点

潜心钻研、敢为人先的科学家精神：我们应以科学家精神为引领，肩负历史使命，砥砺前行。

适用课程及章节

普通昆虫学课程的昆虫生理学。

参考文献

[1]任立，张润志．昆虫生理学之父——威格尔斯沃思[J]．昆虫知识，2002，39(4)：321.

（撰稿人：豆威）

24

化学农药的引领者

——农药学家黄瑞纶先生

人物简介：黄瑞纶，1903—1975年，农业化学家、农用药剂学家、化学教育家，中国农药科学的创始人，中国植物性杀虫药剂化学研究的奠基人，一级教授。他是中国最早注意农药对环境的影响，并开创了农药残留问题研究的学者。中华人民共和国成立后，他倡导把农用药剂学作为一门独立的学科，并在北京农业大学建立起了中国第一个农药专业，为国家培养了数百名高级农药科技人才。

一、心怀梦想，潜心钻研

黄瑞纶学习勤奋，善于思考，自小便对化学感兴趣，大学顺利升入金陵大学预科和理学院化学系，且因品学兼优而荣获“斐陶斐”金钥匙奖。1930年，他前往美国研究杀虫剂、杀菌剂。当时使用有机汞杀菌剂已很普遍，但作物上残留的微量汞很难准确测定。黄瑞纶对此十分关注，在导师的悉心指导下，他最终设计出了一套分离蒸馏仪器，并提出了分析方法，完成了高水平学位论文——《作物中微量有机汞测定的研究》。

二、心怀国家，不忘初心

1933年，30岁的黄瑞纶怀着满腔爱国热忱，学成回国。彼时中国农药发展还处于起步阶段，尚无人关注农药残留以及农药对环境的不良影响。回国后，黄瑞纶受聘为浙江大学副教授，先后主讲有机化学、农业化学、农业分析化学和农业化学专题讨论等课程。黄瑞纶凭借深厚的功底，渊博的学识，在讲课时旁征博引，教学内容新颖丰富，深受学生欢迎。

三、心怀事业，不畏艰辛

黄瑞纶在浙江大学任教期间，在做好教学工作的同时，进行了多项研究工作，特别是国产植物性杀虫药剂的研究。他在关于雷公藤的试验中得到了一种白色生物碱——“雷公藤碱”。这种生物碱对玉米螟、菜青虫、猿叶虫等具有强烈的胃毒作用，而对高等植物和动物则是安全的。他的这一研究成果引起国内外有关学者的重视，国外学术界也认为雷公藤是一种很有应用价值的植物性杀虫药剂。在沙塘的几年间，黄瑞纶用中英文发表了20多篇科研论文，涉及土壤养分的研究、植物品质的研究以及有毒物的研究，尤以对植物性杀虫剂毒鱼藤和豆薯种子中杀虫有效成分的研究最为突出。

考虑到中国农药工业基础薄弱，加工和应用技术无人研究，而新兴的农药厂、研究单位、高等院校急需农药专业人员，黄瑞纶编写了《杀虫药剂学》，并于1956年出版。这是中国农药科学领域中第一部较有影响的专著，也是农药专业的教材，对推动我国科研事业的发展意义重大。1959年，他还与赵善欢、方中达合著了《植物化学保护》一书。这是中国第一部关于植物化学保护的教材。

黄瑞纶始终坚守在农业科研第一线。他迎难而上，不畏艰辛，披荆斩棘，闯关夺隘，过了一山再登一峰，跨过一沟再越一壑，用自己的双手和汗水创造辉煌。正如习近平总书记所强调的：“征途漫漫，惟有奋斗。”

思政要点

学习以黄瑞纶为代表的科学家精神：心怀国家，不忘初心，迎难而上，不畏艰辛。

适用课程及章节

植物化学保护学课程的绪论。

参考文献

[1]怀念黄瑞纶教授[J].植物保护学报，1983(3)：145-146.
[2]钱传范.纪念黄瑞纶先生百年诞辰[J].农药学学报，2002(4)：1-2.
[3]才杰.农药学之父黄瑞纶治学精神激励后学[N].科技日报，2002-11-07.

（撰稿人：钱坤）

25

科学报国明初心,淡泊明志甘奉献

——昆虫学家陈世骧先生

人物简介:陈世骧,1905—1988年,著名的昆虫学家、进化分类理论家,中国科学院院士,主要从事昆虫分类学和进化生物学理论的研究。他的系统分类研究和《进化论与分类学》一书同时获得1978年全国科学大会奖和1978年中国科学院重大科技成果奖;主编的《中国动物志·昆虫纲鞘翅目铁甲科》于1985年获国家自然科学奖二等奖;负责筹建了中国科学院昆虫研究所,创办了《动物分类学报》,培养了一大批专业人才。

一、科学报国,勇担重任

1950年,朝鲜战争爆发。战争期间,美军向朝鲜军民和中国人民志愿军投放了生物炸弹。这种特殊的弹药藏着带菌昆虫,能迅速向外传播病毒。1952年,为了查明真相,中国政府本着实事求是的态度,指示中国科学院等单位组织一批最优秀的科学家进行调查,并且邀请了由瑞典、法国、英国、意大利、巴西、苏联六国科学家组成的国际科学委员会参加调查。陈世骧主持中国科学院反细菌战科学调查中的昆虫研究工作,他带领中科院实验生物研究所昆虫研究室人员对美军飞机撒布的大量带菌昆虫标本进行了分类鉴定。同年8月,在北京举行了《调查在中国和朝鲜的细菌战事实国际科学委员会的报告书》签字仪式。该报告书得出的结论是:"朝鲜及中国东北的人民,确已成为细菌武器的攻击目标,美国军队以许多不同的方法使用了这些武器。"该报告书肯定了中国科学家在科学调查和分析中所做的大量工作,随后由《科学通报》出版了《反细菌战特刊》。陈世骧在经过细致认真的调查研究后认为:目前在东北各地所发现的一些带菌毒虫,除了有熟知的害虫(如蚊、蝇等)外,还有很多在昆虫学上无关紧要的昆虫,例如黑蝇。黑蝇在一般情况下并不属于害虫,也不大引起医学界的注意,但黑蝇身上有很多绒毛,而它的幼虫又是生长在蔬菜上的,因此美国就将黑蝇培养成传染病菌、危害人民的毒虫。一起参与调查的国外科学家也认定,美军确实在我国东北和朝鲜使用了细菌武器。为了表示对调查结果负责,他们还不顾个人安危,郑重地在调查结果上签上了自己的名字。陈世骧和其他科学家通过细致认真的调查研究，揭露了美军的罪行。

二、淡泊明志，夙夜在公

1953年，陈世骧负责筹建中国科学院昆虫研究所，德才兼备的他众望所归，任首任所长。周恩来总理接见了陈世骧，高度评价了他及其团队的贡献。同年，中国暴发蝗灾，严重威胁经济生产和人民生活。陈世骧心急如焚，立即召集相关科研工作者，如钦俊德、陆近仁、熊尧和龚坤元等，商讨如何治蝗。在他的组织协调下，这些专家们从生理学、生物学、生态学和毒理学等方面对蝗虫展开了全面研究，终于解决了我国东亚飞蝗的防治难题，控制了东亚飞蝗的肆虐和危害，避免了重大经济损失。从公元前707年到中华人民共和国成立前的2600多年间，我国有记录的重大蝗灾就有800多次。蝗灾不仅对农业和民生造成了毁灭性打击，甚至直接影响时代兴衰和国家命运。中国科学院动物研究所作为第一完成单位因"东亚飞蝗生态、生理学等的理论研究及其在根治蝗害中的意义"，获得了1982年国家自然科学奖二等奖，还入选了中科院60年百项重大成果展。陈世骧作为制定全局规划的人，并没有把自己的名字列入获奖名单，可见其淡泊名利、甘于奉献的高尚情操。

三、不拘一格，创新理论

陈世骧自1929年起便开始致力于昆虫分类研究。20世纪40年代到50年代初，苏联生物学家李森科自诩米丘林学派的代表，压制持不同学术观点的科学家，否定孟德尔-摩尔根遗传学说。1956年8月，中国科学院与高等教育部在青岛联合召开遗传学座谈会，陈世骧在会上作了以"关于物种问题"为题的发言，通过达尔文的生存竞争与自然选择学说，批驳了李森科的"种内无斗争"的观点。他认为，在分类学百家争鸣的时代，各个新型学派都致力于分类改革，进化分类学亦必须有所创新，才能赶上时代。此后，他对物种问题、物种分类原理和进化规律做了一系列深入探索。陈世骧认为，"变"是物种发展的根据，"不变"是物种存在的依据，二者辩证统一。他在《进化论与分类学》中提出了"又变又不变"的物种概念、"连续又间断"的分类特征。陈世骧的思想和理论也逐渐得到很多西方学者的认可。他的思想启发了学界对物种演化的重新思考，为生物分类学理论的发展做出了贡献。后辈学者正沿着他开拓的科学之路披荆斩棘，追求真理，不断创新。

陈世骧身上有太多闪光点，他爱国忧民，有责任有担当，淡泊名利，甘于奉献；他潜心研究，敢于创新；他关爱后辈成长，积极为祖国昆虫学事业培养人才。"他人品好、威望高，有凝聚人才的号召力,也有谋篇布局的眼界格局,始终让人心悦诚服。"与陈世骧共事多年的王书永先生的话,道出了陈世骧的高尚品德和人格魅力。陈世骧留给了后人极其宝贵的科学遗产,他的学术精神和道德风范将永远激励后人。

思政要点

1.科学报国,勇担重任。学习陈世骧先生始终以祖国和人民为重,科学报国、治虫救民,敢于承担责任的精神和气魄。

2.淡泊名利,无私奉献。陈世骧先生临危受命,运筹帷幄,使国家和人民避免了重大损失。他淡泊明志、夙夜在公的精神境界和高尚情操令人敬仰。

3.潜心科研,敢于创新。学习科学家在科学研究中敢于质疑、勇于创新的精神。

适用课程及章节

普通昆虫学课程的绪论、昆虫系统学。

参考文献

[1]陈世骧.进化论与分类学[M].北京:科学出版社,1987.

[2]李晨阳.陈世骧:留下一张厚重的考卷[J].智慧中国,2020(1):58-62.

(撰稿人:杜喜翠)

26

矢志报国，心育人才

——植物病理学家何文俊先生

人物简介：何文俊，1909—1967年，四川巴县（今重庆市巴南区）人，是著名的植物病理学家、农业教育家。1929年毕业于成都华西大学生物系，获学士学位，留校任生物系教员。1941年获美国爱荷华农工学院哲学博士学位，1946年任四川大学植物病虫害系主任、教授，1953年任西南农学院（西南大学前身之一）副院长（院长空缺）。长期致力于高等农业教育人才培养和农业科学研究工作，坚持教学与科研、生产相结合的工作方针，主持筹建西南农学院，为国家培养了一大批优秀的农业人才，著有《植物病理学基础》。

一、办学兴农担重任

何文俊先生认为中国是农业大国，国家之兴盛须以农立国，强农兴国。1941年，中国正值战争年代，但一直怀揣强农兴国理想的何文俊先生毅然从美国回到祖国。当时，何先生的导师梅尔哈斯教授多次劝说挽留，但何先生说自己是中国人，坚持要回国，要为自己的国家做事，贡献自己的力量，使祖国强盛起来。

1950年，受西南军政委员会文教部委派，何文俊先生放弃了在成都华西坝辛苦建立起的专业基础，带着全家老幼到条件较差的西南农学院工作。1953年，何文俊先生被任命为西南农学院副院长（院长空缺）。当时，西南农学院的新校址选址等筹建工作还有待何文俊先生组织开展，他不辞辛苦，到处奔走调研，终将西南农学院的校址确定在北碚天生桥。接着，他找人设计学校的教学大楼和校园，节约了不少经费。西南农学院建成后，何文俊先生将自己的时间和精力都投入到提升学校的教学质量和知名度等工作中去，不仅聘请了方文培、叶谦吉、侯光炯、李驹等很多知名教授来西南农学院任教，而且组建了行政领导班子等。他坚持将教学科研与组织筹建新学院两手抓，经常废寝忘食，在生命的最后一刻仍然在为西南农学院的发展费力劳心，坚守兴农初心。

二、科研助农解民忧

在科学研究方面，何文俊先生强调科研要与农业生产相结合，帮助农民解决生产上遇到的实际问题。他曾说，农作物生长周期一般较短，只要得病，就会给农民造成损失。因此，何文俊先生提倡科研在大田找题目，室内做研究，小田摸规律，大田出成果，用实际行动服务经济社会发展和广大人民群众，赋予科学研究强大生命力。

20世纪50年代末，在重庆多地发生了稻瘟病。何先生到地里调查病害发生情况，邀请众多教授一起开展抗病品种筛选试验，帮助解决了关乎人民温饱的重大病害问题。当柑橘上有溃疡病发生时，何先生深入柑橘地调查。对于这种检疫性病害，他认为应该采取火烧方式将其消灭，但有人认为将病株烧毁亏损太大。他着眼于国家长远利益，坚持采取全部烧毁，才使四川柑橘产区成了无病区。这种处理办法至今仍在使用。还有何先生所研究的红苕黑斑病和小麦锈病等，都与农业生产息息相关。何先生解决了很多让农民头疼的病害问题，使农作物增产丰收，让国家富裕起来，让人民能够吃饱吃好。

三、严谨治学育人才

教育是国之大计、党之大计。“为谁培养人、培养什么人、怎样培养人”始终是教育的根本问题。何文俊先生认为，培养人才是为经济建设服务的。农业是国民经济的基础，应加强农业科学教育和研究。作为农学院的教师，培养人才首先要熟悉农业，教师们应到农村去学习锻炼，深入田间地头，立足农村，发现解决农业问题，教学联系实践，理论与实际相结合。只有这样才能为国家培养出优秀的农业科技人才，这样的人才才能更好地解决农业生产问题，使国家繁荣昌盛。

何文俊先生的专业知识扎实，学识渊博，非常热爱中国的教育事业，一心想将自己所学的知识传授给学生，为国家培养有用的人才。他在华西大学创立建设了一个大的农艺系，之后积极建立农学院。但当时华西大学的校方对培养农业人才毫无兴趣，他顶住压力，砥砺前行，自己一个人多方筹资，组织建立了酱油厂、奶牛场等实验实习基地。

何文俊先生在校期间开设和讲授了遗传学、农业概论、真菌学、植病研究方法、高级植病技术、普通植物病理学等课程，学生们普遍认为他的课内容丰富、条理清晰、逻辑性强，语言生动幽默。在教学中，何文俊先生要求学生首先要学好专业知识，筑牢根基；其次要多到田间去观察病害症状，如安排学生到大田中去调查锈病发生情况，讲梨锈病时带学生到缙云山上去认识和采集梨锈病以及转主寄主松柏上的冬孢子角。这种将理论与实践紧密结合的教学方式，不仅使学生将理论知识学得快、记得牢，更能让学生认识到专业知识在农业生产中的重要性，明白要怎样才能当好一名植物医生。在实验操作课中，何先生不厌其烦地给学生们反复讲解示范，有问必答，有求必应，直到学生掌握实验技能。在指导学生论文时，何先生逐字逐句地修改学生的论文，确保论文的科学性、逻辑性及严谨性。

何文俊先生一直坚守教学岗位，为植物病理学界培养了许多新生力量。

思政要点

1. 爱国敬业精神：何文俊先生心系祖国农业教育，以为祖国培养农业科技人才为己任，把小我融入大我，把爱国之心付诸行动，为祖国农业教育事业呕心沥血。

2. 不畏困难、无私奉献的精神：何文俊先生担负时代重任，艰苦创办学校，不计个人得失，充分体现了科学家的担当和责任。

3. 强农兴农意识：2019年9月5日，习近平总书记给全国涉农高校的书记校长和专家代表回信，希望涉农高校继续以立德树人为根本，以强农兴农为己任，拿出更多科技成果，培养更多知农爱农新型人才，为推进农业农村现代化、确保国家粮食安全、提高亿万农民生活水平和思想道德素质、促进山水林田湖草系统治理，为打赢脱贫攻坚战、推进乡村全面振兴不断作出新的更大的贡献。

适用课程及章节

普通植物病理学课程的绪论。

参考文献

[1]余永年.何文俊教授纪念集[M].昆明：云南民族出版社，2005.

（撰稿人：余钱）

27

农业卫士，生防先锋

——昆虫学家邱式邦先生

人物简介：邱式邦，1911—2010年，昆虫学家，浙江湖州人。1935年毕业于沪江大学(今上海理工大学)生物系，1951年获英国剑桥大学硕士学位，同年任华北农业科学研究所研究员，后任中国农业科学院生物防治研究所研究员。1980年当选为中国科学院院士(学部委员)。获得农业部爱国丰产奖、全国科学大会奖、法国农业部功勋骑士勋章、国务院表彰等。1957年被授予全国农业劳动模范荣誉称号，1979年被授予全国劳动模范荣誉称号，2009年被授予新中国成立60周年"三农"模范人物荣誉称号。

一、治蝗控螟，屡立大功

在人类历史上，蝗灾与旱灾、洪灾并称为三大自然灾害。20世纪40年代的中国，连年蝗灾，民不聊生。1947年，治蝗新药——六六六问世，邱式邦立即将其引入中国，开展研究试验，使蝗虫死亡率达到90%以上。1948年，邱式邦考取了英国剑桥大学研究生，深入学习研究蝗虫生理学。1949年，五星红旗在首都北京天安门广场上冉冉升起，身在异国求学的邱式邦毅然决定尽早结束在剑桥的学习生活，回国报效祖国。

当时，飞机喷洒六六六治蝗条件有限，存在诸多困难，邱式邦提出的毒饵治蝗法简单易行，治蝗的用药面积可扩大10倍。毒饵治蝗技术被迅速推广，并得以广泛应用。他在进一步深入蝗区调查后意识到，要根治蝗害，必须对全国蝗区的情况了如指掌。为了获得准确的第一手资料，彻底摸清蝗虫行踪，邱式邦不顾艰苦，始终坚持在蝗虫灾区一线。为根治蝗虫，邱式邦进一步提出在蝗区建立监测蝗虫的基层组织和蝗虫监测制度。蝗虫监测制度含查卵、查蝻和查成虫3个环节，即"三查制度"。他开始培训农民、推广技术，并绘制出蝗区常见的各类蝗虫，将调查办法化繁为简、因势利导，为我国开展害虫预测预报工作奠定了坚实的基础。

飞蝗侦察制度的建立和完善，以及药剂治蝗的成功，彻底改变了全国治蝗工作的被动局面，我国开始走上了有计划的科学治蝗道路。再加上国家兴修水利，实施消灭飞蝗孳生地的措施，飞蝗发生面积由中华人民共和国成立初期的每年300万公顷压缩到33万—40万公顷，挽回粮食损失2亿公斤。邱式邦在半个多世纪前开创的治蝗科学理论和技术方法，至今仍然发挥着积极的作用。

1959年，全国暴发玉米螟危害，玉米产量损失严重，邱式邦又一次迎难而上，开始了玉米螟防治研究工作。通过深入研究玉米螟危害习性，总结规律，思考对策，对症下药，他和助手周大荣等又研制了5%滴滴涕和1%六六六颗粒剂。这两种长效颗粒剂，不仅能够防治一代玉米螟，还可兼治二代玉米螟。新技术大面积示范效果显著，很快在全国推广应用。邱式邦为控制农业重大害虫，保障国家粮食生产再立新功。

二、科学思辨，生防先锋

邱式邦在害虫防治工作中，十分重视自然天敌的重要作用，试图通过提供适生环境和利用人工饲养增殖释放天敌等途径，增强天敌控制害虫的作用。在20世纪30年代末，邱式邦就开展了松毛虫天敌种类调查、玉米螟的卵寄生蜂和甘蔗棉蚜主要天敌的观察及饲养研究。20世纪70年代，邱式邦将主要精力逐步转移到生物防治研究工作上来，他在河南民权棉区开展对草蛉的利用研究。他和小组人员研究出的草蛉幼虫集体饲养方法，攻破了幼虫互相残杀、人工饲料、田间释放及米蛾饲养等多项技术难题。这种集体饲养方法能节省大量劳动力，既可以得到廉价的天敌，又可以按需要随时打破休眠，进行田间释放应用，人为地增加春季草蛉基数，为控制害虫方面赢得了时间和空间上的主动权。该项研究得到国内外生防专家的高度评价，于1978年获全国科学大会奖。

三、创新理论，提出方针

20世纪50—60年代，国内外防治害虫主要依赖化学农药，长期过量使用化学农药出现了一系列问题。1975年，邱式邦在全国植物保护工作会议上，作了有关“预防为主，综合防治”的报告。在这次大会上，农业部正式确定“预防为主，综合防治”为我国植物保护工作的大政方针。这八个字，是邱式邦从解决农业生产实际问题上升到植物保护科学技术理论创新的集中体现。

在邱式邦的积极倡导下，中国农业科学院于1980年1月成立了生物防治研究室（1990年8月更名为生物防治研究所），创办了专业期刊《生物防治通报》（1995年更名为《中国生物防治》），并与30多个国家和地区开展了天敌引种交换业务。邱式邦对推动我国生物防治科学技术事业做出了重要贡献。原农业部部长何康为他题词：农业卫士，生防先锋。

思政要点

1. 家国情怀：学习邱式邦等老一代科学家为国分忧、为民解愁、甘于奉献的家国情怀。

2. 不盲从，科学思辨的精神：邱式邦在《院士风采录》上自题："广泛地学习，详尽地询问，谨慎地思考，清楚地辨析，切实地实现。"这也是我们学习和研究时应该具备的素质。

适用课程及章节

农业昆虫学课程的绪论、杂粮害虫。

参考文献

[1]邱式邦.邱式邦文选[M].北京：中国农业出版社，1996.

[2]沈银书，欧阳灿彬，杨念婉.邱式邦院士的科学贡献与治学精神[J].中国生物防治学报，2021，37(6)：1101-1102.

（撰稿人：王梓英）

28

雕虫一生为科学，辛勤耕耘育英才

——昆虫学家周尧先生

人物简介：周尧，1912—2008年，著名的昆虫分类学家。1939—2008年，在西北农林科技大学先后任教授、昆虫所所长、昆虫博物馆馆长，兼任中国昆虫学会理事、陕西省昆虫学会名誉会长、九三学社中央参议委员会委员等，圣马力诺共和国国际科学院院士。他创办了西北农林科技大学昆虫博物馆、天则出版社、中国昆虫学会蝴蝶分会、《昆虫分类学报》等，捐资成立了周尧昆虫分类学奖励基金，为我国的昆虫分类事业和人才培养做出了重要贡献。

一、上下求索，负笈海外，赤胆报国

周尧教授早年就读于江苏南通大学农学院。1936年，周尧教授进入意大利那波利大学攻读昆虫学博士学位，师从世界昆虫学权威西尔维斯特利教授。留学期间，他成绩斐然，所写的《透明蚧的重记载》得到西尔维斯特利教授的高度赞扬，有望成为那波利大学的导师助理，前途一片光明。1937年，卢沟桥事变爆发，日寇在我国发动全面侵略战争，激起了周尧教授抗日救国的决心，以“大虫不杀，杀小虫何用”的回答拒绝了导师的挽留，毅然回国。回国的第二天，他就穿上戎装随部队奔赴前线。

周尧教授是中国昆虫学史研究的拓荒者。中华人民共和国成立前，他看到美国人赫华德编写的《应用昆虫学史》一书中竟没有提及中国，内心十分难受。为给中国人争一口气，周尧夜以继日地查阅文献，编著了《中国早期昆虫学研究史》一书，用有力的事实证明了中国在益虫饲养、害虫防治、昆虫生物学与形态学研究、天敌与化学药剂利用等昆虫学诸领域颇有建树。

二、扎根杨凌，艰苦创业，培育英才

1939年，周尧教授受聘到西北农学院（西北农林科技大学前身之一）任教，从此扎根西北70载，将毕生的精力都献给了祖国的昆虫学教学和科研事业。

周尧教授在从教期间主讲普通昆虫学、昆虫分类学与昆虫形态学课程。在教学中，他会把学科的前沿信息和研究成果融入课堂教学，讲课时深入浅出，旁征博引，使专业内容变得生动有趣。他非常重视教学实践环节，常常带领学生到田间观察和采集标本，理论联系实际，传授技术，帮助学生识别昆虫。许多学生在他的熏陶下，对昆虫学产生了浓厚的兴趣。

在改革开放时期，周尧教授多方奔走呼吁，团结全国昆虫分类学界同仁，创办了国内唯一专门刊登昆虫分类研究论文的学术刊物——《昆虫分类学报》，促进了我国昆虫分类学事业的发展和国内外学术交流。周尧教授还联合数十位科学家，多次奔波于杨凌、西安、北京等地，创办了全国第一家民办出版社——天则出版社。

三、辛勤耕耘，珍惜时间，著书立说

周尧教授认为，昆虫分类研究工作的进展取决于标本积累、文献积累与经验积累，而标本积累是最为主要的一环。在标本积累方面，周尧教授亲手采集的昆虫标本就有50多万号。他在60多岁时，还带领学生到云南西双版纳等地采集昆虫标本。一分耕耘，一分收获。庞大的标本积累量促成一部部学术专著的出版：《陕西蝶类》《陕西蛾类》《陕西直翅总目昆虫名录及检索表》《中国盾蚧志》等。他曾说："我愿在我见到列祖列宗时，能够无愧地对他们说，我心中无时不想着祖国，我一生没有浪费时间。"

1994年，80多岁高龄的周尧教授主编的《中国蝶类志》出版。该书记载了中国蝴蝶12科369属1222种以及1800余亚种，不仅编排了中国蝴蝶的分类系统，还为中国蝴蝶名称的统一与系统化奠定了基础，堪称是世界各国蝴蝶志中最完善、最精美的一部巨著，卓越的成就让周尧教授获得了"蝶神"的美称。

周尧教授用一生诠释着"爱国、敬业、惜时、乐群"的人生宗旨，为后来者树立起了人生标杆。

思政要点

1.家国情怀：继先辈遗志，兴我中华！御外侮、兴科学、促民生。感悟周尧教授的家国情怀。

2.奉献精神：学习周尧教授不忘初心、淡泊名利，为国奉献、为国育才，把一生献给国家,献给科学的精神。

3. 奋斗精神:功崇惟志,业广惟勤。学习周尧教授生命不息、奋斗不止的精神。

适用课程及章节

普通昆虫学课程的绪论、昆虫系统学。

参考文献

[1]周尧.雕虫沧桑——周尧回忆录[M].杨凌:西北农林科技大学出版社,2009.

[2]周尧教授百年诞辰纪念编委会.师表——周尧教授百年诞辰纪念[M].杨凌:西北农林科技大学出版社,2012.

(撰稿人:车艳丽)

29

生物防治，造福人类

——昆虫学家蒲蛰龙先生

人物简介：蒲蛰龙，1912—1997年，我国害虫生物防治奠基人。1935年于中山大学农学院毕业，同年考进燕京大学研究院生物学部，师从著名昆虫学家胡经甫教授。1937年回中山大学任教，1946年赴美国明尼苏达大学留学，攻读博士学位，兼做科学研究，1949年10月获博士学位。中华人民共和国成立之初，他放弃美国优越、舒适的条件，偕夫人回国工作，先后在中山大学农学院、华南农学院（今华南农业大学）、中山大学昆虫学研究所从事教学科研工作。1980年11月，当选为中国科学院院士，为中国生物防治事业做出了开创性贡献。

一、立远志：改造农业，科学救国

蒲蛰龙一生专注于生物防治研究。求学时，他深为当时中国农村的贫穷、农业生产的落后感到痛心疾首，树立了要为中国农业改造和发展，为农民的幸福做实际贡献的理想信念。1937年夏，蒲蛰龙完成硕士毕业论文，但尚未答辩，就发生了震惊中外的七七事变，日寇的铁蹄踏进了北平，学校解散了。蒲蛰龙回到中山大学农学院任教。之后广州沦陷，中山大学紧急撤离。祖国山河破碎，民族苦难深重，颠沛流离的生活更加坚定了他科学救国的决心。1939年秋，中山大学在抗战大后方云南澄江复学。在这里，他开始了有生以来第一次用微生物细菌防治蔬菜害虫——菜青虫的试验，并取得了令人满意的结果。

在美国明尼苏达大学求学期间，蒲蛰龙师从著名昆虫分类学家米卡尔教授。听闻中华人民共和国成立的消息，蒲蛰龙谢绝亲朋好友的挽留，放弃国外优越条件，偕妻子踏上归程。国内农业基础薄弱，农业生产缺乏科学理论的指导。当虫灾严重时，农民除了用原始的方法捉虫外，只能听天由命，时任中山大学昆虫学教授的蒲蛰龙面对这些忧心如焚。“科学实验一定要和生产实际紧密联系，如果在实验室里搞科研，得出成果不投入实际生产应用，那只是纸上谈兵。这不是我们科学工作者要走的路。”这是蒲蛰龙常常挂在嘴边的话。

二、敬事业：矢志不移，刻苦攻关

20世纪50年代，虫害是影响我国农林业生产的主要问题之一。广东作为甘蔗种植大省，深受甘蔗螟虫危害。甘蔗螟虫的“天敌”之一是赤眼蜂，自然界的赤眼蜂不多，且不听从人们的指挥。于是，研究人工繁殖并调控赤眼蜂，成为蒲蛰龙等当时昆虫学研究者的重要任务。1958年，蒲蛰龙组织工作人员在广东顺德建立了全国第一个赤眼蜂站，以防治甘蔗螟虫。此后，广东的中山、阳江、遂溪等地也陆续建起了20多个赤眼蜂站，并在广西、福建、湖南、四川等地推广。经过多年的研究、试验，蒲蛰龙和同事们总结了一套以发挥害虫天敌作用为主，包括以虫治虫、以菌治虫、养鸭除虫、农业技术防治、合理施用化学农药的水稻害虫综合防治的有效方法。

在其他害虫生物防治方面，如用平腹小蜂防治荔枝椿象，引进澳洲瓢虫防治吹绵蚧，引进孟氏隐唇瓢虫防治粉蚧，总结和继承中国古代的生物防治——黄猄蚁防治柑橘害虫，发现和利用松毛虫质型多角体病毒防治松毛虫，斜纹夜蛾核型多角体病毒杀虫剂试生产等，蒲蛰龙都做了大量的研究，为农业、林业生产解决了诸多实际问题。

“生物防治造福人类”是蒲蛰龙为第六届全国杀虫微生物学术讨论会写的题词，也是其毕生追求。如今，在蒲蛰龙院士创建的生物防治国家重点实验室里，他的弟子们继续开展生物防治和综合防治研究，促进了中国农业的发展。

三、育英才：言传身教，万古流芳

蒲蛰龙是我国恢复招收研究生后的第一批博士生导师。他平易近人，不管是和领导还是农民，都相处得很好；他和蔼亲切，对学生提出的问题都耐心给予指导。在教学上，蒲蛰龙坚持启发式教学，深入浅出，反对“满堂灌”。他倡导“三基”教学，强调学生要掌握好基础知识、基础理论和基本操作方法，特别注意培养学生的动手能力。他认为，教师一定要设法让学生超越自己，否则，国家的科学技术就不可能向前发展。

半个多世纪以来，蒲蛰龙为我国培养了大批专门人才，有的已成为中国科学院院士、大学校长，不少人是学科带头人，可谓桃李满天下。在他的带领下，中山大学的昆虫学、害虫生物防治、昆虫病理学、昆虫病原微生物、分子生物学研究都得到很大发展。1978年，教育部直属的中山大学昆虫学研究所成立。之后在“昆虫学”重点学科、第一批博士点，以及博士后流动站的基础上，中山大学又创建了“生物防治国家重点实验室”。“敬事业德高望重科教界一代楷模，育英才为人师表海内外万古流芳。”这是在蒲蛰龙遗体告别会上他的几位学生撰写的一副挽联。

思政要点

爱国主义是我们民族精神的核心，是中华民族团结奋斗、自强不息的精神纽带。爱国，是人世间最深层、最持久的情感，是一个人立德之源、立功之本。爱国主义精神深深植根于中华民族心中，是中华民族的精神基因，维系着华夏大地上各个民族的团结统一，激励着一代又一代中华儿女为祖国发展繁荣而不懈奋斗。

适用课程及章节

农业昆虫学课程的经济作物害虫，其他果树害虫课程。

参考文献

[1]“华南生物防治之父”蒲蛰龙：生物防治 造福人类[N].广东科技报，2021-05-14.

[2]麦淑萍.生物环保第一人——蒲蛰龙[J].岭南文史，2000(1)：25-31.

（撰稿人：李亚迎）

30 植物化学保护学奠基人

——昆虫毒理学家赵善欢先生

人物简介：赵善欢，1914—1999年，我国著名农业昆虫学家、昆虫毒理学家、农业教育家，国内农业院校农药学的奠基人和开拓者。对我国杀虫植物进行了调查，开展了化学分析、毒力测定和防治试验，发展了我国植物性杀虫剂科学，开辟了防治害虫的新途径；率先提出了“杀虫剂田间毒理学”学术观点，发展了昆虫毒理学理论；主编了我国高等学校教材《植物化学保护》。

一、兴趣至上，心系农业，学霸人生

1914年8月16日，赵善欢出生于广东广州。他在年少时期便表现出了对动植物的好奇与喜爱，家乡附近的山岗成为他探索自然的乐园。在那里，他可以观察各种各样的植物，研究形状各异的昆虫。渐渐地，他对昆虫的研究兴趣在一次次的“冒险”中愈发浓厚。

1929年，年仅15岁的赵善欢进入中山大学农学院农业专门部学习。在农学院读书时，他在课余时间会去图书馆学习或者到野外捉虫，制作昆虫标本。在昆虫学家尤其伟教授的引领下，赵善欢开启了自己长达数十载的昆虫研究生涯。

1933年，赵善欢留校担任昆虫学助教。1934年，他深入广东十多个县，耗时两个多月，广泛调查了各地农作物的主要虫害，完成了《广东虫害初步调查报告》。

1935年，广东省政府委派几名青年教师赴美国留学，赵善欢凭借优异的考试成绩被选送至美国俄勒冈农业大学深造。由于赵善欢未取得学士学位，所以必须先补习两年课程，取得学士学位后，才能攻读硕士学位。他凭借自己的努力，不到一年时间就修完了原定两年的课程，并且以优异的成绩获得了学士学位。

1936年9月，赵善欢前往康奈尔大学研究院学习。途中，取道加利福尼亚州南部的加利福尼亚大学河滨分校柑橘试验场进行了短期的实习。在那里，他学到了不少课堂上学不到的知识，掌握了柑橘害虫生物防治和化学防治的原理和实验方法。

1937年,赵善欢在康奈尔大学研究院获科学硕士学位,1939年获康奈尔大学博士学位,并在美国的学术刊物上发表了博士论文——《惰性物质的毒理及其对昆虫作用的研究》。

在康奈尔大学读书期间,赵善欢除了努力学好必修课之外,还选修了许多基础课程,尤其对学校邀请的知名学者的学术报告会感兴趣,几乎每场必到。这对他后来的学术思想的形成产生了深远的影响。

1939年,赵善欢怀着报效祖国的热忱毅然辞去康奈尔大学研究院研究员的职务,携带大批专业书刊回到在战乱中迁至云南澄江的中山大学农学院,任副教授。赵善欢凭借其教学成果,在第二年被破格提升为教授,年仅26岁的他是当时中国为数不多的年轻教授之一。

1946—1948年,赵善欢被北京大学和台湾大学借聘为教授,并被聘任为台湾农业试验所应用动物系主任。他先到台湾,为台湾农业试验所应用动物系及台湾大学农学院举办农药讲座,后又奔赴北京,为刚复校的北京大学生物系及农学院开设昆虫生理学、昆虫毒理学等课程。

1948年,应中山大学的请求,赵善欢结束借聘并回到中山大学继续任教。

1952年,赵善欢任华南农学院副院长。其间,除了处理繁忙的行政工作外,他还坚持教学和科研工作,同时自学俄语,为出访苏联做准备。

1957年,赵善欢出访苏联,进行科研、考察及讲学。值得一提的是,出访一年后,他已经能用俄语撰写科学论文,并在苏联有关刊物上发表。

"文化大革命"结束后,赵善欢担任华南农学院院长,直至1983年。

1999年12月2日,赵善欢于广州逝世,享年85岁。

二、潜心科研,矢志不渝,成果丰硕

赵善欢在水稻主要害虫综合防治、有机合成杀虫剂、植物性杀虫剂、昆虫毒理学、作物根区施药、害虫不育技术与昆虫激素等方面的研究成绩斐然。

在南方,水稻是主要粮食作物。每年因为受三化螟的危害,水稻损失严重。赵善欢结合地域特色和实际应用,专攻华南水稻害虫的研究。

早在20世纪30年代初,他就开始对华南水稻害虫,尤其是三化螟、稻瘿蚊、铁甲虫等的发生规律及其防治进行研究。1932年,他在广州石牌稻作试验场开展防治水稻三化螟的试验,并首先发现稻瘿蚊的发生及其为害过程。1940—1941年,他与林世平先生一起在云南、贵州、广西、湖南、广东等地进行大范围调查,在1942年编撰完成《我国西南各省杀虫植物编撰报告》,1942年完成《广州三化螟研究》一文。

荔枝作为远销各地的岭南佳果,深受欢迎。华南地区种植荔枝必然要面对防治荔枝蝽这一难题。赵善欢潜心研究，在昆虫毒理学方面做出了许多开创性的工作。1960—1965年，赵善欢教授领导华南农学院昆虫学教研组10多位教师和研究生，对荔枝蝽的发生为害规律、自然抗药性、虫体生理等方面进行了一系列研究。当时，他们从虫体生理的薄弱环节入手，筛选出以敌百虫、敌敌畏为代表的数种药剂，按照规律适时进行化学防治。这项防治方法在华南地区推广了30多年，对解决生产实际问题起到了重要作用。

多年积累的实践经验，让赵善欢对昆虫毒理学与生态学的关系有了更深入的了解。20世纪60年代，他率先提出昆虫毒理学与生态学紧密结合的"杀虫剂田间毒理学"学术观点。1961年，他带着《杀虫药剂及昆虫毒理学的发展方向》一文，参加中国昆虫学会学术讨论会。他指出：昆虫毒理学的研究应着眼于整个农田生态系统，协调好化学防治与生物防治的关系，注意保护好害虫的捕食性和寄生性天敌。这一观点，为我国农业中农药的制造和使用提供了理论依据。

三、杀虫植物研究

赵善欢被誉为杀虫植物研究的开山鼻祖。他很早就意识到，植物农药的研制和推广是生态农业中的一个重要方面。抗日战争时期，赵善欢就对我国西南各省的杀虫植物种类及分布状况做了广泛的调查，对一些植物作用于农作物害虫进行了毒力测定和防治试验。20世纪50年代，他又对华南杀虫植物中鱼藤的种类和分布进行了调查研究，对它们的有效成分进行化学分析和毒力测定。在此基础上，他用鱼藤根粉对蔬菜、茶树害虫进行了防治试验后大面积推广应用。

赵善欢在华南农业大学校园内开辟了杀虫植物标本园。这个小园子坐落于校园西南角，堪称中国植物源农药的发源地。20世纪80年代以后，他又进一步发掘我国丰富的植物资源宝库，对楝科等40余种杀虫植物进行了防治农业害虫的试验及有效成分的分离、提纯和鉴定。

为了引进一种高效杀虫植物——印楝，赵善欢不辞辛劳，协同中青年同志、国外同行，多次将印楝种从非洲引入我国。如今，印楝已在我国海南引种成功并被不断推广。植物性杀虫剂不仅对害虫具有较高的防治效果，还有不污染环境、无残留毒性且昆虫不易产生抗药性等特点，在生态和农业上具有重大而深远的意义。

1986年，70多岁的赵善欢应邀前往肯尼亚参加国际植物性杀虫剂（印楝）会议，并担任大会执行主席。他在会上所作的研究报告受到了同行的高度评价，为祖国争得了荣誉。

矗立在华南农业大学一号楼前的赵善欢雕像时刻勉励着华南农大人砥砺前行。"做学问要善于抓两头：一头是了解国际先进科技成果，一头是了解国内生产实际，包括学习和总结群众的生产经验。"赵善欢常说的这句话被雕刻在华南农业大学院士广场的铜座上，引领着一批又一批的华农学子不断前行。

思政要点

1. 热爱农业，热爱植保。潜力学习，早立报国之志，争当作物管家。

2. 农业研究工作要坚持“顶天立地”。一方面紧跟科研前沿，另一方面瞄准技术落地，能够切实解决农业生产中的实际问题。

适用课程及章节

植物化学保护学课程的绪论、农药科学使用，农业昆虫学课程的绪论，农药生物测定课程的绪论、杀虫剂室内生物测定，农药科学使用课程的绪论等。

参考文献

[1]张宗炳.从昆虫毒理学近年来的进展谈昆虫毒理学的发展方向——兼与赵善欢同志商榷[J].中国农业科学，1962(7)：1-7.

（撰稿人：张永强）

31

言真行正笔实，为国为民为学

——昆虫学家蒋书楠先生

人物简介：蒋书楠，1914—2013年，昆虫学家，农业教育家。1936年毕业于浙江大学农学院，1948年6月留学美国衣阿华州立大学，获得理学硕士学位。历任中央农业实验所病虫害系杀虫药剂研究室助理，广西政府农业管理处技士，广西大学农学院昆虫学助教、讲师、副教授，贵州大学农学院昆虫学副教授、教授、病虫害系系主任。1952年10月，到西南农学院任教务长，1980年10月至1984年4月任西南农学院副院长。致力于植物保护学科和昆虫学的教学与科研工作，专长于天牛科系统分类研究。荣获国家教委和农业部科技进步一、二等奖各1次，三等奖2次，四川省科技进步三等奖2次，四川省优秀教学成果一等奖、四川省科技发明金奖各1次。1989年被评为"全国教育系统劳动模范"，被授予人民教师奖章。享受国务院政府特殊津贴。

一、奋进求学，胸怀家国

蒋书楠教授幼时家境贫寒，但他从小立志读书进取。中学时期在老师的指引下，他对生物学产生了浓厚的兴趣，1932年考入了浙江大学农学院，1936年获得学士学位，毕业后前往中央农业实验所病虫害系任助理员。抗日战争时期，日本侵入华东，蒋书楠教授随浙大内迁，到了广西农业管理处农务组工作，1939年转到广西大学农学院病虫害系任教，后又到贵州大学农学院任教。在那个动荡的年代，蒋书楠教授意识到我国病虫害的应用研究必须有坚实的生理学等理论基础，但当时国内的农学院却没有开设相关的课程。与此同时，蒋书楠教授在开展我国天牛科分类研究的时候，注意到我国天牛分类都是由外国人开展的，外国人不仅采集我们的标本，还将标本保存到国外，国内缺乏相关资料和标本，对此，他深感忧虑。于是，他潜心天牛分类研究，于1942年发表了《广西天牛种类》，自此开启了中国人自己的天牛分类研究。1948年，他前往美国衣阿华州立大学昆虫系进行深造，半工半读，学习了昆虫生理学、毒理学、寄生虫学等课程，以最快的速度完成了4个学期的课程。

1949年，他获得了硕士学位，申请到了奖学金，在准备攻读博士学位的时候，听闻北平解放，中华人民共和国成立了。他怀着一颗赤子之心毅然回国，决心要为中华人民共和国的科研、教育、人才培养贡献自己的力量。于是他来到了贵州大学农学院，1952年他被调往西南农学院任教务长。从此蒋书楠定居北碚，在这里从事科研教学工作。

二、孜孜以求，开拓创新

蒋书楠教授数十年如一日，不论条件好坏，他总是以爱国知识分子的赤诚之心，坚持昆虫学研究。中华人民共和国成立初期，条件非常艰苦，物质条件尤其匮乏，但是科学家有科学家的智慧，没有昆虫针，就用磨尖的钢丝替代；没有微针，就用仙人掌刺替代；没有软木板，就用高粱秸替代。1951年，他发表了《广西贵州两省天牛科分类》，这不仅是中华人民共和国成立以来第一篇研究天牛分类的文章，也是第一篇研究鞘翅目昆虫的文章。

改革开放时，蒋书楠先生已经60多岁，但他依旧保持着工作热情，坚持科学研究，紧跟研究前沿，勇于探索创新。除了继续开展天牛分类研究外，还开展了内外生殖器、消化道的比较形态学、生理生化、系统演化和数学分类支序分析等方面的研究。在20世纪90年代，他发现了狭胸天牛幼虫，这是国外专家寻找了一个多世纪都未找到的研究天牛系统分类的关键类群、关键虫态。这一系列的科研成果在当时已经达到国际先进水平。蒋书楠教授还积极开展幼虫研究。过去对天牛的识别主要依据成虫的外部形态特征，而天牛主要以幼虫为害，识别和防治幼虫尤为困难。他采用人工饲料饲养天牛幼虫，进行幼虫的识别，并出版了我国第一部天牛科幼虫分类的专著。蒋书楠教授毕生都致力于昆虫学研究，尤其是天牛系统学研究，为我国天牛分类奠定了坚实的基础。

三、满腔热情，研以致用

1998年，美国单方面认为来自中国货物的木质包装截获的光肩星天牛对美国造成了巨大危害，于是美国农业部签署了一项专门针对中国的检疫法令，要求对中国所有的输美货物包装和木质铺垫材料实施新的检疫规定。随后，加拿大、英国也分别颁布了类似的法规。这引起了我国领导人的高度重视。此时，蒋书楠教授发表了《中国的光肩星天牛类群》。该论文论述了我国光肩星天牛的形态特征、寄主、地理分布、起源演化及其研究历史和问题。这为中国代表团赴美会谈，阐述我方观点、立场和意见等提供了科学依据。最终，经过艰苦卓绝的努力，货物贸易木质包装材料的问题得到了妥善解决。这是蒋书楠教授的研究成果在我国对外贸易中的一次重要贡献。

蒋书楠教授还非常重视研究成果在我国经济和社会发展服务中的应用。他敏锐地觉察到，改革开放以来，我国城市化进程迅猛发展，城市生态系统中昆虫区系的组成和演变、城市昆虫与人类的利害关系，以及城市昆虫的利用和治理的研究应当引起重视，于是他主编了《城市昆虫学》。不少城市应用其中的原理和方略，制定城市发展规划，设计城市发展项目。

思政要点

1. 胸怀国家和人民。蒋书楠教授心系国家和人民，为我国的科研、教育事业奉献一生。

2. 勇于创新、敢为人先。蒋书楠教授敢于提出新理论、开辟新领域、探索新路径。

适用课程及章节

普通昆虫学课程的绪论、昆虫系统学。

参考文献

[1]《蒋书楠文选》编委会．蒋书楠文选[M]．重庆：重庆出版社，2004.

[2]赵志模，肖崇刚，刘怀．植物保护学院史[M]．重庆：西南师范大学出版社，2016.

（撰稿人：李竹）

32

孜孜以求，奠基农螨，甘为人梯

——昆虫学家李隆术先生

人物简介：李隆术，1920—2015年，四川安岳人，中国近现代昆虫学家，农业教育家。曾任西南农学院植物保护系主任、教授、校学术委员会副主任、科研部主任、应用昆虫及螨类研究室主任，兼任四川大学教授，中国植保学会副理事长、中国昆虫学会理事、四川省植保学会理事长，中国《昆虫学报》、美国《蜂学评论》、英国《系统与应用蜱螨学报》等期刊的编委，中国储粮害虫防治应用技术研究服务中心顾问。对仓储害虫生态学进行了深入研究，是中国粮堆生态系统研究的奠基人。

一、心忧农业，躬耕农螨

李隆术先生于1942年考入金陵大学研究院，在两年内完成了课题研究以及研究生论文，获得了理学硕士学位。为了研究床虱的生物学规律，他不惜以身饲虱。用自身的血液喂养床虱，观察和探究床虱。根据这些资料，他提出了一系列防治措施，并予以推广，有效地提高了人民的生活质量。

李隆术先生在成都任职期间，看到许多粮仓的粮食因虫霉为害被毁而感到非常痛心，因此决心研究仓库害虫防治。他跑遍了成都及其附近县乡的储粮仓库、水碾、面粉厂和中药材仓库等，调查这些仓储地点的害虫发生情况，并在实验室进行主要仓虫生物学和防治研究。中华人民共和国成立后，国家对粮食仓储工作倍加重视。李隆术先生多次应邀为相关人员讲课并亲自带领他们实习，在基层粮仓人员培养及帮助建立基层粮仓管理技术体系中做出了重要贡献。改革开放后，全国粮食调运频繁，仓储害虫的发生和分布情况变化很大。他应邀担任全国仓虫和检疫性昆虫普查的顾问，之后又担任云南、四川、西藏等地区的仓库害虫普查的顾问。在调查前期，他不辞辛劳地制订、修订调查计划，培训调查人员；在调查中，他对疑难问题进行研究及解答；在调查后，他主持或参加各类会议等。

1960年，李隆术先生主持“全国柑橘螨类发生规律和防治研究”课题，对柑橘全爪螨和柑橘始叶螨的种群生态学和防治进行研究。在李隆术先生的带领下，团队成员从橘园生态系统出发，在四川33个县对柑橘螨类和昆虫及其天敌的区系、种群变动、经济阈值、综合防治等做了大量研究。通过计算机模拟，提出并验证了各种数学模型，为测报和防治工作奠定了基础。这项技术在四川的柑橘园被大面积推广，给农民带来了巨大的经济收益。李隆术先生设计的用于指导实际防治柑橘叶螨的抽样调查表，有力地推动了植保工作。李隆术先生还开辟了柑橘昆虫和螨类群落生态学的研究领域，并在国内外首次应用生态位理论评价农螨天敌的作用。1985年起，李隆术先生指导研究生在大面积柑橘产区定点调查，用相互平均法与最优分割法，对害虫和螨类群落进行空间和时间上的分类，提出了竞争群的概念与划分竞争群的方法，开创了新的研究方向。李隆术先生将叶螨种群及其环境影响因子看成一个动态系统，应用系统分析方法，组建叶螨种群的时间和数量动态计算机模拟模型，为预测叶螨的发生提供了一种可行的方法。他还对水稻、蔬菜、茶树等螨类生态学和水螨区系开展研究。在发现了稻叶褐腐败病菌与鼹鼠跗线螨之间的联系后，用杀菌剂和杀螨剂适时配合施用的方法进行防治。在四川绵竹、温江等地大面积稻田中推广这一方法，防治效果十分显著。

二、根深育叶茂，老骥当人梯

李隆术先生一生以“立志、刻苦、求实”为座右铭，治学严谨，一丝不苟。1952年，他调任至西南农学院。在他的努力下，西南农学院创建了植物保护系，他担任该系系主任。李隆术先生与同事一起设计规划了植物保护系教学楼，努力组建了实验室，购置了大量图书资料。李隆术在教授昆虫生态学等6门课程的同时，进行储藏物害虫生态和农业螨类等方面的研究。

任教50余年，李隆术先生先后培养出了一大批植物保护专业的本科生和研究生。其中，硕士生14届30余名，博士生7届11名。李隆术先生在教学和科研中带领他们完成了多项重要研究任务，获国家级科技进步三等奖1项，省部级科技进步一等奖2项，二等奖4项，三等奖3项，在国内外单独或合作发表学术论文120余篇，出版专著5部。

在教职员配置方面，李隆术先生认为应该构建高素质多层次的人才结构。这样的人才结构既有利于团结协作，也有利于个人独创进取。梯队成员分工合作，分别落实指导研究生的任务，做到以大带小、以旧带新。在学术上，支持梯队成员和研究生的新设想、新创见，使梯队形成一种勇于探索、求实创新、宽松自由的学术气氛。

思政要点

1. 培育献身科学和服务人类的科学家精神。李隆术先生为科学“献血”，在了解到储粮危害后毅然决然投身储粮害虫研究，充分体现了他的科学家精神。

2. 秉持求真务实的科研作风。坚持“把论文写在大地上，把成果留在农民家”。

适用课程及章节

农业昆虫学课程的储粮害虫。

参考文献

[1]李隆术.储藏物昆虫和农业螨类研究：李隆术论文选[M].成都：四川科学技术出版社；乌鲁木齐：新疆科技卫生出版社，2000.

（撰稿人：李广云）

33

从抗日青年到锈病专家

——植物病理学家李振岐先生

人物简介：李振岐，1922—2007年，著名的植物病理学家和小麦锈病专家。中国工程院院士，西北农林科技大学教授、博士生导师。20世纪80年代以来，先后兼任陕西省植物病理学会理事长、中国植物病理学会副理事长、国务院学位委员会学科评议组成员等。主编的《植物免疫学》为全国第一本农学高校统编教材。在国内首先揭示了陕西、甘肃、青海地区小麦条锈病的越夏、越冬和流行传播规律，为开展全国小麦条锈病流行体系研究奠定了基础。主持研究了我国小麦品种抗条锈性丧失规律，并提出了控制对策和建议。获全国科学大会奖、国家自然科学二等奖和何梁何利基金科学与技术进步奖。

一、自幼立志农学，辗转红色革命

李振岐于1922年出生于河北省遵化市团瓢庄的一个普通农民家庭。在母亲的鼓励下，李振岐自幼刻苦学习，考试成绩经常名列前茅。

1937年，日本侵略者占领了河北。李振岐目睹日本侵略者对自己家乡人民的残害和屠杀，义愤填膺；看到八路军领导的抗日游击队取得一个又一个的胜利，分外高兴。也就是在这个时期，蝗灾肆虐，使家乡人民水深火热的生活更加苦不堪言。15岁的李振岐暗下决心：长大后，一要参加革命，跟着八路军，将日本侵略者赶出中国；二要学习消灭庄稼病虫害的知识，将蝗虫和其他重要病虫害消灭光。

抗战期间，李振岐毅然报名参加了青年远征军，开始了为期两年的军旅生活。李振岐并未放弃求学的梦想，退伍后如愿进入西北农学院学习。在学习期间，他积极参加中国共产党领导的各种革命活动，用他自己的话说："这时才真正将我想参加革命和学习植物病虫害的志愿落到了实处。"

二、投身锈病防治，致力小麦生产

1950年，我国小麦锈病（以条锈病为主）大流行，危害十分严重，损失小麦60亿公斤。周恩来总理对此非常重视，指示农业部组织全国有关专家成立全国小麦锈病防治研究协作委员会。李振岐承担西北地区小麦条锈病的发生发展规律和防治研究任务。经过3年的系统研究，李振岐揭示了小麦条锈病的越夏、越冬和流行传播规律，为开展全国小麦条锈病流行体系研究奠定了基础。该研究成果于1978年获全国科学大会奖。

1956年，小麦良种碧蚂1号丧失条锈病抗性后，我国小麦安全生产面临新问题。李振岐主持并系统研究了小麦品种抗条锈性丧失规律，发现甘肃陇南为小麦条锈菌"越夏易变区"，病菌小种毒性变异为引起变异的主要原因，山区低温为引起变异的重要诱因，半山为变异的关键地带，并据此提出了相应的防控对策。这一研究结果为解决中国小麦品种抗条锈性丧失问题提供了重要的科学依据。该研究的部分成果于1987年获陕西省科技进步三等奖。

1983—1990年，李振岐主持了国家攻关课题"小麦条锈病综合防治技术研究"和"小麦主要病虫害综合防治技术研究"，以甘肃天水和陕西关中为基点，结合两地区生产实际，提出了综合治理策略和技术方案。综合治理策略和技术方案实施后成效显著，对控制两地区1990年及以后小麦条锈病的流行起到了重要作用。这两个国家攻关课题的研究成果分别获1988年国家自然科学二等奖和1991年农业部科技进步二等奖。

三、奉献教育事业，勇攀科研高峰

李振岐把一生奉献给了教育事业，主持建立了西北第一个植物病理学学科点，先后培养了20多名研究生和10名进修教师，其中包括著名小麦病害专家、中国工程院院士康振生。他的一生都致力于实现西北地区农业现代化，以及培养年轻人。在西北农林科技大学北校区"五台山"东南角，有一个被学校师生称为"东南窑"的小麦病理实验室。这里不仅见证了李振岐、康振生两代院士的科研一生，更是他们"扎根杨凌、胸怀社稷，脚踏黄土、情系三农，甘于吃苦、追求卓越"西农精神的真实写照。康振生告诉记者："我是从麦田里走出来的院士，将继续沿着恩师李振岐'严谨求精'的科研道路走下去，为我国粮食安全筑牢防线。"

李振岐院士的确把自己一生的美好年华都抛洒在了西北黄土高原的尘土中，抛洒在了科研道路上。

思政要点

1. 家国情怀：李振岐院士在民族危亡之际毅然投身革命，把自身前途命运同国家民族前途命运紧紧联系在一起。

2. 爱国主义精神和科学家精神：2021年5月28日，习近平总书记在中国科学院第二十次院士大会、中国工程院第十五次院士大会和中国科协第十次全国代表大会上的讲话中指出："新时代更需要继承发扬以国家民族命运为己任的爱国主义精神，更需要继续发扬以爱国主义为底色的科学家精神。"李振岐院士把自己的一生都奉献给祖国最需要的地方，充分体现了以爱国主义为底色的科学家精神。

3. 奋斗精神：李振岐院士毕生致力于植物病理学研究。

适用课程及章节

普通植物病理学课程的绪论、农业植物病理学课程的小麦病害。

参考文献

[1]陈家忠. 西部教稼人——中国工程院院士李振岐[J]. 今日科苑，2002(8)：4-6.

[2]李汉章. 中国工程院院士西北农业大学博士生导师李振岐教授[J]. 西北农业大学学报，1998(1)：1；116.

（撰稿人：杨宇衡）

34 集四海之虫，奏昆虫强音，树虫学之才

——昆虫学家杨集昆先生

人物简介：杨集昆，1925—2006年，著名的昆虫分类学家、农业教育家。1952年以来，先后任北京农业大学（现中国农业大学）昆虫系、植保系助教、讲师、副教授、教授，兼任中国农业科学院植物保护研究所特约研究员、贵州省科学院生物研究所特约研究员、中国昆虫学会理事、北京昆虫学会常务理事、中国科学院动物研究所系统进化重点实验室学术委员等。杨集昆教授与合作者所研究的昆虫类群达18目110余科，正式命名昆虫新种2000多个、新属50多个、新科2个，为昆虫分类事业做出了突出贡献。

一、艰难方显勇毅，磨砺始得玉成

在少年时期，杨集昆先生就对昆虫产生了浓厚的兴趣，梦想成为一名昆虫学家。后家道中落，生活的重担迫使他在高中毕业后就辍学谋生。生活艰难，他却依然怀揣梦想。工作之余，他采集昆虫，刻苦钻研昆虫学书籍。1946年，清华大学昆虫系面向社会公开招考练习生两名，杨集昆先生抓住了机会，以第一名的成绩被录取。

练习生的工作琐碎而繁重。在清华，他除了野外采集、制作标本、养虫、绘图、准备教学、管理图书和仪器外，还要送信等。他以惊人毅力、聪明才智、赤诚之心以及努力工作博得了系主任的赏识与器重。但是，文凭却像座大山一样，阻挡着杨集昆先生的科研道路。他每前行一步就要付出超出常人十倍的艰辛，仅练习生到助教一级就用了8年时间。

1949年，全国高等院校院系大调整，清华大学农学院并入新成立的北京农业大学。从此以后，杨集昆先生在北京农业大学为中国的昆虫分类事业奋斗了一生。

二、踏遍神州大地，集得四海奇虫

采集昆虫标本是分类工作重要的基础之一。几十年来，几乎每一个暑假，杨集昆先生都背着行李，奔走在川泽草林间，足迹遍布全国各地，亲手采集的昆虫标本达25万余号，为

中国农业大学昆虫博物馆的建设奠定了坚实的基础。他还把采集方法和技巧上升到了理论高度，出版了《昆虫的采集》。1956年，他首次发现原尾目昆虫在中国有分布，撰写的论文《我找到了原尾虫》引起了中国昆虫学界的关注。1964年，他和周尧先生合作撰写的论文《原尾目昆虫之研究》，推翻了“中国没原尾虫”的结论。

即使在逆境中，杨集昆先生依然坚持所热爱的昆虫事业。在“文革”时期，北京农业大学搬迁到了陕北甘泉县的一个山沟里。杨集昆先生一边牧牛，一边偷偷地搞他的昆虫研究。他用破口罩缝了一个小小的捕虫网，药瓶、火柴盒等都成了他装昆虫的器具。在别人劳累一天早已进入梦乡之时，他在忽明忽暗的煤油灯下将白天采集的昆虫进行分类登记，制作成标本。艰苦的生活、过度的劳累，使他身患克山病，随之而来的是肺气肿、心肌损伤、心跳过速、呼吸困难。为了筹集回京治疗的路费，家里把能卖的都卖了，唯独一只破竹篓他始终不肯放弃，竹篓里装的正是他采集的800多号昆虫标本。

三、点燃理想火花，培育建设人才

十年树木，百年树人。杨集昆先生在教育一线度过了60多个春秋，为祖国培养了大批高级农业科技人才，其中不乏昆虫事业的领军人物。凭借优秀的专业文化素养和勤恳的教书育人态度，杨集昆先生在1985年被评为农牧渔业部属高等院校优秀教师，1997年被评为全国优秀科技工作者。

杨集昆先生认为，教师不仅要教学生如何做学问，更要教学生如何做人。在讲课中，杨集昆先生会通过昆虫学界老前辈的生动事例激励学生；注重传授学生学习的技巧，强调“巧学”而非“苦学”。为方便学生学习，他创作了33首以20—28个字概括每一目昆虫特征的“科普诗”。这些诗不仅合辙押韵、易于记诵，而且提纲挈领、便于联忆，很快便在国内广为传抄翻印，深受大家的欢迎。

杨集昆先生还十分重视科学普及。他认为自然科学要从娃娃抓起，全民族文化素质的提高始于科学普及。为此，他身体力行，撰写了许多昆虫科普著作，积极参与少年宫及夏令营活动，指导了无数的青少年昆虫爱好者。在他的熏陶下，有不少青少年立志从事昆虫学事业。

杨集昆先生严谨的治学态度，不断开拓进取的拼搏精神，献身科学的高尚品德，激励着后辈为祖国的昆虫分类学事业与农业教育事业不懈奋斗。

思政要点

1.虽然杨集昆先生没有大学文凭，以练习生的身份进入高等学府，但是他没有停止拼搏的脚步，脚踏实地地书写自己的未来，最终成为我国昆虫分类学界的奠基人物之一。我们应该努力提升自身素质，提高履行责任的能力，勇于承担责任，在激扬青春、开拓人生、奉献社会的进程中书写无愧于时代的壮丽篇章。

2.2020年9月，习近平总书记在科学家座谈会上的重要讲话中指出：要依靠改革激发科技创新活力，通过深化科技体制改革把巨大创新潜能有效释放出来，坚决破除“唯论文、唯职称、唯学历、唯奖项”。

我们要围绕国家需求锐意进取，为建设世界科技强国贡献自己的力量。

适用课程及章节

普通昆虫学课程的绪论、昆虫系统学。

参考文献

[1]岳山，彩万志.没有念过大学的昆虫学教授杨集昆[J].生命世界，2006(3):83-87.

[2]杨定，杨星科，彩万志.杨集昆教授简介[J].昆虫分类学报，1995(S1):135.

[3]丰邨.“胸袒天地纵横”——记北京农业大学教授、昆虫分类学专家杨集昆[J].中国电力教育，1988(1):32-35.

[4]杨集昆.集昆记[M].北京：中国农业大学出版社，2010.

（撰稿人：王宗庆）

35

新中国农药创制的楷模

——有机化学与农药学家李正名先生

人物简介：李正名，1931—2021年，有机化学与农药学家，中国工程院院士。1953年毕业于美国埃斯金大学化学专业，随即回国至南开大学工作。1956年研究生毕业于南开大学化学系。曾先后担任南开大学元素有机化学研究所所长、元素有机化学国家重点实验室主任、农药国家工程研究中心（天津）主任等职务。在国内外重要学术期刊发表论文600余篇，出版著作8部。获得国家科技进步一等奖、国家技术发明二等奖，以及中国化工学会农药专业委员会终身成就奖等70多项奖励和荣誉称号。

一、书香门第，学术报国

李正名院士出生于上海的书香之家。李正名的祖父李维格是中国近代冶金科技事业的奠基人和开拓者之一，也被认为是中国科技教育的先驱之一。李正名的父亲李中道在美国密歇根大学获得法学博士学位，母亲则是伊利诺伊大学文学硕士，他们回国后分别在东吴大学和复旦大学任教。

1948年，李正名高中毕业后考取了美国私立大学联合奖学金，并于1949年赴美求学，就读于埃斯金大学化学专业。1953年大学毕业后，李正名放弃美国优越的学习与生活条件，随第一批中国留学生辗转回国，投身中华人民共和国的建设。1953年8月，李正名经教育部分配到南开大学工作，担任杨石先教授的科研助手，随后跟随杨石先教授攻读研究生。1956年，研究生毕业于南开大学化学系，先后任讲师、副教授、教授。1980年至1982年，在美国联邦政府国家农业研究中心做访问学者。1983年11月，加入中国共产党。1995年，当选中国工程院院士。1997年至2014年，担任农药国家工程研究中心（天津）主任。2013年，获得天津市科技重大成就奖。

二、“顶天”引领创制，“立地”深入农村

李正名院士作为国内绿色农药的主要倡导者，在2002年9月第188次北京香山科学会议上首次提出“绿色农药创制”的指导思想。他先后主持了“六五”到“十三五”期间农药类国家重点科技攻关项目、国家重点基础研究发展计划（“973计划”）项目、国家自然科学基金重点项目等。李正名教授团队自主研发创制的单嘧磺隆，是我国第一个具有自主知识产权的绿色超高效除草剂，填补了我国长期以来自主创制除草剂的技术空白，使中国成为继美国等发达国家之后，世界上少数几个具有独立创制除草剂能力的国家。

而在农民眼中，李正名不是一个高高在上的科学家，而是一个“接地气”的农民。从下乡实地勘察、开展试验到与农民同吃同住，农民在同李正名院士交流时，切身体会到李先生精通农事，也尊重农民。而且，李先生还立志不仅要写出高质量的论文，还要将论文成果转化为可落地的创新成果，生产出物美价廉的、中国农民用得起的好农药。

三、自我勉励，潜心育人

李正名投身教育事业60余载，先后为国家培养了180多名研究生，为我国有机化学和农药化学的科研和教育事业做出了卓越贡献。

在2021年南开大学本科录取通知书里，李正名院士寄语未来的青年学子：“旭日初升”的你们，作为祖国未来的建设者和接班人，必将担负起伟大时代所赋予的神圣使命，真正做到“小我融入大我”，为国家的繁荣昌盛交出一份使广大人民满意的答卷。祝愿你们的人生，因为“南开人”这三个字，更加熠熠生辉！

李正名院士不仅在学习上关照学生、指导学生，还在物质上尽力帮助学生。在他83岁那年，恰逢其导师杨石先逝世30周年，他向南开大学捐赠50万元，建立“杨石先奖学金”，用于奖励每年最优秀的化学院本科毕业生。对于青年学者，李正名院士希望大家一定要树立创新的思维、辩证的思维，在国民经济重大问题或重大基础理论问题上解放思想，不断创新，要抓住大好时机，发挥潜力，为国家多做贡献。

思政要点

1. 家国情怀：钻研学术，报效国家。李正名院士出身世家，留学结束后毅然回国投入祖国的建设中。我们应该学习他至诚报国的爱国情怀。

2. 使命担当：身怀责任意识，勇挑使命担当。李正名院士身处农药发展重要历史阶段，力推农药绿色发展潮流。我们应该学习他强烈的历史责任感和使命担当意识。

3.奉献精神：潜心教育，培养青年。李正名院士淡泊名利，关注青年人才和莘莘学子的学习成长。我们应该学习他大公无私、为国育人的奉献精神。

适用课程及章节

植物化学保护学课程的绪论，农药制剂加工课程的绪论。

参考文献

[1]黄驿雯.我们的“001号”大先生[J].求学，2022(1)：22-23.

[2]《农药学学报》编辑委员会.沉痛悼念著名教育家、化学家、农药学家李正名院士[J].农药学学报，2021，23(5)：817-818.

[3]李芳，赵卫光.李正名先生及南开农药[J].离子交换与吸附，2021，37(5)：445-454.

（撰稿人：肖伟）

36

从清华到农大，甘当农业“万金油”

——农业昆虫学家郭予元先生

人物简介：郭予元，1933—2017年，中国工程院院士，农业昆虫学家。曾任中国农业科学院植物保护研究所所长、农业部科学技术委员会常务委员、植物病虫害生物学国家重点实验室学术委员会主任、中国农业科学院植物保护研究所学术委员会主任等职。曾主持和承担国家科技攻关、攀登计划等研究项目30余项。长期从事重大农业害虫防治研究工作，获国家科技成果奖4项、省部级科技成果奖9项，共发表科研论文300多篇，出版科技著作22部、译著2部。2001年当选为中国工程院院士。2011年获得国际植物保护科学协会颁发的“国际植物保护杰出贡献奖”，2012年获得中国植物保护学会“终身成就奖”。

一、到祖国最需要的地方去

1933年，郭予元出生在一个多子女家庭，家庭变故，国家动荡，使得他从小就懂得了人生的艰难，知道了国家贫穷落后就要挨打的道理。人穷志不穷！郭予元暗下决心：一定要在学习上取得好成绩，长大后报效祖国，让自己的祖国强大起来！在上海读高中时，他一直是年级第一。1949年，上海解放后，郭予元一共报了5个名牌大学并被全部录取，他最终选择了清华大学昆虫系。后因院系调整，清华大学昆虫系和其他一些院系合并为北京农业大学，由此他成为一名农业大学的学生。

当他下乡实习时看到漫天的蝗虫疯狂地吞食着庄稼，看到农民在因虫害绝产的田头落泪的时候；当他在土炕上听农民讲对摆脱贫穷、吃上饱饭的渴望的时候；当他坐在宽敞明亮的农大教室里听国内一流的农业学者刘崇乐、陆近仁、胡秉芳等先生讲课的时候；当他一遍又一遍读革命史，为先烈们的事迹而感动的时候……他决心要负起责任，为发展祖国农业科学而奋斗。“既然不能去抗美援朝保卫祖国，就应到最艰苦的地方去建设祖国。”就这样，他义无反顾地奔向当时交通不便、贫穷落后的宁夏。

1953年9月，毕业于北京农业大学、未满21岁的郭予元坐在敞篷大卡车里，看着车外，一路尘土飞扬。他认为，自己是新中国培养出来的第一代学农大学生，为新中国、为党争光，哪里艰苦到哪里去，就是自己的志向。此行正是奔赴他主动报名要为祖国建设贡献力量的地方——宁夏。

二、甘当“万金油”，哪里需要“抹”哪里

宁夏作为引黄灌区，水稻是主要农作物之一，稻瘟病连年发生。为了研究这种病的防治方法，郭予元被调到农业试验场。在研究期间，他常常在水田里一泡就是四五个小时，腿上长满脓包。在这种情况下，他仍是每天走十多个田块观察病情，自学统计分析，终于用辛苦换来了成果：他能通过当年7月的雨量与雨日较准确地预测8月稻瘟病的暴发情况。

哪里需要去哪里。为了研究小麦上发生的麦种蝇和一些疾病的防治问题，他选中了宁夏最穷的西海固地区。在西海固一扎就是几年，他终于研究出了麦种蝇的发生规律并找到了控制其危害的方法——用辛硫磷拌种。此外，将大面积小麦腥黑穗病病穗率大幅压低、消灭豌豆象虫、控制杨树上的腐烂病等，都是他辛勤劳动的成果。

1982年，郭予元被调到中国农业科学院植保所。他自觉重任在肩，抱着甘当“万金油”的想法，哪里需要往哪“抹”。基调室、麦虫室、棉虫室……什么地方需要他，他就立即上场，干一行钻一行。由于宁夏基本上不种棉，他50多岁才开始研究棉铃虫。凭着顽强的毅力和多年基层科研工作的经验，他带领一个课题组于几年后解决了棉铃虫防治中的重大难题，一举拿下了农业部科技进步二等奖和国家科技进步三等奖。

三、淡泊名利，勤俭节约

在郭予元身上，还有许多优秀品格。他最爱说的一句话是：“赢得好射手的美名并非由于他的弓箭，而是由于他的目标。”在报各种科研成果奖时，作为主要贡献者，他都会把自己往后排；凡有合作人的奖项，他多数不是第一完成人。他说：“能把大家的积极性调动起来，同心协力取得成绩又推出新人，比给我几个第一都值。”当选院士后，他依旧保持着艰苦朴素的作风。

2017年5月29日，郭予元逝世。但他的科研精神，为一代代农学人树立了榜样。

思政要点

1. 家国情怀：在听到、看到中国农业落后的状况时，郭予元院士就立志为改变祖国农业落后面貌而奋斗，并主动申请到祖国最需要的地方。植保生应以强农兴农为己任，“懂农

业、爱农村、爱农民”“把论文写在祖国大地上”。

2.奋斗精神：学习郭予元院士在农业科技战线上的奋斗精神。

适用课程及章节

农业昆虫学课程的绪论、棉花害虫、小麦害虫、杂粮害虫。

参考文献

[1]中国工程院院士：郭予元[J].科学学与科学技术管理，2003，24(6)：119.

[2]诺亚.“虫口夺棉”的科学家：中国工程院院士、昆虫学家郭予元[J].农村经济与科技，2015，26(1)：2.

[3]本刊编辑部.一位农学家的情怀：记中国工程院院士郭予元[J].中国农村科技，2014(12)：42-45.

（撰稿人：王梓英）

第三章

进展前沿

37 从获得诺贝尔奖到中国创造

来自大自然的天然产物对人类健康起到非常重要的作用。在阿维菌素的发现者大村智和威廉·坎贝尔，以及青蒿素的发现者屠呦呦研究员获得2015年诺贝尔生理学或医学奖后，天然产物有望迎来第二个黄金时代。我国科学家在“十二五”和“十三五”期间围绕天然产物的高产和创新，开展了富有成效的合成生物学研究。

阿维菌素是一种抗生素类杀虫、杀螨、杀线虫剂，具有重要的价值。我国借助该菌的发酵工艺，原料产能快速提升。但我国采用的原有生产菌株的单位发酵产量较低。如何提高生产菌株的单位发酵产量和原料利用率，降低能耗和生产成本，减少环境污染，是科技创新亟待突破的关键问题。中国科学院微生物所引入合成生物学技术，全新合成出高效生产阿维菌素的菌株并实现规模化应用，将阿维菌素的单位产量提高了1000倍，从0.009克/升提高到9克/升，市场价格从过去的20000元/公斤降低到500元/公斤。该技术在阿维菌素产业技术联盟的相关公司大规模应用，迫使世界著名的德国默克公司全面退出阿维菌素的历史舞台。到2015年9月，中国已经成为阿维菌素的唯一生产国，相关的授权发明专利达到168项，创造了不断创新、后来居上、全面替代进口并领先世界的神话，实现了中国在阿维菌素产品上的“三有”，即有知识产权、有国际领先的创新技术以及有国际市场的话语权。这也是我国天然产物生物制造品种改良的一个典范。

2021年底，Medicago公司使用烟草合成的新冠疫苗完成最后一部分临床三期实验数据的提交，并向加拿大政府申请审查和批准。这是植物合成生物学技术发展过程中的又一个重要的里程碑。

迄今，生命科学经历了三次革命。第一次是“DNA双螺旋结构的解析”，将科学研究由传统的生理研究转向分子生物学和遗传学等层面。第二次是随着人类基因组测序成功和多组学的蓬勃发展，催生或衍生出了系统生物学。第三次是生命科学、计算机科学、化学、物理学和工程学等学科的整合发展，形成了合成生物学这一崭新领域，并迅速开展“会聚”研究的生命科学革命。

我国在阿维菌素这一代表性的重大创新产品的合成应用上,已经弯道超车走在了第三次生命科学革命的前列。由此启发我们,应该以合成生物学谋突破、谋创新,提前在前沿科学领域研究、布局,面向未来,力求在生物科技领域实现更高的突破。

思政要点

创新是一个民族进步的灵魂,是一个国家兴旺发达的不竭源泉。从站起来、富起来到强起来,从跟跑、并跑到领跑,必须依靠创新,尤其是科技创新。只有创新才能把核心技术牢牢掌握在自己手中,解决"卡脖子"的问题。只有创新,才能占得先机、取得优势、赢得未来。

适用课程及章节

植物化学保护学课程的绪论、杀虫剂等。

参考文献

[1]陈金松,刘梅,张立新.从阿维菌素获得诺贝尔奖到中国创造[J].微生物学报,2016,56(3):543-558.

[2]陈芝,宋渊,文莹,等.阿维菌素的生物合成研究进展与展望[J].自然科学进展,2007,17(3):290-296.

(撰稿人:丁伟)

38

氟吗啉

——新型药物的创制获得突破

新农药的创制研究不仅难度大、周期长，而且风险高，所以新农药的发展水平在一定程度上反映了一个国家的科学技术水平。新农药氟吗啉的成功创制，是我国在科学技术上的一个重大突破。

一、氟吗啉实现重大突破，获得了多项第一

氟吗啉是中国第一个真正实现工业化、具有自主知识产权的农药品种，同时也是第一个获得中国发明专利的农用杀菌剂，以及第一个获得美国、欧洲发明专利的新农药品种，实现了中国具有自主知识产权的农药品种产业化零的突破。氟吗啉开创了中国农药领域的新纪元，在中国农药创制史上具有划时代的意义，为中国新农药创制起到了良好的示范和促进作用。氟吗啉项目的负责人沈阳化工研究院刘长令教授介绍，一项农药成果的研制至少需要10年的时间，有些科研项目甚至要经过几代人的共同努力才能完成。

卵菌纲病原菌属于气传性病害，以往控制这些病害所需要的农药主要依赖进口。中国仅蔬菜、瓜果等经济作物上霜霉病和疫病的防治费用每年就高达8亿元，约占杀菌剂市场总用药费用的30%。而高效杀菌剂氟吗啉的成功研制，结束了中国在此类农药上长期依赖进口的历史。氟吗啉主要应用于大棚蔬菜的防病治病，每年为国家节约成本10多亿元。

二、我国农药创制任重道远

我国新农药创制人员主要在原有农药基础上，通过化学结构修饰方法开发新品种。如：沈阳化工研究院开发的氟吗啉是由烯酰吗啉改造而来的；湖南化工研究院和南开大学元素有机化学研究所将磺酰脲类除草剂中嘧啶环的甲氧基改为甲硫基和单取代甲基，开发了新的除草剂甲硫嘧磺隆；江苏省农药研究所及大连瑞泽农药股份有限公司对虫酰肼及氟虫腈进行了结构改造，开发了昆虫生长调节剂呋喃虫酰肼及杀虫剂丁烯氟虫腈等。

我国在“八五”期间开始资助新农药创制研究，“九五”期间投资建成南、北两个新农药创制研究中心，“十五”期间将新农药创制研究列为科技部重大科技攻关项目，全面开展了具有自主知识产权的创制农药及创制体系建设。在国家的大力支持和鼓励下，新农药创制开发取得了一些进展。总体来说，具有自主知识产权的新农药品种仍然偏少，且尚未形成生产规模。目前，新农药创制工作涉及分子设计、合成、生物筛选、结构优化、田间试验、合成工艺开发、安全评价、环境评价以及新农药注册等多个环节，同时也涉及化学、化工、农学、医学、环境、计算机、剂型科学等多个学科，是国际公认的一项专业跨度大、学科交叉性强的系统工程。

三、大有作为

如何在新农药研制中脱颖而出？江南大学桉禾生团队给出了很好的答案。

兴趣是开启成功之路的钥匙。在浙南猕猴桃种植基地，如何让种植面积几千亩的猕猴桃大丰收，一直是当地村民茶余饭后的热点话题。这引发了团队负责人全明霞极大的兴趣。她集结食品科学、管理学、经济学等多个学科的优秀人才，组建桉禾生团队，开启了生物农药的研究之旅。

现有生物农药大致分为三类：生物化学农药、微生物农药、植物源生物农药。而植物源农药提取自植物体，环保易降解，且大都对人体无害，是全球公认最绿色环保的农药形式。进一步的科学问题是：选哪一款植物源有效成分？中国桉树资源丰富，若能充分利用，可以助力生态环保和可持续发展战略。桉禾生团队历时3年，终于成功研发了性能优良的桉油精生物农药。桉油精生物农药具有杀虫效果佳，对人无毒无害的优点。桉禾生团队还实现了两大突破：一是用“3D酶法包乳技术”，取代了传统环糊精中间物包埋技术，降低了生产成本；二是通过“CPM双水溶性技术”，解决了油性植物源农药水溶性差的问题，桉油精的稳定性和水溶性成倍提高，在杀虫效果、储藏稳定性、使用便利性等方面均有显著提升。与全球唯一一款同类型桉油精生物农药相比，桉禾生团队研制的桉油精生物农药价格降低30%，杀虫效果提高20%，稳定性提高近3倍，填补了全球生物农药在极端环境下生效的技术空白。

不停地探索是桉禾生团队科研精神的集中体现。“桉油精的水溶性问题可以通过这种方式解决，其他油性植物源农药的水溶性问题是否也可以通过此种方式解决呢？”全明霞和团队成员又进一步展开了对其他植物精油的研究。通过重排对接分子模型，团队成员将核心技术应用于全领域的油性植物源有效成分研究，实现了植物源农药矩阵式覆盖，成功走出了油性植物源农药研发困境。

思政要点

把14亿多中国人的饭碗牢牢端在自己手中。粮食安全是“国之大者”。粮食安全不仅事关国运民生,关乎经济发展和社会稳定,更是国家安全的重要基础。保障植物健康,有效控制病虫危害,使用安全高效的农药仍是最为重要的手段。农药创新不仅是品种的增加,更重要的是科技含量的提升。

适用课程及章节

植物化学保护学课程的绪论、杀菌剂。

参考文献

[1]刘长令,刘武成.新型高效杀菌剂氟吗啉[J].精细与专用化学品,2002,10(5):17-19.

[2]宋天俊,祝丕业,王志远.浅谈我国农药的研究与开发[J].当代生态农业,2004(1):122-123.

(撰稿人:厉阒)

39

小颗粒迸发大能量

——纳米农药

农药在防治农作物病虫草害、提高农业综合生产能力、促进稳产增收等方面发挥着极其重要的作用。改革开放以来，我国农业飞速发展，逐步迈向农业强国。但这种飞速发展在很大程度上依赖于化学投入品的大量使用，这不仅对农产品的质量和安全造成了危害，也严重破坏了生态环境，进一步损害了人们的身体健康。因此，亟须针对农业中存在的问题提出专门性的解决方案。

一、传统农药防治引发争议

随着社会迅速发展，人口数量急剧增加，为了满足社会需求，提高粮食生产水平，农民越来越依赖农业化学品。农业化学品主要包括化肥和农药。德国Oerke博士的实验结果表明，在不使用农药的情况下，各种病虫草危害农作物造成的损失高达7成，但是按照使用标准和规范施用农药后，可挽回一大部分由病虫草害造成的损失。

据统计，全世界每年使用的农药为600余万吨，其中99%的农药都没有在实际应用中发挥作用，只有1%的农药成功作用于靶标生物，起到了控制病虫害的作用。我国使用的农药也有大约80%直接进入环境，对大气、水体、土壤以及非靶标生物都造成了危害。同时，在使用农药的过程中也存在很多问题，比如农产品中农药残留量增加，严重污染环境，影响农产品质量安全。

随着农药研发技术的升级以及人们对环境污染的重视，某些高毒农药已经被禁用或限用，但是高毒农药的使用率仍然较高。一方面，农民老龄化日趋严重。他们通常沿用老一辈的方法防治病虫草害，无法与时俱进，没有更新防治方法以及技术等，也没有经过专业的培训，农药的滥用、混用甚至药不对症等情况屡见不鲜。同时，由于农民缺乏环保意识，农药包装废弃物被随意丢弃在农田环境中。经过多年累积，残存在农田中的农药包装废弃物数量惊人。而农药包装废弃物中残存的农药会流入农田环境中，造成环境污染。另一方面，农民在防治病虫害时，主要使用背负式手动喷雾器。这种大容量、雨淋式施药方法使得农药沉积性较差，农药流失严重。

二、纳米农药闪亮登场

纳米农药技术的出现，可以解决传统植保方案的痛点。2019年，在业内拥有权威性的国际纯粹与应用化学联合会首次公布未来将改变世界的十大化学新兴技术，纳米农药位居首位。纳米农药被称为植保界"新贵"。依靠自主创新技术，我国在纳米农药技术工业化方面走在了世界前列。中国农业科学院植物保护研究所研究员黄啟良在参考了众多权威文献后对纳米农药进行了初步定义：纳米农药是指基于一定的有害生物防控场景，通过功能材料与纳米技术，农药有效成分在制剂和使用分散体系中，以纳米尺度分散状态稳定存在，并在使用时能发挥出区别于原剂型应用性能的农药制剂。2022年1月29日，农业农村部会同国家有关部门制定的《"十四五"全国农药产业发展规划》明确指出：鼓励纳米技术在农药剂型上的创新应用。充分利用新工艺、新技术，大力发展水基化、纳米化、超低容量、缓释等制剂。

纳米农药有非常明显的使用优势，有利于推动农业绿色发展。一是提高农药药效。将农药制成纳米颗粒，增加药剂的扩散性、渗透性、传导性等，以提高药效，实现农药减施增效。二是减少农药用量。纳米技术通过减小农药粒径，增大接触面积，可以增强农药液滴在作物叶面和有害生物表面的亲和力，进而减少农药流失。纳米农药可以在减少20%—30%用药量的同时，保持防治效果。三是便于航空施药。纳米农药制剂在溶剂中可均匀分散、性能稳定，且在农药多元混配时混合性好，兑水不分层、不析出、不沉淀，提高配药速度。四是延长药剂持效期。农药在喷洒后的有效成分易受光照、氧气、温度影响，发生降解或分解，利用纳米技术控制农药释放速度，对有效成分实施某种保护，可实现农药的长效缓释。五是生产加工环保。传统乳油制剂有机溶剂含量达90%，以水取代有机溶剂，不使用高毒的苯类溶剂和助剂，可从根本上解决农业面源污染问题。

纳米农药粒径较传统农药更小，其具有更大的分散度，因此防治效果通常比传统农药剂型更好。传统剂型的农药通常会以较高剂量施用于田间，但由于飘移、淋溶、流失、降解等作用，其浓度会迅速下降。利用纳米技术对载体材料结构与功能进行调控，可构建长效缓释纳米载药系统，使农药释放特性与有害生物防控剂量需求相匹配，从而提高农药利用率，减少使用频率。此外，还可以根据有害生物的发生时间、危害周期及其生态环境，构建酶、pH、温度、光等环境因子响应型精准纳米释放技术体系。

目前，我国纳米农药已进入产业化进程。优先产业化的纳米农药类型主要为可提高农药表观溶解度的水性化纳米农药，包括纳米乳剂、微乳剂和纳米分散剂（纳米悬浮剂）等。

针对纳米农药创新的“定制化”生产及“航空植保专用药剂”，正联合无人机飞防进行示范。我国已先后在19个省170多个县，针对水稻、小麦、玉米、柑橘等17种作物的20种防治对象开展了纳米农药试验示范。值得一提的是，中国农业科学院植物保护研究所、中国科学院国家纳米中心、清华大学等单位在进行纳米农药创新研究的同时，开发了一批绿色纳米农药新剂型，并结合国家重点科研专项化肥农药“两减”项目实施，开展了一系列试验示范，证明纳米农药可增强药效，减少农药用量，延长持效期，具有良好的推广应用前景。

思政要点

农药分散度的发展在很大程度上反映了农药制剂的发展。发展纳米农药，大大提升了农药的有效利用率。通过促进学科交叉融合，学生能更好地认识和解决植保问题，增强专业认同感和社会责任感。

适用课程及章节

植物化学保护学课程的农药制剂加工。

参考文献

[1]潘庭杰，刘建文，冯仁泽，等．农业绿色可持续发展现状及对策研究[J]．四川农业科技，2020(10)：73-75；78.

[2]于法稳．习近平绿色发展新思想与农业的绿色转型发展[J]．中国农村观察，2016(5)：2-9；94.

[3]庄武．农药使用现状及科学用药措施研究[J]．农业科技与装备，2021(3)：69-70.

[4]王泽农．纳米农药，植保方式的一场革命?[N]．农民日报，2022-03-15.

[5]郭勇飞，张小军．纳米农药研究进展[J]．世界农药，2021，43(4)：1-7.

[6]李丽颖．纳米农药前景可期[J]．湖南农业，2021(1)：54.

（撰稿人：钱坤）

40

苦皮藤:近60名研究生30年辛苦研发出的植物药

苦皮藤,别名苦树皮、马断肠、老虎麻,是卫矛科南蛇藤属的一种多年生木质藤本杀虫植物,杀虫活性物质主要分布于其根皮、叶、果实等中。经过30年的不懈努力与探索,研究人员对苦皮藤的资源与分布、引种栽培、生物活性和有效成分提取及鉴定进行了多学科交叉研究,并对其结构修饰、作用毒性评价与机理、制剂加工进行了充分研究,取得了重大进展,为研发新型绿色防控药剂,促进现代农业发展做出了重要贡献。

一、特效"土农药"——苦皮藤的发现

中国,天然植物农药资源丰富,应用历史悠久,是研究和应用杀虫植物较早的国家之一。《周礼疏》:"翦氏掌除蠹物,以攻禜攻之,以莽草熏之。"《本草纲目》中也记载了狼毒、百部、鱼藤根等。《中国土农药志》和《中国有毒植物》所记载的具有杀虫或杀菌作用的植物或植物性农药就有500余种。《农政全书》对农药植物进行了全面论述。我国著名的植物农药专家赵善欢、黄瑞纶等通过对我国植物农药的调查研究,于1959年出版了《中国土农药志》,其记载了85科220种农药植物。其中记录了:苦皮藤皮1斤,加水50斤煮沸10分钟过滤,再将肥皂0.5两用水溶化后加入,再加水60斤,搅匀喷雾。对棉蚜、红蜘蛛、菜青虫防治效果可达100%。20世纪30年代,学者们对烟草、鱼藤、苦皮藤、巴豆、百部等植物进行过广泛的研究。

苦皮藤广泛分布于我国黄河、长江流域的丘陵和山区。产区的农民很早就利用苦皮藤根皮粉和叶子粉防治蔬菜害虫,因此苦皮藤被称为"菜虫药"。1935年,刘鹤昌在《农报》报道了苦皮藤的杀虫活性。到1980年,只有6篇关于苦皮藤杀虫活性的报道,而在国外未见到相关的研究报道。1980年,一个偶然的机会,陕西两位农民给西北农学院(现西北农林科技大学)吴文君教授送来一筐植物的根皮及一株完整的植物,称其可杀虫,问可否开发成杀虫剂。经鉴定,该植物为卫矛科南蛇藤属苦皮藤。围绕苦皮藤的高效杀虫活性,吴文君

教授开启了长达30年的系统性研究，明确了苦皮藤根皮对昆虫具有拒食活性、麻醉活性及毒杀活性。

二、潜心研究——团结协作创新药

1985年，吴文君教授去美国农业部农业研究中心"生物活性天然产物实验室"从事苦皮藤研究，首次从苦皮藤根皮的乙醚提取物中分离鉴定出第一个杀虫活性成分苦皮藤素Ⅰ。1986年，吴文君教授回国后带领课题组继续对苦皮藤的杀虫活性物质进行系统研究。经过30多年的努力，吴文君教授带领近60位博士、硕士研究生先后从苦皮藤中分离鉴定出60多个杀虫活性化合物，其中32个为首次报道的新化合物。苦皮藤素Ⅰ对害虫具有拒食作用，苦皮藤素Ⅱ和苦皮藤素Ⅲ对昆虫具有直接毒杀作用，苦皮藤素Ⅳ对粘虫具有强烈的麻醉作用。正是秉着潜心研究、团结协作、坚持不懈的科研精神，这支研究队伍才能取得突破性的创新成果。

更加值得学习的是，吴文君教授团队十分注重植物源先导化合物的研究，解析苦皮藤素Ⅰ—Ⅴ的构效关系，以促进人工合成药剂的效率，为新型生物杀虫剂的创制奠定了基础。在应用研究上，成功研制了苦皮藤素乳油、微乳剂及微粉剂，获得4项国家发明专利授权，其中"植物杀虫剂苦皮藤乳油及其制造方法"和"两种苦皮藤素水基杀虫制剂"两项专利成功实现技术转让。经验证，苦皮藤乳油对蔬菜以及城市绿化带的病虫害防治率达到了90%。该制剂已投入商业性批量生产，取得了良好的经济效益和社会效益。

科研人员几十年团结协作、坚持不懈地挖掘苦皮藤这一植物源新农药，旨在研发新型药剂，为现代农业发展做出贡献，这是一种胸怀祖国、服务人民的爱国精神。习近平总书记指出："科学成就离不开精神支撑。科学家精神是科技工作者在长期科学实践中积累的宝贵精神财富。"苦皮藤的发现和研究过程切实体现了科研人员的科学家精神。

三、绿色防控——植物农药放异彩

植物源农药具有对环境污染小、对人畜毒性小、易降解不易积累、病原物不易产生抗性等优点，已然成为全球农药发展的新方向。近几十年，我国植物源杀虫剂研究发展迅速，研究工作已经从成分提取、物质鉴定深入到化学结构分析和作用机理解析。苦皮藤植物源杀虫剂的积极研发和创新以及取得的显著成效，是对强化绿色植保和公共植保"两个理念"的具体落实，是对推进病虫绿色防控要求的正确实践。我们应该继续大力弘扬科学家精神，矢志创新创造，研发推广生态友好型、环境友好型的植物源农药，走绿色发展之路，筑生态文明之基，为建设美丽中国而奋斗。

思政要点

1. 学习领会习近平总书记在科学家座谈会上的重要讲话精神。以吴文君为代表的科学家们对植物源农药几十年如一日的潜心研究正是对创新、奉献、协同精神的最好诠释。

2. 树立绿色发展理念，践行绿色植保方针。充分认识植物源农药研发的重要性，领会植保科技对生态文明建设的重要性。新农科学子应有强烈的责任感和使命感，矢志创新，坚守绿色植保信念，为建设美丽中国而努力奋斗。

适用课程及章节

植物化学保护学课程的绪论、杀虫剂。

参考文献

[1]吴文君.杀虫植物苦皮藤研究[J].农药,1991,30(6):10-12.

[2]吴文君.植物杀虫剂苦皮藤素研究与应用[M].北京:化学工业出版社,2011.

[3]柳燕丽,刘刚.我国植物源农药苦皮藤素的种类与防效及推广应用建议[J].农技服务,2021,38(11):52-55.

[4]王玉网.1%苦皮藤素微乳剂防治菜青虫试验[J].现代农业,2019(1):46.

[5]吴文君.植物杀虫剂苦皮藤素V作用靶标和作用机理研究进展[J].农药,2016,55(8):547-550.

(撰稿人:陈娟妮)

41

以我之矛，攻子之盾

——以病原菌突破植物细胞壁为例

植物细胞壁是围绕在植物原生质体周围的、没有选择透过性的、具有动态变化的屏障，由大量的复合多聚糖和少量的结构蛋白组成，包括纤维素、半纤维素、果胶和少量的结构蛋白等。细胞壁的主要作用在于保护原生质体、维持细胞一定形状和调控细胞伸长，也参与植物细胞信号识别。植物细胞壁是抵御绝大多数病原菌的第一道结构屏障。能否突破植物细胞壁，是多数病原菌能否成功定植寄主植物的关键之一。

一、植物细胞壁的发现和结构组成

1665年，Robert Hooke用自制的显微镜观察到软木薄片里的小孔，他把这些小孔称为pores或cells。尽管cell后来被认为是生物体的基本结构和功能单元，中文翻译为细胞，然而事实上Robert Hooke观察到的“cell”与现代生物学中的cell是完全不同的，他所发现的是植物死细胞残留的细胞壁结构。植物细胞壁处在细胞原生质膜之外，有利于保持细胞的形状和保证细胞内生化反应的正常进行。植物细胞壁的化学组成包括纤维素、木质素、细胞壁结构蛋白、半纤维素和果胶(这两类化合物有时又统称为非纤维素多糖)等。在结构组成上，植物细胞壁又可以分为胞间层、初生壁和次生壁。其中，胞间层黏合相邻的细胞。初生壁是最先形成的细胞壁，正在生长的细胞主要以初生壁保护和支撑它的原生质体。次生壁是在细胞生长完成后沉积而成的，它能增强细胞的强度，支撑植物。

二、病原菌如何突破植物细胞壁屏障

针对植物细胞壁中的每一种成分，植物病原真菌、卵菌和细菌都有相应的降解酶，这些降解酶统称为细胞壁降解酶。它们具体包括果胶酶、纤维素酶、半纤维素酶、蛋白酶、木质素降解酶、半乳糖醛酸酶以及其他相关酶类等。在这些细胞壁降解酶的作用下，植物细胞壁软化崩溃，有利于病原菌侵入和营养物质释放，并导致连接相邻细胞的胞间层松弛，促进病原菌在细胞间扩散。不同类型的病原菌在破坏细胞壁的抗病性结构上的具体方式和结果都有所不同。营腐生生活的病原菌可以释放出大量的细胞壁降解酶和毒素化合物,其中释放的细胞壁降解酶直接降解植物细胞壁、破坏细胞完整性,甚至直接杀死细胞,从而实现腐生生活。营寄生生活的病原菌一般不直接降解植物细胞壁,且不杀死植物细胞,而是采用类似盗窃的方式从活细胞中获取养分,实现其寄生生活。其基因组中编码细胞壁降解酶的基因数量比腐生营养型病原真菌要少。在侵染过程中,营寄生生活的真菌和卵菌常常通过孢子萌发,产生芽管,进而突破植物细胞壁,侵入植物细胞,紧贴着植物原生质膜形成侵染钉或吸器结构,从而吸取植物细胞中的营养。细菌一般通过植物表面自然孔口、其他伤口等进入植物体内,但它们同样需要克服、抑制或干扰植物细胞壁抗性以建立侵染关系。营腐生生活的病原细菌可以产生各种细胞壁降解酶,分解植物细胞壁。营寄生生活的病原细菌则常会利用效应蛋白抑制细胞壁介导的防卫反应。病原线虫通常能分泌细胞壁降解酶和效应蛋白,从而破坏细胞壁或干扰细胞壁抗性,以利于自身在植物组织中的穿透和移动。

很多真核丝状植物病原菌(包括真菌和卵菌)需要突破植物组织表面屏障,强行进入宿主细胞才能成功感染。物理学和生物学的交叉研究,逐渐揭示出它们突破植物表面屏障的具体机制。以稻瘟病菌为例,它是通过形成附着胞、采用巨大蛮力的方式突破寄主植物表面屏障。首先,稻瘟病菌分生孢子经历从极性到非极性生长的切换,并成功建立一个附着胞。附着胞通过积聚高浓度的甘油或其他多元醇产生膨压。这种膨压转变为机械力后会导致附着胞基部产生纤细的入侵栓,从而破坏水稻叶片的表面。附着胞富含黑色素,能够作为防止溶质外排的结构屏障,对膨压的形成至关重要。附着胞形成的膨压可高达8兆帕,相当于汽车轮胎压力的4倍。如此强大的机械蛮力足以帮助稻瘟病菌打开植物细胞表面屏障。丝状卵菌突破细胞表面屏障的方式则与此完全不同。以引起马铃薯晚疫病的致病疫霉为例,它通过芽管侵入寄主植物组织内部。这种侵入依靠的是极化的、非中心的、以斜角产生的力,它将应力集中在入侵的地方,以使表面被突破。疫霉菌使用的这种突破策略,无需蛮力,并且能量消耗极少。正是不同学科的交叉应用,才让我们逐渐了解了病原菌突破植物细胞壁表面时的机械力学问题。

三、植物细胞壁介导的主动抗病性

随着科学家们对病原菌与寄主植物互作机制的研究越来越深入,我们对植物细胞壁介导的抗病性有了更多新的认识。病原菌对植物细胞壁的破坏或植物细胞膜成分的变化常会导致植物抗病信号途径的活化或抑制,从而改变植物的抗性表型。病原菌在侵染过程中分泌大量细胞壁降解酶来降解植物细胞壁,其目的是利于病原菌侵染。与此同时,病菌细胞壁降解酶降解植物细胞壁后会产生一些寡糖类分子,这些寡糖类分子可以作为激发子被植物细胞膜表面受体识别并激活植物防卫反应。有些病原物的细胞壁降解酶则可被植物细胞直接识别,诱发植物的防卫反应。以寡聚半乳糖醛酸为例,寡聚半乳糖醛酸可以诱导植保素和活性氧的产生,影响烟草外植体的形态建成,诱导番茄蛋白酶抑制剂的局部合成。寄主植物也常会针对性地产生蛋白酶抑制剂来抑制病原菌产生的细胞壁降解酶。例如,植物中存在的多聚半乳糖醛酸酶抑制蛋白可以抑制病原真菌的多聚半乳糖醛酸酶活性,使多聚半乳糖醛酸酶的作用延缓。植物细胞在感知细胞壁损伤后,也会活化抗病信号途径,通常会通过改变细胞壁化学组成或结构修饰来抑制病菌侵入。例如,在侵入位点的细胞壁上形成胼胝质沉积,木质素沉积引起木质化修饰,改变纤维素的结构、果胶的乙酰化程度及一些胞壁结构蛋白沉积等。这些新的发现表明,植物细胞壁这个机械屏障是具有能动作用的有机结构。

四、事物的两面性——对植物细胞壁降解酶的利用

生物质能是可再生能源的重要组成部分。与石油等化石燃料相比,农林生物质资源具有资源丰富、可再生和可持续的特点。因此,对农林生物质资源的开发利用有助于缓解能源危机和温室气体排放等能源与环境问题。植物细胞壁这一巨大的可再生资源是否能被成功利用,很大程度上取决于我们是否能方便快捷地破坏植物细胞壁中的纤维素骨架。植物病原菌是地球生态系统中的重要组成部分,部分病原菌扮演了植物分解者的角色。植物病原菌所产生的植物细胞壁降解酶类,特别是纤维素酶类,是生物质能产业中重要的酶资源。它们具有将难以分解的纤维素转变为容易利用的单糖的巨大潜力。另外,在造纸过程中,木聚糖酶可以作为纸浆漂白助白剂,降解残留的木质素。木聚糖酶的前处理可以显著减少纸张生产过程中的漂白用氯量,减少环境污染。

思政要点

1. 通过介绍病原菌如何突破细胞表面屏障,补充课堂知识点,激发学生的科学兴趣,以实际例子表明科学探究的曲折性、学科交叉的重要性和规律利用的两面性。

2. 细胞壁降解酶是病原菌破坏植物细胞壁的武器,也是植物识别病害的激发子,可以在工业生产中利用。这体现了辩证法中提到的一切皆是相对的而不是绝对的。人们对细胞壁降解酶的利用也体现了习近平总书记所说的"但危中有机,唯创新者胜"。

适用课程及章节

农业植物病理学课程的水稻病害(稻瘟病菌)、薯类作物病害(马铃薯晚疫病),普通植物病理学课程的植物病原微生物在病害互作中的作用、植物的抗病性在病害互作中的作用。

参考文献

[1]彭陈,陈洪亮,张玉琼,等.稻瘟菌附着胞形成和发育的研究进展[J].微生物学通报,2011,38(8):1270-1277.

[2]谢占玲.植物细胞壁降解真菌及酶的研究[D].兰州:甘肃农业大学,2011.

[3]宗兆锋,康振生.植物病理学原理[M].北京:中国农业出版社,2010.

(撰稿人:樊光进)

42

筚路蓝缕启山林，栉风沐雨砥砺行

——水稻和小麦抗性基因的挖掘之路

“民以食为天”，对于世界上任何一个国家或地区而言，“吃”永远是当地人民群众的头等大事。

一、两大主粮“癌症”成国内粮食安全“拦路虎”

在自然界中，能够侵染并影响粮食作物的病原物有很多，它们遍布于世界各地。随着《中华人民共和国生物安全法》的颁布和实施，很多国外的有害生物被有效地拒于国门之外。然而，解决了“外患”，还有“内忧”——水稻“癌症”稻瘟病和小麦“癌症”赤霉病，它们是世界范围内极具毁灭性且防治困难的真菌病害，在我国广泛发生，成了国内粮食安全的“拦路虎”。

水稻是全球近一半人口的主粮。一些植物病原真菌也“喜欢”水稻，其中的典型代表便是引起稻瘟病的真菌——灰梨孢。一旦遇到高温多雨的天气，这种病原菌产生的分生孢子便会传播到水稻植株上，然后孢子萌发并侵入水稻表皮细胞，随后“安营扎寨”，疯狂吸收水稻体内的营养并不断增殖。最开始受到侵染的水稻被称为中心病株，灰梨孢在中心病株上产生的分生孢子又会随着风雨向周围的健康水稻植株传播。稻瘟病在水稻田中一传十、十传百，如此反复，最终会像癌细胞在人体中扩散一样，使得整个水稻田全部沦陷。该病害发生严重时，整块稻田甚至颗粒无收。

在我国，另外一种重要的主粮作物便是小麦了。小麦与水稻类似，在生长过程中面临着被各种病原菌危害的风险。对小麦危害最严重的是由禾谷镰刀菌引起的赤霉病。禾谷镰刀菌常于小麦扬花期进行侵染。这种病原菌在小麦穗部大量繁殖，并产生包括脱氧雪腐镰刀菌烯醇、雪腐镰刀菌烯醇、玉米赤霉烯酮等在内的多种会使人体致畸致癌的毒素。在过去的20年里，有9个年份的小麦赤霉病发生面积超过333万公顷，个别年份赤霉病发生面积甚至超过1000万公顷。

习近平总书记在看望参加全国政协十三届五次会议的农业界、社会福利和社会保障界委员并参加联组会时强调:"要未雨绸缪,始终绷紧粮食安全这根弦。"对于农业科技工作者而言,消灭两大主粮"癌症"成了首要任务。

二、筚路蓝缕,筛选抗稻瘟病新基因

在20世纪末的很长一段时间里,施用农药成为唯一防治稻瘟病的办法。深知农药会给人类和自然带来严重危害的科学家们积极参与到抗稻瘟病的水稻品种的培育中,而育成抗病品种的前提是找到抗病基因。抗病基因的挖掘绝非易事,目前仅在植物中分离出6种赋予植物对病原微生物的广谱抗性的基因。然而,其中大部分抗性基因都与不良的农业性状连锁。因此,必须挖掘出既抗稻瘟病又不影响农业性状的广谱抗病基因。

通过坚持不懈的研究,科学家们终于从"地谷"品种中挖掘出了对水稻产量性状没有明显影响的广谱抗性基因——*Bsr-d1*。该基因编码的转录因子通过调控过氧化氢降解酶的表达来实现对稻瘟病菌的抗性,构成了稻瘟病抗性的新机制。

从青年到中年,在这漫长的岁月河流中,有两个东西一直陪伴着科学家们,一个是水稻,另一个是初心。他们都拥有一个共识:科学是注重传承的,人的生命是短暂的。筚路蓝缕,以启山林。一路走来,每一代科学家都担负着自己的使命。

三、栉风沐雨,挖掘抗赤霉病主效基因

对于赤霉病这种世界范围内极具毁灭性且防治困难的真菌病害,培育与利用抗病品种是最佳选择。但是,受制于理论认知和技术水平,关于赤霉病的研究鲜有突破性进展。目前,国际上鉴定并命名的7个抗赤霉病主效基因也并非全部都有高效的抗病性,其中有些基因尽管有抗病性,但以牺牲产量为代价。更值得注意的是,禾谷镰刀菌产生的脱氧雪腐镰刀菌烯醇(又称呕吐毒素)严重污染食品和饲料,食用后可在人和哺乳动物体内逐渐积累,诱发免疫功能下降,引起人畜中毒。因此,小麦赤霉病严重威胁着我国的粮食安全。

科学家们经过20年的持续研究,从小麦近缘植物长穗偃麦草中发现了抗赤霉病主效基因*Fhb7*。从抗病基因初定位、精细定位,到图位克隆和抗病分子机制解析,最终成功将该基因转移至小麦品种,并明确了其在小麦抗病育种中的稳定抗性、应用价值及其对镰刀菌属病原菌的广谱抗性。令人感到惊喜的是,*Fhb7*基因还能有效分解呕吐毒素,产生解毒效应,这一特性有望在粮食加工中得到广泛应用。

目前,*Fhb7*基因已被广泛用于小麦赤霉病抗性的遗传改良。*Fhb7*基因在抗病育种领域的推广应用,得益于科学家们在田间地头、在实验室中夜以继日的辛勤付出。正是这种匠人精神,使我国农作物种质资源创新水平不断提升,为产业提质增效、国家粮食安全提供了重要保障。

四、捍卫粮食安全，植保人在路上

我国以占世界9%的耕地、6%的淡水资源，养育了世界近1/5的人口，从当年4亿人吃不饱到今天14亿多人吃得好，有力回答了“谁来养活中国”的问题。党的十八大以来，以习近平同志为核心的党中央把粮食安全作为治国理政的头等大事，提出了新粮食安全观，确立了国家粮食安全战略，引领推动了粮食安全理论创新、制度创新和实践创新，中国特色粮食安全之路越走越宽广。

捍卫国家粮食安全是每一个植保人的光荣使命。植物保护专业是研究农业生产过程中各种有害生物的发生为害规律及其综合治理方法的一级学科。长期以来，从事植物保护工作的科研人员和各级农业工作者们一直活跃在祖国大江南北，毫无保留地奉献着自己的汗水和智慧。每一个植保学子，都是“懂农业，爱农村，爱农民”的核心力量。

思政要点

1.保卫粮食安全，勇挑植保重担。习近平总书记强调，粮食问题不能只从经济上看，必须从政治上看，保障国家粮食安全是实现经济发展、社会稳定、国家安全的重要基础。解决好十几亿人口的吃饭问题，始终是我们党治国理政的头等大事。

植保学子要深刻认识到国家粮食安全的重要性，植保人的使命和社会责任以及所需的匠人精神。

2.具有甘于奉献、艰苦奋斗和迎难而上的勇气和毅力。习近平总书记强调，中国人的饭碗任何时候都要牢牢端在自己手中，饭碗主要装中国粮。

科学家们默默奉献、艰苦奋斗、迎难而上和坚忍不拔的精神引导着植保学子不断前进，再前进。

适用课程及章节

农业植物病理学课程的稻瘟病、赤霉病，植物免疫学课程的绪论、植物抗病基因。

参考文献

[1]李圣军.世界小麦产销格局及演变分析[J].粮食问题研究，2017(6):9-15.

[2]张爱民，阳文龙，李欣，等.小麦抗赤霉病研究现状与展望[J].遗传，2018,40(10):858-873.

（撰稿人：方安菲）

43

植物病理学的最强辅助

——技术创新和多学科交叉融合

作为我国国民经济基础产业，农业一直以来备受重视。多学科的交叉融合促进了农业技术的创新，加快了我国向现代化农业强国进军的步伐。

一、学科交叉，遗传学与生物信息学助力植物病理学发展

遗传学与生物信息学研究在现代农业的发展道路上开创了新的篇章，特别是在植物病理学领域。积极探索遗传学和生物信息学与植物病理学交叉融合的有效途径，能更好地激发创新活力，提升学科竞争力。

植物病理学领域中的突变体筛选、病原物致病性检测与抗性基因品种鉴定（“基因对基因”假说的应用）、基于抗病基因的分子育种等都是在遗传学的基础上发展而来的。对病原物遗传学的深入研究能够促进植物病害防治新方法的产生，例如可以针对特异病原菌基因的遗传方式、机制等研发一种新的靶向杀菌剂。

生物信息学包括大规模基因测序中的序列分析、未知基因的发现和鉴定、非编码区信息分析、物种系统发育分析、基因组比较研究、基因表达谱分析、蛋白质结构分析与分子设计，甚至还包括植物逆境胁迫和有害生物抗药性分析等。其应用领域现已广泛覆盖植物病理学的诸多研究领域。

由此可见，多学科交叉是现代植物病理学发展的趋势，是科技创新的源泉。

二、取长补短，基因组编辑技术打破作物遗传改良的技术瓶颈

传统的作物育种技术主要包括杂交育种和诱变育种。这两种改良作物遗传性状的育种技术往往伴随着时间周期长、经济成本高、人力投入大、不确定因素多等缺点。而令人欣喜的是，基因组编辑技术的加入打破了原有的育种瓶颈。

基因组编辑技术是一种在生物基因组水平上对某一DNA序列定点改造的分子技术，

在生物医学、遗传育种、性状改良等方面有着巨大的应用价值。目前，在作物遗传改良上应用的基因组编辑技术主要包括ZFNs、TALENs和CRISPR/Cas系统3种类型。其中，CRISPR/Cas9系统因操作更加简单和基因编辑效率高等优势，成为目前各国应用最广泛的编辑系统，在作物遗传改良过程中发挥了巨大的作用。

对于植物病理学家而言，抗病和抗逆性是极为重要的遗传性状。基于基因组编辑技术，目前我国在抗病性育种和抗逆性育种方面取得了较大的突破。如抗稻瘟病水稻、抗溃疡病柑橘、抗氯磺隆除草剂玉米、抗磺酰脲类除草剂水稻、抗旱玉米等，都是通过基因组编辑技术实现的。由此可见，基于基因组编辑技术的新型育种技术可以打破传统育种技术的瓶颈，提高具有优良性状品种的育种效率，为我国的现代农业科技带来前所未有的发展机遇。

三、推陈出新，创新思维，建立新型基因编辑系统

当前，科技创新能力越来越成为综合国力竞争的重要因素。在激烈的国际竞争面前，如果我们一味靠技术引进，缺乏自主创新，就难以摆脱技术落后的局面。

传统的基因编辑系统对调控DNA序列功能解析及应用仍有局限性，编辑系统在体内是否存在全基因组范围的脱靶作用仍然未知，亟待全面、系统评估。中国科学家们基于胞嘧啶脱氨以及碱基切除修复原理，创新性地将野生型化脓性链球菌Cas9与胞嘧啶脱氨酶、尿嘧啶糖基化酶以及无嘌呤嘧啶位点裂合酶组合，建立了新型的多核苷酸靶向删除系统，并在水稻和小麦基因组中实现了精准、可预测的多核苷酸删除。该系统具有高效、精准、可预测等优势，可为植物基因组调控DNA的功能研究及设计育种提供一个强有力的基因组编辑工具。

四、融会贯通，锐意进取，攻克“卡脖子”技术

近年来，我国农业科技整体水平提升，但与农业发达国家相比，仍然存在一些“卡脖子”技术。例如，很大一部分作物种子仍需要从国外进口，农业器械的核心零部件技术仍受制于国外，甚至我国大部分地区的农业面源污染修复技术需要照搬国外的方法。我国迫切需要相应的农业科技人才来攻克“卡脖子”技术，并且需要将其他基础学科应用于农业科学技术的研发过程中。农科与非农科专业的融会贯通，成为当今攻克农业科技“卡脖子”技术的重要途径。

思政要点

植保学子应做技术创新和多学科交叉融合的知农爱农新型人才。习近平总书记在给全国涉农高校的书记校长和专家代表的回信中指出:“中国现代化离不开农业农村现代化，农业农村现代化关键在科技、在人才。新时代,农村是充满希望的田野,是干事创业的广阔舞台,我国高等农林教育大有可为。希望你们继续以立德树人为根本,以强农兴农为己任,拿出更多科技成果,培养更多知农爱农新型人才,为推进农业农村现代化、确保国家粮食安全、提高亿万农民生活水平和思想道德素质、促进山水林田湖草系统治理,为打赢脱贫攻坚战、推进乡村全面振兴不断作出新的更大的贡献。”

适用课程及章节

普通植物病理学课程的寄主与病原物相互作用的遗传学,植物免疫学课程的植物抗病性遗传、保持品种抗病性的途径。

参考文献

[1]雷丹.高校生物信息学科研机构组织模式与科研热点研究[J].现代农业科技,2016(11):337-339.

[2]景岚,康振生,韩青梅.基因组学在植物病理学中的应用[J].西北农业学报,2004(4):63-68.

[3]王福军,赵开军.基因组编辑技术应用于作物遗传改良的进展与挑战[J].中国农业科学,2018,51(1):1-16.

[4]孙丽珍,周培,曹正伟,等.高校农业跨学科交叉研究的思考与实践[J].中国高校科技,2020(11):26-30.

（撰稿人:方安菲）

44

病毒肆虐民垂泪，协作抗病保民生

番茄斑萎病毒（TSWV）侵染番茄、辣椒等农作物后引起严重的病害症状，曾给我国蔬菜产业造成重大损失。着眼国家农业产业战略需要，我国多家科研单位协作攻关，为番茄斑萎病毒的有效防控和蔬菜产业的健康发展做出重要贡献。

一、番茄斑萎病毒流行，农业产业损失惨重

2008年，云南呈贡番茄仅售1分钱/公斤，但无人购买，菜农只能任由番茄烂在地里。经过调查发现，因番茄"病毒虫"的侵扰，番茄表面出现大面积黄斑，导致番茄市场销量急剧下降。看着辛苦种植了半年的番茄却换不来钱，村民伤心落泪。而番茄"病毒虫"正是西花蓟马，其所传播的引起番茄黄斑的病毒是番茄斑萎病毒。

斑萎病是一种毁灭性病害，对番茄和辣椒的危害极大，还危害烟草、马铃薯、莴苣和兰花等100多种常见的茄科、菊科等作物和花卉，具有突发性、暴发性、成灾性特点，一经发病，损失惨重。该病害最早于1915年在澳大利亚被发现，1930年确定由病毒引起，并将病原命名为番茄斑萎病毒。随后欧美许多国家也报道了番茄斑萎病毒的发生和危害，19世纪八九十年代该病暴发流行，给美国夏威夷、意大利等地的番茄、莴苣等作物生产造成毁灭性影响。我国最初对番茄斑萎病毒的报道是在广东和四川。2006年，我国将该病毒列入全国农业植物检疫性有害生物名录。近年来，随着地区间交流加强，该病毒在我国呈扩散趋势，在越来越多的地区和作物上发现了番茄斑萎病毒。2019年，番茄斑萎病毒在我国多地暴发流行，给番茄、辣椒、大蒜等作物造成了严重危害。

二、需求导向互补联合，服务产业协同攻关

该病害在我国发生流行后，我国多个科研单位联手为番茄斑萎病的防治贡献自己的力量。寻找抗性基因，选育抗病品种，是经济有效的防治途径。云南省烟草农业科学研究院

在番茄斑萎病抗性机制研究方面取得重要进展：首次克隆了野生烟草中的斑萎病抗性基因*RTSW*，并证明了TSWV的*NSm*基因是*RTSW*对应的无毒基因；建立了基于无毒基因的抗性鉴定体系，并在课题组的抗病基因克隆中得到应用，使抗性鉴定更加快速、简便和精准。

对病毒致病和植物抗性机制的研究是防治植物病害的重要基础。南京农业大学植物保护学院研究团队对番茄斑萎病毒进行了长达10年的持续攻关。该团队一直致力于建立番茄斑萎病毒的反向遗传学体系，在三届博士研究生的接力下，终于攻克了这一难题，成功建立了番茄斑萎病毒的反向遗传学体系。这是世界首个成功建立的植物多分体负链RNA病毒的反向遗传学体系，为番茄斑萎病毒侵染和致病机制的深入系统研究提供了重要支撑。同时，该团队针对番茄抗性基因*Sw-5b*对番茄斑萎病毒的广谱抗病机制开展了一系列研究，阐明了番茄免疫受体蛋白Sw-5b对番茄斑萎病毒的广谱抗性机制，同时也向植物免疫研究领域提供了植物NLR类免疫受体蛋白通过识别病原物一段保守的肽段来发挥广谱抗性的第一个实例。

使用诱导剂提高植物抗病性是一种有潜力的植物病毒病害防治手段。为了在生产中防治番茄斑萎病毒，我国科学家在植物诱抗剂的筛选上进行了有意义的探索。云南省农业科学院生物技术与种质资源研究所研究团队从南美蟛蜞菊中筛选出一种贝壳杉烯酸。贝壳杉烯酸对TSWV的防治作用高于宁南霉素。从肿柄菊中分离出多种对TSWV具有抑制活性的倍半萜类化合物，其中3-丙酮基-3-羟基羟吲哚的防效可达到约80%，具有开发成为防控番茄斑萎病毒的植物源抗病毒剂的潜力。

为推动番茄斑萎病毒研究协同攻关，我国科学家积极组织和参与蓟马与番茄斑萎病毒属病毒国际研讨会。2019年，由国际蓟马与番茄斑萎病毒属病毒组委会主办、南京农业大学与云南省农业科学院联合承办的“第十一届蓟马与番茄斑萎病病毒属国际研讨会”在昆明举行。这届研讨会围绕番茄斑萎病毒属病毒分子生物学，蓟马生物学与系统分类学，病毒—介体—寄主互作（包括植物防御与病毒反防御），蓟马生态学与行为学，病毒的发生、遗传和多样性，抗病毒与抗蓟马作物品种培育，病害流行学与病害综合防控策略，蓟马综合防控等与病毒病发生流行相关的多个议题，展开了讨论和深入交流。这届研讨会对于番茄斑萎病毒的协同研究和综合防控具有重要意义。

我国植保科学家针对农业生产中的重要病害，协同攻关，从不同的角度对病害开展研究，并积极组织和参与针对性强的学术交流活动，为保住农民的菜篮子做出了重要贡献。

思政要点

1. 推动科技创新协作。习近平总书记多次强调推动全球科技创新协作的重要性。我国科研团队开展科研协作，为防控番茄斑萎病毒做出重要贡献。

2. 厚植大国"三农"情怀。植物保护学是一门应用学科，我们在从事科研工作时必须面向生产实际，时刻了解农业生产中所面临的重大问题，站在维护国家利益、促进农业发展和农民增收的角度来思考问题，以强农兴农为己任，服务于国家战略需求。

适用课程及章节

普通植物病理学课程的植物病毒、农业植物病理学课程的蔬菜病害、植物病毒学课程。

参考文献

[1]陈永对，张洁，吴阔，等．植物源天然产物AHO对番茄斑萎病毒属病毒病的田间防效[J]. 南方农业学报，2014，45(12)：2167-2171.

[2]方力，任晓刚．推动全球科技创新协作[J]. 中国集体经济，2021(36)：5-8.

（撰稿人：李明骏）

45 “跨界打靶”成功狙击棉花黄萎病

我国植棉历史悠久，棉花从无到有、从少到多，如今已发展成为世界产棉大国。棉花是我国种植业生产中产业链最长的大田经济作物，其商品率高达95%以上。

一、击退棉铃虫，黄萎病乘虚而入

近几十年，我国抗虫棉花品种和优质种质资源等不断丰富，棉花产量、质量及产能显著提升。尤其是我国科学家自主研发创造出单价基因抗虫棉、双价基因抗虫棉和转抗虫基因三系杂交棉，有效控制了棉铃虫、红铃虫等虫害暴发，农药使用量明显减少，经济效益显著提高。但新型棉花病害棉花黄萎病迅速进化，成为我国棉花生产中的新型破坏性病害之一。棉花黄萎病是由真菌大丽轮枝菌引起的在棉花种子与土壤之间传播的土传性病害，广泛分布于世界各地的棉花产区。大丽轮枝菌寄主范围广、传播途径多样，能以休眠体—微菌核的形式在土壤中长期存活并保持侵染能力。微菌核是耐受性极高的休眠结构，一般隐藏在土壤下面，可耐受零下40摄氏度到40摄氏度的极端环境，待外界环境适宜，迅速萌发，侵染棉花根系，在棉花维管束组织内迅速繁殖并产生大量孢子，通过孢子在棉花体内扩散至棉花茎、叶、花等各个部分，致其发病。病株或枯死棉花体内的棉花黄萎病菌又可以在病株残体或土壤中存活，形成的“病土”在下一年继续侵染棉株。因此，棉花黄萎病防治困难，被称为棉花的“癌症”。我国每年因棉花黄萎病导致十几亿美元的经济损失。

2016年5月30日，习近平总书记在全国科技创新大会、中国科学院第十八次院士大会和中国工程院第十三次院士大会、中国科学技术协会第九次全国代表大会上的讲话中提出：“加强科技供给，服务经济社会发展主战场。‘穷理以致其知，反躬以践其实。’科学研究既要追求知识和真理，也要服务于经济社会发展和广大人民群众。广大科技工作者要把论文写在祖国的大地上，把科技成果应用在实现现代化的伟大事业中。”中科院微生物所的研究员们积极响应习近平总书记的号召，赴新疆实地调研，挑战棉花黄萎病，与它死磕到底。

二、RNAi(RNA干扰)为防控棉花黄萎病打开希望之门

RNA干扰是指由双链RNA诱发的、同源mRNA被高效特异性降解导致基因沉默的现象。早在1990年,科学家们在研究矮牵牛花颜色时就观察到基因沉默的现象,科学家们原本想通过控制矮牵牛花中色素积累的基因在紫色矮牵牛花中过量表达,获得颜色更深的矮牵牛,却发现不但没获得深紫色的矮牵牛,反而出现的是白色或者白紫色的嵌合体,因此推测该外源基因的转入抑制了植物中内源基因的表达。紧接着,科学家们发现真菌、果蝇、线虫等许多生物中都存在此种现象。随后,科学家们阐明和解析了该基因沉默现象的原因是外源双链RNA片段(约20个核苷酸)特异诱发内源同源mRNA被降解引起的。RNAi给基因功能研究、生物学和医学研究带来了技术革新和重大影响。2002年,英国《自然》杂志将RNAi评为年度重大科技成果之一。RNAi在植物领域的研究主要集中在植物抗病毒研究方面,因大多病毒的遗传物质是RNA,且植物病毒病也是重要的农作物病害之一。我国科学家另辟蹊径,结合团队在研究植物—病毒互作过程中积累的重要理论,提出是否可通过RNAi改造大丽轮枝菌以降低其致病性,进而控制棉花黄萎病。但棉花的sRNA能否跨界进入真菌大丽轮枝菌仍是未知数。我国研究团队围绕该科学问题潜心研究,于2016年在国际顶级期刊*Nature Plants*上发表文章"Cotton plants export microRNAs to inhibit virulence gene expression in a fungal pathogen"。这是国际上首次报道sRNA可以跨越植物与微生物的界限,自主转运进入病原菌体内并降解病原菌的致病基因,从而降低病原菌致病性。首次证明植物—真菌跨界sRNA介导的基因沉默是植物的抗病新途径之一。以此为切入点,该研究团队深入研发跨界打靶的技术,找到负责真菌侵染致病的RNA,人工制造针对真菌RNA的小RNA并转入棉花,病原菌侵染该棉花时,这些小RNA对病原菌进行定点精准打靶,最终战胜病原菌。这些理论成果陆续发表在*Nature Plants*、*Molecular Plants*上。更重要的是,该研究团队结合理论基础研究,研发出具有跨界打靶能力的RNAi陆地棉种质资源,实现了抗黄萎病的棉花种质创新。通过多年、多点抗性鉴定,最终选育出具有完全自主知识产权的高抗黄萎病早熟RNAi陆地棉新品种。

思政要点

1.谨记服务人民。贯彻落实习近平总书记在科学家座谈会上的重要讲话精神,胸怀祖国、服务人民,不计名利、敢于创造,肩负起历史赋予的科技创新重任。为攻克棉花黄萎病,科研工作者勇挑大梁,取得的研究成果不仅受到了国际学界的广泛认可,更是响应了习近平总书记的号召。时刻关心和谨记农民需求,是推动植保领域科学研究的动力,也是植保

工作者的本心。

2. 将科学研究成果应用于农业生产。科研工作不仅要探索未知的自然奥秘，更要立足人民需求，将最新的研究成果应用到实践中，破解生产难题，为社会服务。RNAi在植物领域的研究主要集中在植物抗病毒研究方向，我国科学家另辟蹊径，将其成功应用于棉花黄萎病防治。

适用课程及章节

普通植物病理学课程的植物病原菌物、植物病毒。

参考文献

[1]我国科学家攻克棉花"癌症"[J]. 种业导刊，2013(11):38.

（撰稿人：孙新华）

46 植物抗病小体燃爆世界植物免疫研究

植物长期在自然环境中与微生物共生共进化，而病原菌与植物之间此消彼长、攻防博弈。植物细胞膜上的模式识别受体（PRR）是植物防御反应的第一道防线，模式识别受体能感知病原微生物的保守分子，从而激活植物免疫系统。但狡猾的病原微生物也进化出效应子毒性蛋白，效应子特异性破坏模式识别受体激活的植物防御第一道防线，进而攻击植物。高明的植物又进化出细胞内抗病受体蛋白NLR特异性识别病原菌中的效应子来激发植物的第二道防线。了解抗病NLR激发植物免疫的机理，是提升植物自身免疫力的理论前提，也是世界植物免疫研究的前沿与热点。

一、植物大战病菌：诱饵很关键

我国科学家发现，植物的抗病NLR会和诱饵蛋白协作，合伙诱骗病原菌，进而激活高效强力的植物防御反应。2012年至2015年，中科院遗传所研究团队发现，野油菜黄单胞菌野油菜致病变种菌侵染拟南芥时，通过分泌毒性效应子蛋白AvrAC修饰植物免疫应答的关键组分激酶BIK1和RIPK来抑制植物免疫反应，以帮助其入侵寄主。而聪明的植物则利用BIK1的同源蛋白PBL2诱骗细菌的毒性效应子蛋白AvrAC对PBL2进行修饰。重要的是，AvrAC对PBL2的修饰会激活植物NLR蛋白ZAR1与蛋白激酶RKS1受体复合物，进而激活免疫应答。证明效应子AvrAC对PBL2的修饰对病原菌致病毫无帮助，但植物则把效应子AvrAC对PBL2的修饰作为病原菌入侵的信号，激活植物免疫防御系统。因此，PBL2发挥“诱饵”功能，使得植物能够特异识别病原菌侵染并激活免疫应答，迅速清除病原菌。这些研究揭示了病原菌与植物之间令人惊叹的攻防博弈策略，建立了植物与效应子蛋白AvrAC互作过程中的完整信号通路，提出了植物与病原菌之间攻防的“诱饵模型”。根据“诱饵模型”，病原菌效应子蛋白修饰破坏“诱饵”蛋白时，会引起抗病NLR蛋白ZAR1与蛋白激酶RKS1受体复合物构象发生一系列改变，成为激活状态的抗病NLR进而激活免疫反应。但该过程中抗病NLR如何被激活、激活态的抗病NLR是什么构象，则需要从蛋白结构中去寻找答案。

二、揭开抗病小体神秘面纱

中国是农业病虫害发生最为严重的国家之一，为了控制病虫害的发生，中国农药施用量占到了全球总量的1/3，带来严重的生态环境和食品安全问题。减少农药使用，发展绿色农业的“钥匙”之一是提高植物自身的免疫力。要想提升植物自身的免疫力，首先需要了解抗病NLR激发植物免疫的机理。科学家已经发现，NLR蛋白是监测调控植物病虫害反应的核心力量，尤其是植物与病原菌之间攻防的“诱饵模型”更是加深了人们对植物免疫机制的了解。接下来，运用结构学解析抗病NLR结构，既可以揭示抗病NLR的工作原理，又可以深入了解植物与病原菌之间攻防的“诱饵模型”。更重要的是，通过解析NLR结构，科学家可以解密如何管控抗病NLR激发的植物免疫，为设计广谱持久的新型抗病蛋白提供理论基础。

NLR蛋白因构成复杂、分子量大、构象多变等导致解析其结构成为世界难题。清华大学的科研工作者和中科院遗传所的科研工作者长期合作，一直主攻该方向。通过建立强有力的实验生物学体系、技术支撑和理论基础，研究团队终于于2019年成功组装了抗病NLR ZAR1激活态与抑制态的复合物结构，揭示效应子蛋白AvrAC激活抗病NLR蛋白ZAR1后，抗病NLR蛋白ZAR1组装成含3个亚基共15个蛋白的环状五聚抗病小体。研究成果分别以两篇研究长文（research article）的形式，于2019年发表在国际权威学术期刊*Science*上。这是世界上首次报道植物抗病小体，揭示了抗病小体在细胞质膜上发出自杀指令，执行细胞死亡和免疫调控，为研究其他抗病蛋白提供了范本。2021年，研究团队在国际顶级期刊*Cell*上发表文章“The ZAR1 resistosome is a calcium-permeable channel triggering plant immune signaling”，进一步阐明了ZAR1抗病小体可直接插入植物细胞膜，作为钙离子通道，激活免疫反应。这些重要发现不仅改变了学界对抗病蛋白触发细胞死亡的认知，更为利用抗病NLR蛋白，设计广谱持久的新型抗病蛋白、精准防控病害、发展绿色农业奠定了核心基础。

思政要点

学习中国科学家的创新精神、科学家精神。习近平总书记在科学家座谈会上指出：“科学成就离不开精神支撑。科学家精神是科技工作者在长期科学实践中积累的宝贵精神财富。”中国科学家集智攻关引领世界植物免疫学研究，为研究其他抗病蛋白提供了范本，体现了中国科学家的科学自信和创造力。

适用课程及章节

普通植物病理学课程的植物抗病性、植物病原菌物。

参考文献

[1]我国科学家发现植物抗病小体[J].农业科技与信息，2019(9):58.

[2]夏石头，李昕.开启防御之门:植物抗病小体[J].植物学报，2019,54(3):288-292.

（撰稿人：孙新华）

47 植物病害治理走向智能化

进入21世纪,人工智能(Artificial Intelligence,简称AI)在社会生产管理各领域广泛应用。它节约了人力,提高了生产效率,把人们从烦琐沉重又耗时耗力的劳动中解放出来。用好AI技术,可以促进我国社会主义现代化建设,推进中华民族伟大复兴。

一、植物病害智能化管理系统

农作物病害智能化管理系统,主要利用物联网技术、模式识别、数据挖掘和专家系统技术,实现对设施农业病害的实时监控和有效控制。平台一般包括物联网数据采集监测设备、智能化云计算平台、专家服务平台、系统管理员和服务终端五大部分。AI技术不仅可以监测病害,而且可以做到精准施药、保护病害天敌,为绿色农业、精准农业、智慧农业提供服务。AI小程序线上识别功能,让农户仅凭一部手机就可以体验人工智能时代的便捷与精准。通过AI小程序扫描农作物,农户可以在第一时间获得线上植保专家给出的专业防治建议,快速、高效采取病害防治措施,减少损失。

河南省农科院植保所在济源市王屋山上的一处蔬菜育种基地中安装了智能病虫害监测系统。该系统由虫情信息自动采集分析系统、孢子信息自动捕捉培养系统、远程小气候信息采集系统、病虫害远程监控设备、害虫性诱智能测报系统等设备组成,可自动完成虫情信息、病菌孢子信息、农林气象信息的图像及数据采集,并自动上传至云服务器,对作物进行远程监测与诊断,提供智能化、自动化管理决策,是农业技术人员管理农业生产的"千里眼"和"听诊器"。

二、植物病害智能化管理实例

计算机视觉识别技术被应用于植物病害的诊断和识别:通过处理大量的病害图像,提取信息特征数据,运用神经网络模型,对农林业病害进行智能诊断。如中国工程院陈剑平研发的“慧植农当家”手机终端App，用手机拍照后仅需2秒即可识别病虫害。该识别系统覆盖15个科属，涵盖粮食、蔬菜、果树及其他经济作物在内的52种作物，1368种病虫草及天敌，其中病害675种，害虫及危害状639种，杂草39种，天敌15种。将特异性红外光谱的遥感探头装入无人机，可实现田间病害发生动态的智能化诊断与监测，实时发布测报预警信息，便于人们及时采取必要的病害防控措施。利用接种病菌植物叶片的荧光图像信息分析荧光特性参数与病害侵染间的关联性，可进行病害监测及早期预警。

东北大豆叶部病斑智能诊断技术，通过自适应遗传神经网络模型，设计像素点归属决策推理系统，识别出的病斑区域图像能够满足病害诊断需要；通过病斑区域彩色图像和特征提取算法，进行几何、颜色和纹理特征计算，推算出病斑区域面积、周长、复杂性、球状性、重心、长短轴比、平均变动系数、平均灰度、光滑度、三阶矩、一致性、熵值和分形维数等，为大豆叶部病害诊断分类提供最佳识别基础；根据量子神经网络，给出参数学习算法，建立大豆叶部病害诊断模型，设计大豆叶部病害无损智能诊断算法及流程；通过构建基于物联网的大豆病害智能诊断系统，开发出大豆叶部病害远程诊断系统软件，其诊断准确率达96.6%，能够满足生产实际要求。

现代化日光温室引入物联网技术，实现了温室水肥、光热、控温、控湿的全程自动化管理，定向调节适宜农作物病害发生的环境条件，从而达到温室控病、提升产量品质的目标。植保无人机智能化飞防技术正被广泛应用于我国农林业病害防治。无人机飞防具有规模化、高效率、低容量、超雾化、高密度精准施药、病害防控效果好等优点，可以极大地降低人力成本，减少跑冒滴漏引起的农药残留和药害。

据统计，近5年我国农作物病虫害年均发生面积65亿亩次、防治面积80亿亩次，经病虫害有效防治，每年挽回粮食产量损失2000亿斤左右，占粮食总产量的1/6。2020年5月1日起施行的《农作物病虫害防治条例》提出，国家鼓励和支持开展农作物病虫害防治科技创新、成果转化和依法推广应用，普及应用信息技术、生物技术，推进农作物病虫害防治的智能化、专业化、绿色化。中国工程院院士、中国农业科学院院长吴孔明等专家认为，《农作物病虫害防治条例》的实施必将催生病虫害防治智能化热潮。

三、植物病虫害智能化防控面临的技术挑战

我国在防治病害的智能化方面，虽然已经起步多年，但面临不少技术挑战。如病害的雷达监测系统没有成网，针对性强的传感器还待研发。特别是在病害数据的及时采集、更新、预报、预防等方面，还面临艰巨的任务。对农业生产造成严重威胁的重大病虫害，往往具有流行性和暴发性，如跨区域气流传播的小麦条锈病等。这些病虫害的数据都需要时时采集，而目前的传感器和雷达系统还做不到。在病虫害分类方面，也需要科学确定指标依

据。中国工程院院士、西北农林科技大学康振生教授指出，我国有常见农业害虫739种、病害775种、杂草109种、鼠害42种，而且病虫害种类也不断有新变化。中国农业科学院植物保护研究所前所长周雪平指出，在监测病虫害发生种类、时间、范围、程度方面，需要海量的数据收集、分类工作。近年来，随着国际农业贸易的增长和人员往来逐渐频繁，国外多种农作物病害入侵我国并造成危害。对这些流行性重大病害的溯源分析、监测预警、防控技术研究等，也是亟待应对的挑战。

思政要点

1. 科技交叉发力，事业融通发展，加速推动我国植物保护现代化。

2. 农业是我国国民经济的基础。中国现代化离不开农业现代化，农业现代化关键在科技、在人才。

3. 从中华民族伟大复兴的进程看，建设智慧农业是实现国家现代化的有力支撑。

适用课程及章节

农业植物病理学课程的植物病害防治。

参考文献

[1]金宝石. 基于图像的大豆叶部病害智能诊断关键技术研究[D]. 大庆：黑龙江八一农垦大学，2012.

（撰稿人：陈国康）

48 植物干细胞广谱抗病性解茎尖无毒之谜

植物病毒病害在农业生产中是仅次于真菌病害的第二大病害，严重影响作物产量和品质，威胁全球粮食安全。针对病毒病害的防控，目前尚无有效的农药或化学制剂。而茎尖脱毒是一项适用作物范围广，能够清除植物体内多种病毒的生物技术，具有广谱抗病毒的特点，在种苗生产中被广泛应用。茎尖脱毒技术的生物学基础是植物茎顶端分生组织病毒含量少，甚至没有病毒，但其机制一直是未解之谜。

一、神奇的"茎尖脱毒"

植物病毒作为植物的一类病原物，可引起许多严重的病害，不同程度地影响着植物的生长、发育，给世界各地造成了重大损失，对人类的生存和发展造成了很大影响。如1951—1960年，大麦黄矮病毒造成美国6000多万美元的损失；1978年，该病毒在加拿大的大发生使曼尼托巴地区损失16700万美元。植物病毒造成的危害同样使我国农业生产损失巨大。如21世纪初，水稻条纹叶枯病在我国江苏、安徽、山东、河南和云南等地暴发流行，2004年，仅江苏一省的发病面积近160万公顷，约占该省水稻种植总面积的80%。迄今为止，还难以通过某一项具体措施将某种病毒病害彻底控制。因此，针对植物病毒病害的发生流行特点，应根据社会条件及生态因素等，采取综合措施，特别是生态措施，以拒绝与铲除毒源、选用免疫或抗病品种和选用无病毒的种植材料为主，辅以栽培措施等。当前，国内外研究与防治的热点包括无病毒种苗的生产、抗病育种、抗病制剂的开发等。

20世纪50年代，人们发现切取感染病毒植株的茎尖，并对其进行连续几轮的组织培养后，新生植株不再携带病毒。茎尖脱毒技术被广泛应用于农业生产以获得脱毒苗，并在蔬菜、果树、花卉等作物中大面积推广应用。茎尖脱毒主要是利用茎尖生长点分生组织不带病毒的特点，切取生长点组织，通过组织培养获得无病毒植株。植物病毒种类繁多，目前已鉴定的植物病毒约有1500种，寄主广泛，且一种寄主植物可受到多种病毒的危害。而茎尖脱毒技术并不局限于某种或某些寄主或病毒，可应用于大多数植物，清除大多数甚至全部病毒，生产无病毒种苗。

二、植物干细胞的广谱抗病机制揭开“茎尖脱毒”的神秘面纱

茎尖脱毒技术已在无病毒种苗生产中应用了70年，为农业健康发展，尤其是多年生木本植物和营养繁殖作物的生产做出了重大贡献。但是，植物茎尖分生组织为什么能够抵御病毒？茎尖脱毒技术为什么能适用于不同植物抵抗病毒？茎尖脱毒技术为什么能脱除很多不同类型的病毒？伴随着茎尖脱毒技术在农业生产中的广泛应用，其背后所隐藏的分子机理同样困扰了植物病毒学界70年之久。针对这一长期悬而未决的科学问题，中国科学技术大学研究团队以植物茎尖组织中的植物干细胞为切入点，另辟蹊径，通过发育生物学与植物病毒学交叉研究，开展理论原始创新，历经8年潜心研究，最终揭开了“茎尖脱毒”的神秘面纱。2020年，中国科学技术大学研究团队在国际顶级学术期刊*Science*上发表文章“WUSCHEL triggers innate antiviral immunity in plant stem cells”，揭示了植物茎尖干细胞抵御病毒侵染的分子机制。该研究团队发现WUSCHEL（WUS）是一个存在于植物干细胞中的关键抗病毒蛋白，首次在植物广谱病毒抗性和分生组织维持机制之间建立了精确的分子联系，回答了为什么大部分植物病毒不能侵染植物顶端分生组织这一长期未决的生物学问题。研究人员还通过实验证实WUS蛋白可以抵御黄瓜花叶病毒、芜菁皱缩病毒、烟草脆裂病毒和芜菁花叶病毒等多种病毒的侵染，说明WUS蛋白介导的干细胞病毒免疫具有广谱性，为通过茎尖脱毒技术脱除多种病毒提供了依据。那么，为什么WUS蛋白能够抵御病毒侵染，并且对于不同种类的病毒具有广谱抗性呢？植物干细胞中的WUS能够抑制植物体内的蛋白质合成系统，导致病毒进入植物细胞后无法利用植物体内的合成系统来合成自己的蛋白质，无法完成增殖和扩散，进而起到抑制病毒侵染的作用。而WUS是植物干细胞内一个非常保守的蛋白，在低等植物到高等植物中普遍存在，这就解释了茎尖脱毒技术为什么可以应用于大多数植物。该研究不仅回答了为什么可以通过茎尖脱毒获得无毒种苗的科学问题，也为未来作物抗病毒防治提供了新的技术策略，可能为解决全球粮食稳产问题带来新曙光。同行专家高度评价道：“此研究解决了一个长期存在且备受关注的问题，是植物病理学和植物发育领域的一个开创性研究。”

思政要点

深入学习领会习近平总书记关于科技创新重要论述的科学内涵与时代特征，坚定创新

自信，紧抓创新机遇，勇攀科技高峰，自觉肩负起光荣历史使命，为加快建设科技强国、实现高水平科技自立自强贡献力量。

适用课程及章节

普通植物病理学课程的植物病毒、植物病毒学课程的病害防控。

参考文献

[1]许志刚，胡白石．普通植物病理学[M]．北京：高等教育出版社，2021.

[2]谢联辉，林奇英．植物病毒学[M]．北京：中国农业出版社，2011.

[3]谢联辉．植物病原病毒学[M]．北京：中国农业出版社，2022.

（撰稿人：李明骏）

49 推广无毒苗木，助力绿色植保

我国地域辽阔，自然生态系统类型丰富，果树种质资源极其丰富，种类多达500余种，是世界果树发源中心之一。其中，柑橘产业具有良好的经济效益、社会效益和生态效益，在推动我国农村经济、社会发展和促进农民增收、生态文明建设中发挥着十分重要的作用。而病毒成为严重影响我国柑橘产业可持续发展和果品商品价值的重要因素。由于病毒具有潜隐性、复合侵染率高、危害周期长等特点，且目前尚无有效防治病毒的药剂，人们对柑橘病毒病的控制主要是利用无毒苗木来进行的。

一、我国柑橘栽培历史悠久，种质资源丰富

柑橘在世界水果生产中有着举足轻重的地位，是世界第一大类水果，也是世界第三大贸易农产品。我国是柑橘原产地之一，拥有丰富的柑橘种质资源，有4000多年的栽培柑橘历史，在《尚书·禹贡》《周礼·冬官·考工记》《吕氏春秋》中均有记载。柑橘在我国分布甚广，南起海南三亚，北至陕、甘、豫，东起台湾，西到西藏的雅鲁藏布江河谷，是我国福建、江西、广东、广西等14个南方省份部分地区农民重要的经济来源。根据国家统计局数据，2020年我国柑橘种植面积和产量均占全球1/3，均居世界首位。柑橘已成为我国第一大类水果，在农业生产中占有重要的地位。

二、柑橘无毒苗木繁育体系建立

柑橘生产常年受到病虫害的侵扰，病虫害制约着我国柑橘的产量和品质提升。据记载，全球有300多种柑橘病害，我国有150余种，发生普遍且为害较为严重的约有30种，按病原可分为四大类病害：真菌类、细菌类、病毒及类病毒类和线虫类。柑橘病害以预防为主，针对柑橘黄龙病、柑橘溃疡病及柑橘病毒病等，首先要采用脱毒苗或脱毒接穗，从源头上控制病害。

欧美等发达国家已经建立了完整的柑橘良种无病毒苗木体系，在生产上普遍采用柑橘良种无病毒壮苗。柑橘苗木的繁育是一项十分重要的基础工作，是建立优质果园的先决条件。研究者认为，柑橘栽培无病毒化以及适应市场需求调整品种结构和良种更新是现代柑橘产业发展的重要特征。根据文献记载，20世纪60—70年代，我国开始推广应用无性繁殖的方式生产柑橘嫁接苗。改革开放后，我国科研工作者和柑橘生产者逐渐引进、消化、吸收国外先进的育苗方式和技术，采用集约化育苗方式生产无病毒优质良种苗木。中国农业科学院柑橘研究所周常勇研究员编写的《中国果树科学与实践：柑橘》中记载，2000年，农业部启动了种苗工程；2002年，农业部整体规划柑橘产业向最适生态区的3条优势带和特色基地集中；2007年，农业部再度编制布局规划，增设了1条优势带。

长期的田间实践证明，优质良种无病毒苗木已逐渐在我国柑橘生产中显现出巨大作用，且种苗繁育等工程技术的转化不断得到强化。为保持品种改良的可持续性，2002年，农业部在中国农业科学院柑橘研究所和华中农业大学分别投资建设了“国家柑橘品种改良中心”和“国家柑橘育种中心”，随后又在湖南农业大学和浙江省农业科学院柑橘研究所分别投资建设了“国家柑橘品种改良中心长沙分中心”和“国家柑橘品种改良中心浙江分中心”；2007年，科技部依托中国农业科学院柑橘研究所和重庆三峡建设集团，建设了“国家柑橘工程技术研究中心”；2014年，科技部依托赣南师范大学和江西绿萌科技控股有限公司建设了“国家脐橙工程技术研究中心”。2006年，我国制定了两个行业标准，即《柑橘苗木脱毒技术规范》和《柑橘无病毒苗木繁育规程》。经过不断努力，华中农业大学邓秀新院士团队完成的“柑橘优异种质资源发掘、创新与新品种选育和推广”获得2006年度国家科技进步奖二等奖；西南大学柑橘研究所周常勇研究员等人完成的“柑橘良种无病毒三级繁育体系构建与应用”获得2012年度国家科技进步奖二等奖。

三、无毒苗木繁育任重道远

无毒柑橘苗木的推广应用，使柑橘产业取得了显著的经济、社会、生态效益。但苗木监管面临的形势依然严峻，是一项长期而艰巨的任务。《中华人民共和国种子法》规定农户自繁自育苗木属合法行为，但工商等城市资本的介入，造成了新品种发展热而苗木质量低的局面，苗木监管时常失控。柑橘黄龙病和溃疡病等检疫性病害历来是柑橘生产的大敌，在我国南方各柑橘主产区普遍发生，严重影响了柑橘产业的健康发展。而我国部分地方柑橘苗木生产和调动以及果品销售状况仍比较混乱，给黄龙病和溃疡病的防控带来了更大困难。同时，很多果农对检疫性病害的危害性认识不足，难以接受伐灭病树。由于苗期感病性高、苗木流动性强，病虫害随苗木传播的风险大，因此，在苗木繁育过程中的安全性问题必须引起高度重视，有必要在苗木繁育场(中心)建立检疫性病虫害预警系统，严格防止检疫性病虫害随苗木传播。

思政要点

习近平总书记在党的十九大报告中提出了乡村振兴战略,并强调,要坚持农业农村优先发展,按照产业兴旺、生态宜居、乡风文明、治理有效、生活富裕的总要求,建立健全城乡融合发展体制机制和政策体系,加快推进农业农村现代化。

我国虽是世界第一果品生产大国,但还不是果业强国,果树产业发展正处在由"规模扩张型"向"质量效益型"转变的重要时期,产业升级任务艰巨。在确保粮食安全的前提下发展现代果树产业,促进果业持续健康发展,是我国植保工作者和果树科技工作者的重要使命。

适用课程及章节

普通植物病理学课程的植物病害的诊断与防治、农业植物病理学课程的果树病害。

参考文献

[1]周开隆,叶荫民.中国果树志·柑橘卷[M].北京:中国林业出版社,2010.

[2]邓秀新.国内外柑橘产业发展趋势与柑橘优势区域规划[J].广西园艺,2004,15(4):6-10.

[3]张玉,赵玉,祁春节.中国柑橘产业可持续发展制约因素与对策[J].中国热带农业,2007(5):10-11.

[4]周常勇,赵学源.柑桔良种无病毒苗木繁育体系建设[J].广西园艺,2004,15(4):11-17.

[5]李太盛,周常勇,陈洪明.苗床柑桔脱毒苗的培育技术研究[J].中国南方果树,2010,39(3):23-24.

[6]李太盛,李中安,周常勇.重庆市柑桔苗木设施培育技术[J].种子,2011,30(3):124-126.

(撰稿人:吴根土)

50

知己知彼，百战不殆

——水稻病毒病流行与防控研究的启示

我国是水稻的原产地，水稻栽培历史悠久、分布范围广阔、种质资源丰富。2020年数据显示，我国常年种植水稻面积占全世界水稻面积的20%，产量多年保持在2亿吨以上，占全世界大米总产量的近40%。不断提高水稻生产水平，加强病虫害防控能力，增加稻谷产量，对确保我国粮食安全具有十分重要的意义。

一、水稻病毒持续为害，造成水稻减产

水稻病毒病害不同于一些常发性病害，其发生流行更具突发性，往往会给水稻生产造成毁灭性损失，危及粮食安全，甚至引起饥荒。1877—1887年，发生在日本冈山、滋贺和京都等地的水稻矮缩病，造成饥荒，饿死1万多人，其病原为水稻矮缩病毒。该病毒由电光叶蝉传播，是能通过介体昆虫经卵传播的植物病毒。中国最早报道的水稻病毒病也是水稻矮缩病，于1960年在我国台湾屏东暴发，损失稻谷2万吨；于1962—1982年先后在我国西南、华南、华东地区和中南的一些地区多次流行，使水稻减产50%以上。水稻条纹叶枯病，由水稻条纹病毒引起，病毒传播介体为灰飞虱。1997—2001年的调查表明，在云南、江苏、上海、山东、北京、辽宁等地常有发生，严重时导致水稻颗粒无收，给水稻生产造成严重损失。2000年以来，水稻条纹病毒在我国长江流域水稻种植区造成30%—40%的减产。如2004—2005年间，江苏省每年发病面积达170万公顷，部分田块绝收，损失严重；2003—2006年间，研究者们发现水稻条纹病在浙江的发生面积不断扩大，水稻产量损失不断加重。因此，弄清病害流行规律，揭示病害成灾机理，十分必要。

二、科学家齐心协力摸清水稻病毒流行规律

我国科研工作者持续对水稻病毒病开展研究。例如，谢联辉院士等人著的《水稻病毒》中记载：1964年8—9月，由陈鸿逵、王鸣岐教授等8人组成的调查组，对江苏、浙江、上海等

地进行了实地考察。通过调查发现，水稻矮缩病的发生、发展和流行，既与品种抗病性有关，也受环境条件，尤其是栽培条件的影响，并注意到病害的发生流行与昆虫及杂草、寄主有密切关系。该调查组在全面考察的基础上提出了水稻病毒病的流行条件。范怀忠教授参与了该调查组的第二次调查，对广东有代表性的水稻黄矮病发病区进行了考察，初步查明了该病的分布情况，其传染与叶蝉、中间寄主、发病条件及群众的防治经验有关，并据此提出了有关防治和试验研究方面的建议。第三次调查是中国植物保护学会在国家科学技术委员会(现为科学技术部)、中国科学技术协会及农业部的支持下，组织考察团，裘维蕃、朱凤美等专家赴浙江、广东、广西三地实地考察，认为广东、广西暴发的水稻黄矮病主要是由黑尾叶蝉传播的，浙江水稻上发生的有黑条矮缩病、条纹叶枯病及普通矮缩病，并提出应探究这些病毒病的来龙去脉，找出其发生发展规律，制订出经济有效的防治措施。以上三次调查提出的有关建议，对中国水稻病毒病的研究和防控有很大的推动作用和指导意义。

在自然界中，植物病毒的侵染、增殖、发病和流行，与寄主植物、传播介体、环境条件有密切的关系。例如，被水稻条纹病毒侵染后细胞叶绿体解体，细胞核变大，影响水稻光合作用；水稻条纹病毒既能侵染禾本科植物，又能在昆虫体内复制与增殖，且经卵传播，雌虫传毒效率比雄虫高。我国从20世纪70年代起就开展了对水稻病毒监测预警的研究，并取得了一些成果。其中较为重要的有：谢联辉院士和林奇英教授关于水稻矮缩病毒和水稻黄矮病毒的测报模型；陈光堉教授等关于水稻条纹病毒的预报模型；谢联辉院士等根据多年实践经验，针对主要水稻病毒的致病及其流行特点，结合自己构建的测报模型，确立了“四看”预警原则。所谓“四看”就是一看冬春温度或稻茬越冬再生率，二看当年品种布局，三看带毒虫量，四看水稻苗情。

三、总结过去，生态防控

经过不懈努力和深入研究，科学家们防控水稻病毒的理念发生了转变，从以针对病毒、传播介体为主导的防治策略，转向以针对水稻健康为主导的生态防控。生态防控的核心是建立有利于植物生长，不利于病毒发生、流行的农业生态系统，确保植物群体健康。首先，植物保护者应参与茬口安排、品种布局、耕作栽培、肥水管理等工作；其次，把握病毒动向，摸清病毒“脾气”，弄清病毒发生、流行特点，确立行之有效的监测预警体系。

生态防控的一个有效对策是在弄清“人—植物—病毒—介体—环境”五者相互作用关系与机制的基础上，遵循“抗、避、除、治”四字原则。近年来，我国科学家通过综合利用品种抗性，做好品种布局，调整播种、插秧时间，采取网盖避虫、化学防治等措施，有效防控了水稻条纹病毒和水稻矮缩病毒。

思政要点

1. 2022年中央一号文件指出，全力抓好粮食生产和重要农产品供给。

2. 克服困难，勇于探索。我国科学家克服困难，迎接挑战，多次组建地区性/全国性水稻病毒病科研协助组/联防联控协作组，逐步摸清水稻病毒病发生发展情况和流行规律，探索建立预测预报系统和制订综合防控举措，有效抑制了水稻病毒病大面积发生和流行，保障了我国水稻的产量和质量。

适用课程及章节

普通植物病理学课程的绪论、植物病毒，农业植物病理学课程的水稻病害。

参考文献

[1]谢联辉，林奇英，魏太云，等.水稻病毒[M].北京：科学出版社，2016.

[2]谢联辉.水稻病毒：病理学与分子生物学[M].福州：福建科学技术出版社，2001.

[3]谢联辉.面向生产实际开展病害研究[J].中国科学院院刊，1993(1)：61-62.

[4]谢联辉，林奇英.我国水稻病毒病研究的进展[J].中国农业科学，1984(6)：58-65.

[5]谢联辉，林奇英，吴祖建.植物病毒：病理学与分子生物学[M].北京：科学出版社，2009.

[6]周益军.水稻条纹叶枯病[M].南京：江苏科学技术出版社，2010.

（撰稿人：吴根土）

51 植物与害虫的军备竞赛

在自然界中，植物和昆虫的关系复杂而多样，有些昆虫与植物互惠互利，比如蜜蜂为植物传粉，植物为蜜蜂提供花粉、花蜜作为食物。据报道，有45%的昆虫可以取食植物。因此，自然界的植物在生存过程中面对着各种各样的昆虫取食的压力。面对这些压力，植物虽然不能通过移动主动逃避伤害，但也没有坐以待毙，而是进化出了各种各样的能力来保护自己。

一、植物的自我保卫

在自然界中，面对害虫的取食攻击，植物会采取多种多样的奇门巧计进行防御。一方面，植物体可以凭借自身一直存在的防御体系进行防御。例如，烟草植株表面的细小绒毛可以阻止害虫取食，而烟草体内也会产生一些生理生化物质，尤其是次生代谢物质。这些次生代谢物质多分布于植物表层的防御结构(如绒毛、腺体)内。另一方面，植物体可以依靠害虫取食后所诱导的防御机制进行防御。如烟草植株被害虫攻击或受到机械损伤后，会将该刺激通过信号传递到根部，正在吸收营养物质的根部接收信号后，就会生产大量的烟碱(尼古丁)。它是一种神经毒素，可以作用于动物的神经和肌肉。由于植物是没有神经和肌肉的，因此烟碱在植物体内缺乏靶点，它的产生和储存并不会对植物造成伤害。但是，当害虫取食含有烟碱的植物组织后，烟碱作用于昆虫的烟碱样乙酰胆碱受体，促进神经递质的释放，使昆虫神经兴奋并紊乱。此外，烟碱还具有拒食毒性。这种拒食毒性会阻碍昆虫体内蛋白质的消化，降低害虫的取食量和生长发育速度。

二、魔高一尺，道高一丈

植物产生的烟碱对害虫有广谱的毒性，对棉铃虫、烟青虫、烟草天蛾、甘蓝银纹夜蛾、黑蝗和烟蚜等有毒害作用。但是烟草害虫们也不甘示弱，进化出各自独特的适应策略，如抑制、利用、解毒、排毒和避毒等。狡猾的棉铃虫和烟青虫在取食时,下唇腺会产生葡萄糖氧化酶,以抑制烟草植株中烟碱的合成。与之相反,烟草天蛾在取食时分泌的唾液却会诱导烟草烟碱的合成。烟草天蛾体内有一种基因,会帮助它把摄入的烟碱从胃部转移到血淋巴,并随着气息排出。狼蛛在接近烟草天蛾时,会通过嗅觉感受到烟碱的存在,进而放弃对烟草天蛾的捕食。黑蝗、美洲烟青虫和烟草甲体内则有着比较完善的烟碱解毒系统,它们都能把烟碱代谢成以可的宁为主的其他生物碱。烟草天蛾和甘蓝银纹夜蛾虽不能对烟碱进行加工代谢,但是血液中的烟碱并没有积累到致毒的剂量。因此,推测它们可能通过排泄降低了体内烟碱的含量。虽然室内研究发现高剂量的烟碱会强烈抑制烟蚜的生长发育,但是在田间却发现烟蚜能够在烟草上生长繁殖并建立种群,且体内没有烟碱。田间的烟蚜吸食的是烟草韧皮部筛管中的汁液,巧妙地避开了烟碱体内运输的主要组织木质部。

三、铤而走险,自毒与防御

除了合成对自身无毒而对害虫有毒的烟碱外,铤而走险的野生烟草也会用通过次生代谢产生的二萜苷类化合物来对付害虫烟草天蛾。在野生烟草叶片中的二萜苷可作用于细胞膜上鞘脂的新陈代谢。鞘脂是动植物细胞膜的重要组成成分,因此与烟碱不同,二萜苷这种毒素不仅对害虫有毒,而且对植物也有毒害作用。但是,合成二萜苷的植物却没有受到伤害。通过对害虫的排泄物进行代谢组学分析发现,烟草通过储存无毒形式的防御性物质避免了自毒作用。当害虫取食植物以后,无毒大分子的一部分结构被切除并被激活,对烟草天蛾产生了毒性。如果沉默野生烟草中与二萜苷生物合成相关的两个细胞色素*P450*基因,会导致严重的自毒症状。这些植物的细胞膜的某些成分,例如鞘脂也受到了攻击,烟草也不能正常生长和繁殖。总之,通过二萜苷类化合物的可控羟基化作用,烟草避免了自我毒害,并实现了对害虫的防御。

思政要点

1.培养"踏平坎坷成大道,斗罢艰险又出发"的顽强意志,应对好每一场重大风险挑战。了解植物和昆虫为了生存不断相互博弈,在博弈中改造自我,协同演化。

2.培养"青春逢盛世,奋斗正当时"的责任感与担当精神。当代青年正处于探索与奋斗的最好时代,应不负时代,不负韶华,在新的征程中奋发图强,自强不息,与时俱进,勇做强国征程上的奋进者。

适用课程及章节

农业昆虫学课程的糖烟茶害虫、生态学课程的生物种群。

参考文献

[1]沈嘉,程新胜.植物抗虫性物质烟碱的研究进展[J].热带亚热带植物学报,2007,15(5):459-464.

[2]踏平坎坷成大道,斗罢艰险又出发——解读习近平在省部级专题研讨班开班式上的重要讲话[N].解放日报,2019-01-22.

(撰稿人:李广云)

52 十年创新十年驱动，科技惠农大有可为

2020年3月10日，2019年度重庆市科学技术奖拟获奖名单公示：2019年度重庆市科学技术奖拟奖科技突出贡献奖2名、自然科学奖24项、技术发明奖4项、科技进步奖114项、企业技术创新奖6项和国际科技合作奖1名。其中，由西南大学王进军教授领衔的“柑橘害螨绿色治理关键技术创新与应用”获重庆市科技进步奖一等奖。

一、迎难而上，把论文写在大地上

党的十八大提出创新驱动发展战略，并高度重视“三农”工作，对“三农”问题作了深刻阐述，提出了一个时期做好农业农村经济工作的指导思想和行动指南。据统计，2020年，我国柑橘种植面积近4000万亩，产量达3800多万吨，面积和产量均居世界首位。柑橘产业是南方广大地区和三峡库区农村经济的支柱产业，在库区移民安置、乡村振兴、农民增收、脱贫攻坚方面发挥着重要作用。柑橘害螨种类繁多，年发生12—25代不等，极易产生抗药性，常年用药次数达10—20次，是柑橘生产的重要影响因素，也是造成农残超标的直接原因。随着柑橘种植结构调整及全球气温上升，害螨在全国各产区大面积暴发成灾。三峡库区由于气候特殊，害螨比过去更加猖獗。鉴于此，西南大学植物保护学院昆虫学系迎难而上，立志于攻坚柑橘害螨防治难、抗性高、易猖獗等难题，解决橘农燃眉之急，提升柑橘品质，开展了系统而深入的柑橘害螨研究工作。

二、潜心研究，原创成果多地开花

历经近20年联合攻关，在王进军教授领衔的柑橘病虫害持续控制团队的共同努力下，取得了以下重大原创性成果。

第一，多层次多角度揭示了柑橘害螨的成灾机制。厘清了柑橘害螨的发生与环境条件及物候期的关系，创建了柑橘害螨数理统计和物候期的预测方法，揭示了柑橘害螨的致害

性变异及其适应机制，明确了我国重要产区柑橘害螨的抗药性水平，揭示了柑橘害螨对常用杀螨剂产生抗性的分子机制，为研发新型杀螨剂提供了科学依据。

第二，选育出抗药性捕食螨新品系3个，在国际上率先实现了抗药性捕食螨产业化。针对柑橘园大量施用化学药剂严重降低捕食螨控害效果这一产业难题，选育出了3个抗药性捕食螨新品系，抗性倍数均超过500倍；明确了捕食螨抗药性分子机制；创建了抗性分子标记技术；首创地暖供热饲养捕食螨新方法；构建了抗药性捕食螨高效繁育技术体系，繁育效率提高70%并实现了产业化。

第三，创制了环保型杀螨剂核心配方及生产工艺。针对柑橘锈螨抗药性极其严重、单一生物防治难以取得理想控制效果这一难题，创制出广谱、高效、安全杀螨剂系列配方与配套的关键生产设备，4个产品获新农药登记证书，新产品大面积应用持效期达45天，生产效率提高80%。

第四，创建了柑橘害螨“生—化”协同治理技术体系。针对捕食螨传统释放方法防效及释放效率较低这一应用难题，发明了“一钉两剪”缓释袋高效释放技术，防治效率比传统方法提高了50%；构建了对捕食螨安全的柑橘害螨化学应急防控技术体系；首创“抗药性捕食螨—环保型化学农药”绿色协同治理技术体系，为我国柑橘化学农药减量控害提供了新技术与新模式。

相关成果获市级登记成果3项，授权专利16项（国家发明专利10项）；发表论文60篇（SCI论文15篇），出版专著1部；支撑认证绿色食品百余个。相关成果有效解决了柑橘害螨危害与果品质量安全管控的难题。2012—2018年，在重庆、四川、云南等柑橘产区推广应用1000万亩，农民增收120亿元，化学农药减施5000吨，为我国柑橘安全生产做出了重大贡献。

三、科教结合，创新防治培育英才

科技是国家强盛之基，创新是民族进步之魂。自古以来，科学技术就以一种不可逆转、不可抗拒的力量推动着人类社会向前发展。我国是一个农业大国，经济的飞速发展离不开农业的推动，而农业的现代化发展则需要农业科技人员不断开拓创新，更需要农业科技的广泛推广与实施。目前，我国柑橘的病虫害防治还存在很多不足之处，创新防治和管理技术还有待进一步推广应用。知识就是力量，人才就是未来。我国要想在农业科技创新方面走在世界前列，必须在创新实践中发现人才，在创新活动中培育人才，在创新事业中凝聚人才，必须大力培养造就一支规模宏大、结构合理、素质优良的创新型农业科技人才队伍。

思政要点

不忘初心、牢记使命。传承植保人的使命感与信念感,激发青年创新创造活力,不断追求卓越,争取取得更大突破。习近平总书记强调,希望广大科学家和科技工作者肩负起历史责任,坚持面向世界科技前沿、面向经济主战场、面向国家重大需求、面向人民生命健康,不断向科学技术广度和深度进军。

适用课程及章节

农业昆虫学课程的柑橘害虫。

参考文献

[1]张晗,戈珊,刘岩松.科技防害打造绿色果园——记中国农业科学院(西南大学)柑橘研究所博士生导师,植物保护研究室副主任冉春博士[J].海峡科技与产业,2015(2):113-116.

(撰稿人:李亚迎)

53 大害虫的小“罩门”

韭菜是中国人最喜爱的特色蔬菜之一，具有独特的香味和丰富的营养。然而，韭菜在种植过程中却面临着韭蛆的巨大危害。这种害虫的大发生可造成韭菜减产40%—60%，严重时甚至导致绝收。韭蛆属双翅目，眼蕈蚊科，迟眼蕈蚊属，食性广，可危害7科30多种蔬菜，尤其喜欢取食韭菜，已经成为韭菜种植行业的“大害”。韭蛆成虫产卵于韭株周围的土缝或土块下，幼虫孵化后聚集在韭菜地下部的鳞茎和柔嫩的茎部为害，引起幼茎腐烂，使韭菜叶枯黄，至腐烂而死。由于韭蛆是一种地下害虫，生活史中大部分时间在土壤中度过，给防治工作带来了很大挑战。菜农们往往采用传统的“农药灌根”方式防治，甚至使用甲胺磷、甲拌磷等高毒剧毒农药。即便如此，仍然难以达到理想的防治效果，反而频繁引发“毒韭菜”事件，在社会上造成了巨大的负面影响，严重制约了我国韭菜产业的可持续发展。显然，“毒韭菜”问题是关系我国国计民生的重大食品安全问题。因此，研发韭蛆绿色防控技术，确保韭菜安全生产，已成为守住食品安全红线，保障人民身体健康，促进我国蔬菜产业可持续发展的重大战略需求。

一、专家团队攻关，揭露韭蛆“罩门”

武侠小说中，一些武林高手练成“金钟罩”“铁布衫”后，神功护体，刀枪不入。然而，横练功夫都会有一个“罩门”，这是最大的死穴，只要找准“罩门”就可给予致命一击。如果把韭蛆看成一位武林高手的话，它的“罩门”又在哪里呢？

为解决菜农们的心头“大害”，中国农业科学院蔬菜花卉研究所专家团队从南到北，走遍我国韭菜主产区，进行了大量的调研、信息收集工作。功夫不负有心人，经过17年的苦心钻研，中国农业科学院蔬菜花卉研究所专家团队终于明确了韭蛆在全国的发生危害规律，以及不同地域条件下韭蛆的共性生物生态学特点，揭示了韭蛆发生危害的机制，找准了韭蛆的“罩门”——高温。团队利用韭蛆与韭菜对高温耐受性的差异，开创性地发明了“日晒高温覆膜法”，在无需使用任何化学药剂的情况下，就能将韭蛆100%杀死，而且还能提高韭菜产量，促进其根系生长等。

二、小技术解决大问题

针对害虫的“罩门”，往往只需要一些简单的技术手段，就可以解决大问题。“日晒高温覆膜法”的原理是在地面铺上透明保温的无滴膜，让阳光直射到膜上，提高膜下土壤温度，将韭蛆彻底杀死，而韭菜的生长却不受影响。覆膜一般在早上进行，傍晚把膜揭掉，等温度降下去之后再浇一遍水，其他管理方法与平常一样。

在不同地域、不同韭菜种植模式下，韭蛆的发生规律不尽相同。在实际运用中，还可将不同的单项技术进行组装，构建以“日晒高温覆膜法”为核心，以“食诱剂”和“黑色诱虫板”等为配套的韭蛆绿色防控体系。在一般的韭菜地使用“日晒高温覆膜法”，每年一次即可有效控制韭蛆危害。倘若韭菜地周边100米内有韭蛆的其他寄主，覆膜处理后，悬挂黑色粘虫板和食诱剂，诱杀从邻近寄主上迁入的韭蛆成虫。这一完整的防控体系给韭菜安全生产提供了技术保障。

三、老百姓说好才是真的好

评价一项防控技术的好与坏，研发人员说了不算，菜农们最有发言权。好的技术体系建立以后，最大的问题就是推广应用。打破菜农们传统的防治观念并非一件容易的事情。为了将韭蛆防控新技术快速推广，早日惠及菜农，团队成员每到一处，先与当地政府或农业主管部门联系，小面积示范，并由当地电视台全程跟踪报道示范效果。通过组织现场观摩会、技术培训会，邀请新闻媒体广泛宣传与报道，菜农们接受了这项新技术。该项技术的推广，大大提高了菜农的收入，平均每亩增收2000元，同时将韭菜合格率从不足30%提高到97%。

韭蛆防控新技术操作简单、绿色环保，一学就会、一用就成，且防治成本仅为化学防治的1/50。这项技术被评为2017中国农业农村十大新技术（首届），入选2019年全国100项农业重大科技成果（首届），获得2019年国家科技进步奖二等奖。

传统乱用药现象，不科学的防治方法和施药技术，对生态系统造成了不可逆的破坏。我国科学家针对韭蛆引起的韭菜安全问题，开展了系列原创性研究，研发出具有颠覆性的绿色防控新技术，实现了害虫防治不使用农药的技术创新，解决了民众普遍关注的“毒韭菜”问题和制约韭菜产业发展的“卡脖子”难题，对促进农民增收、农业增效、生态保护和乡村振兴具有非常重要的意义。

思政要点

1.习近平总书记要求广大科技工作者要把论文写在祖国的大地上。

作为农业科技工作者,要主动到最基层,跟土地对话,跟农民交流,向大自然要答案,把解决生产需要作为首要目标,积极为农民增收、农业增效、生态保护和乡村振兴做出贡献。

2.习近平总书记强调:加快形成绿色发展方式,是解决污染问题的根本之策。

植保工作者要积极响应号召,开发农业病虫害绿色防控手段,减少农业生产中化肥农药使用量,为老百姓留下一片绿水青山。

适用课程及章节

农业昆虫学课程的地下害虫。

参考文献

[1]兰欣,李海芬.中国农科院研究推出绿色高效防治韭蛆新技术[N].中国科学报,2017-07-12.

[2]张友军,史彩华,杨玉婷,等.高温覆膜防治韭蛆的方法:201610582216.2[P].2016-12-14.

[3]王腾飞.中国农科院新研究出高效彻底、操作简单、大幅省工节本的日晒高温覆膜法——无需用农药　轻松治韭蛆[N].农民日报,2017-06-22.

(撰稿人:王佳)

54 转基因技术为保障粮食安全注入新动能

“民为国基，谷为民命。”粮食安全是国家安全的重要基础。2021年中央一号文件提出要加快推进农业现代化，并明确指出种子是基础，要加快实施农业生物育种重大科技项目。推进生物育种产业化是保障国家粮食安全和重要农产品有效供给的必然选择。转基因技术无疑将为推进生物育种产业化应用注入新动能。转基因作物育种不仅加快了对农作物品种抗性、品质、产量等多种性状的协调改良，而且有效解决了目前面临的资源约束问题。

一、转基因作物及其发展状况

转基因是利用现代生物工程技术将一种生物的一个或多个基因转移到另外一种生物体内，从而让后一种生物获得新的性状。如将昆虫病原细菌苏云金芽孢杆菌的抗虫基因转入棉花、水稻或玉米，可培育成对棉铃虫、卷叶螟及玉米螟等昆虫具有抗虫性的转基因棉花、水稻或玉米。国际上转基因技术已广泛应用于医药、工业、农业、能源等领域，并成为新的经济增长点，未来将对人类社会产生重大影响。目前，广泛使用的人胰岛素、抗生素、疫苗、食品添加剂、食品酶制剂、干扰素和啤酒酵母等都是利用转基因技术生产的。1983年，首例转基因植物烟草成功培育，随后植物基因工程技术得到了迅速发展。当前，转基因作物由抗虫、耐除草剂和抗病等的单一性状向复合性状发展，为减轻化学农药对生态和人类健康产生的危害，实现全球农业可持续发展提供了新的思路和途径。

转基因作物开始大面积商业化种植始于1996年。过去20多年，全世界近30个国家和地区累计种植了300多亿亩转基因作物。21世纪以来，全球转基因产业化应用发展迅速。就单一转基因农作物种植面积占种植总面积的比例而言，全世界转基因大豆比例最高，占78%，其次是棉花，占64%，玉米和油菜分别占33%和24%。调查发现，美国是转基因作物种植种类和使用用途最多的国家，其次是巴西。

我国转基因作物研究始于20世纪80年代，目前是仅次于美国的转基因研发强国。

2018年，我国转基因作物种植面积位居全球第7位。2008年至2019年底，我国培育的转基因抗虫棉新品种多达176个，累计推广4.7亿亩。目前，我国批准大规模种植的转基因作物仅有Bt抗虫棉以及少量的抗病毒病转基因木瓜，已获得安全证书的有转基因玉米、水稻、甜椒、番茄等。近20年来，我国的转基因产业化发展相对缓慢，市场上的转基因产品种类少、品种更新慢。为满足国内市场需求，我国每年从国外进口大量大豆、玉米、油菜、棉花、甜菜等作物及其产品，这无疑在一定程度上增加了我国粮食安全风险。

二、转基因作物对昆虫群落的影响——以Bt抗虫棉为例

20世纪90年代，由于菊酯类农药长期不合理使用，棉铃虫对多种农药产生了很高的抗药性。该害虫在我国大面积持续暴发，并出现了无药可治的局面，造成了重大经济损失。我国于20世纪90年代初开始研制转基因棉，1998年我国自主培育的抗虫棉开始进入商品化生产。截至作者完稿时，我国种植的转基因棉面积占世界转基因棉面积的10%左右。我国Bt抗虫棉的种植比例占棉花面积的80%以上，主要用于控制棉铃虫和红铃虫的发生危害。对转基因作物的安全性评价是一项复杂的系统工程，其中包括转基因作物对不同作物生态系统动物群落演替的影响。中国农业科学院植物保护研究所吴孔明院士团队针对“Bt抗虫棉商业化种植对昆虫种群演替的影响”这一科学问题进行了长达10余年的研究，获得了令世人瞩目的一系列重大科研发现。从1997年开始，吴孔明院士团队就Bt抗虫棉商业化种植对生态环境和昆虫种群演替的影响进行了跟踪研究，研究范围涵盖华北6省38个观察点常年种植的300余万公顷棉田，以及77个观测点的其他寄主作物（如梨树和桃树等）2000余万公顷。经过连续系统监测与分析，阐释了Bt棉大规模种植对靶标害虫、非靶标害虫和生态系统中天敌昆虫的群落演化的影响机制。

2008年，吴院士团队首次在*Science*上发表封面论文。该研究团队对转基因棉田和常规棉田中棉铃虫种群动态的监测结果表明，转基因抗虫棉上的棉铃虫幼虫发生量可减少90%以上。此外，棉铃虫具有很强的迁飞能力，成虫可在棉花种植区和非棉花种植区之间频繁转移，转基因抗虫棉的种植相当于“诱杀陷阱”，破坏了棉铃虫在种植区多寄主转换的食物链，从而压缩了其生态位，有效控制了棉铃虫对棉花或其他作物（如玉米、大豆、花生和蔬菜等）的危害。2010年，吴院士团队再次在*Science*上发表论文，指出Bt棉的种植加速害虫种群的演替，非靶标害虫盲蝽象由次要害虫上升为主要害虫，并危害多种其他作物；认为Bt棉花种植能有效控制棉铃虫的为害，棉田用药量显著降低，从而导致盲蝽象的种群迅速增长，并暴发成灾，且随着种群生态叠加效应衍生，盲蝽象成为区域性多种作物的主要害虫。2012年，吴院士团队在*Nature*上发表的研究论文阐明了Bt作物生态系统中天敌昆虫的演化机制。研究结果表明，种植Bt棉后，用药量的减少促进了昆虫天敌的回归和种群发

展，为转基因棉花及周围的作物提供了有效的生物防治功能，并为农作物害虫防治提供了更好的解决方案。上述研究对于揭示发展利用Bt植物持续控制重大害虫区域性灾变的理论与方法具有重要的科学意义。

三、转基因技术将为保障粮食安全注入新动能

转基因技术的广泛应用，有效降低了农业生产人工成本，减少了农药使用量和灾害损失，在缓解资源约束，保护生态环境，改善和提高农产品质量和营养价值，推进绿色发展方面发挥了重大作用，已经成为国际农业科技战略必争的前沿领域。但是，学术界和社会公众对转基因作物仍存在争议，如转基因作物收益的不确定性、转基因作物的生态安全性以及转基因食品的健康风险等。显然，公众的态度成为制约转基因作物产业化发展的主要因素之一。事实上，转基因作物具有较好的经济和农业生态效益，在保障粮食安全和增加农户收入方面具有明显的优势，同时在减少农药和除草剂的用量以及改善土壤生态方面亦具有积极作用。相较于常规品种，抗虫棉品种的最大优势在于节药效用，且对农民收入的持续增长和农业的可持续发展起到了良好的保障作用。

值得一提的是，我国转基因安全性评价体系全球最严。有别于美国模式（仅针对后期的产品进行安全性评估）和欧盟模式（仅对操作过程进行安全性评估），我国执行的是对转基因过程和产品进行安全性评估。目前，我国已建立严格规范的农业转基因生物安全评价和监管制度，以及全过程追溯管理体系，为转基因作物的安全管理和健康发展保驾护航。

思政要点

1. 转基因作物在保障食品安全、改进农产品质量、拓展害虫防治新思路等方面彰显出重要作用。转基因作物大面积种植对昆虫种群演替有着重要影响，而植物保护专业人才在此领域贡献了重要力量。

2. 习近平总书记深刻指出，“科学家精神是科技工作者在长期科学实践中积累的宝贵精神财富”，新时代更需要广大科技工作者发扬以爱国主义为底色的科学家精神，肩负起历史赋予的科技创新重任，把自己的科学追求融入建设社会主义现代化国家的伟大事业中去。

事实上，重大科学研究的发现或突破，要靠持之以恒和坚持不懈的专研精神。科学研究之路不是一蹴而就的，靠的是执着与坚守，攻坚克难的勇气和决心。

适用课程及章节

农业昆虫学课程的害虫防治的基本原理和方法、棉花害虫。

参考文献

[1]曹伟平,宋健,丰硕.科学认识农业转基因技术[J].现代农业科技,2021(11):115-117.

[2]吴珊,庞俊琴,庄军红,等.我国转基因作物的研发与安全管理[J].中国农业科技导报,2020,22(11):11-16.

[3]萧玉涛,吴超,吴孔明.中国农业害虫防治科技70年的成就与展望[J].应用昆虫学报,2019,56(6):1115-1124.

（撰稿人：魏丹丹）

55 “超级害虫”的崛起之道

烟粉虱属半翅目粉虱科，是唯一被科学界冠以“超级害虫”的昆虫，起源于地中海沿岸和非洲北部。《科学》杂志于1991年报道烟粉虱入侵美国，导致多种作物（如蔬菜、花卉、烟草及棉花等）严重受灾。20世纪90年代，我国陆续出现烟粉虱危害的报道，特别是在我国南方多种作物上暴发成灾。随后烟粉虱危害范围逐渐扩大，严重危害我国种植业的持续发展和食品安全。

一、“非对称交配互作”机制促进烟粉虱的入侵

20世纪90年代以来，暴发性害虫B型烟粉虱陆续入侵北美洲、南美洲、亚洲、大洋洲的许多国家和地区，造成作物大面积减产，甚至绝收。科学界一直在探索其超级入侵本能的奥秘。我国昆虫学家刘树生教授与国内外研究单位合作，通过对中国、澳大利亚40多个采样点进行系统调查，用分子标记鉴别B型烟粉虱及土著烟粉虱，详细记录了其入侵及对土著种的取代过程。同时，在室内利用笼罩等设备建立B型烟粉虱实验种群，结合录像系统，详细观察烟粉虱在植物上的活动和求偶交配行为。研究发现，当B型烟粉虱到达新的地域与土著烟粉虱共存后，它们之间虽然不能完成交配，但发生的一系列求偶行为及相互作用，致使B型烟粉虱的交配频率增加，卵子受精率提高，后代中雌性个体比例由独处时的约60%提升到70%—80%，种群增长速度加快；同时，雄性B型烟粉虱频频向土著烟粉虱雌虫求偶，干扰土著烟粉虱雌雄间的正常交配，导致后者交配频率下降，后代中雌性个体比例由独处时的约50%下降到20%—40%，抑制种群增长。这种在B型烟粉虱与土著烟粉虱之间的求偶互作对一方有利而对另一方有害，因此被称为“非对称交配互作”。近缘生物间在“配偶识别信息系统”上存在许多相同或相似之处，因此，在近缘种间存在求偶和交配互作的可能。B型烟粉虱很好地利用了这种机制，在到达新的地域后与土著烟粉虱共存并相互作用，驱动入侵者入侵及取代土著生物。

二、双生病毒助力烟粉虱广泛传播

烟粉虱在取食植物汁液时可传播多达300多种植物病毒，其传播的植物双生病毒可引起烟草、番茄、南瓜和番木瓜等作物生理异常，使作物严重减产，甚至绝收。双生病毒引起的病害已由局部发生的小病害演变为全球性的植物病毒病害之一。

科学家将入侵生物与土著生物在“媒介昆虫—病毒—寄主植物”互作上的异同作为切入点，以入侵的B型烟粉虱、土著烟粉虱、在我国近年流行成灾的两种植物双生病毒以及烟草为研究对象。首先，确定了入侵烟粉虱和土著烟粉虱都可有效地获得、携带和传播双生病毒，导致植株发病；然后，发现了在感病的植株上取食的入侵烟粉虱，与在未感病的植株上取食的相比，生殖力提高11—17倍，成虫寿命延长5—6倍，8周后种群数量提高2—13倍。烟粉虱的种群增长反过来促进了双生病毒的扩张。这种媒介昆虫与植物双生病毒间的互利共生关系促进了其在我国的暴发成灾。

通过对烟粉虱与双生病毒共生的分子机制的研究发现，植物激素茉莉酸(JA)是介导植物对昆虫抗性的重要激素，转录因子MYC2是JA途径中的关键调控因子。病毒卫星DNA分子编码的βC1蛋白能够通过分子模拟与MYC2互作，干扰MYC2同源二聚体的形成。MYC2同源二聚体的形成是其激活所调控的下游多种抗虫相关次生代谢物质的合成代谢相关的基因所必需的，这种病毒对关键抗虫调控转录因子的“胁持”，使得烟粉虱在寄主定位时更偏好选择被双生病毒感染的植物；而且定植在病毒感染或表达βC1蛋白植物上的烟粉虱性成熟早，产卵量多，烟粉虱种群密度的提高造成了大范围的病毒病害的发生和危害。烟粉虱中双生病毒的外壳蛋白(CP)直接与宿主中的磷脂酰乙醇胺结合蛋白(PEBP)相互作用，从而下调MAPK信号级联，导致烟粉虱中的细胞凋亡被激活，增加病毒载量；同时，PEBP-CP相互作用释放ATG8启动自噬，自噬可降低虫媒病毒水平。此外，激动剂诱导的自噬可防止细胞凋亡促进的病毒扩增，而自噬抑制的病毒载量不受细胞凋亡的影响。这表明病毒载量主要由自噬而非细胞凋亡决定。烟粉虱依赖这种病毒—昆虫介体互利共生的关系为其广泛传播危害奠定了基础。该研究还发现双生病毒通过一种类似炎症的免疫信号，级联激发媒介昆虫烟粉虱脑部产生Caspase依赖的凋亡性神经退行，削弱其嗅觉和视觉的辨识能力，增强了带毒昆虫对健康寄主的趋向，有利于病毒的传播和扩散。

三、水平转移植物解毒代谢基因提升烟粉虱适应性

基因水平转移在微生物中比较常见，而植物或动物与微生物基因转移的案例相对较少，植物与动物间的基因水平转移就更加罕见。植物为了防御植食性昆虫的取食，进化出了次生代谢产物来进行生化防御。其中最丰富的一类就是酚苷，可以影响食草昆虫的生

长、发育和行为。但酚苷过多也会让植物自身中毒，而植物拥有降解该类物质的酶——酚苷丙二酰转移酶。经过20年努力，中国农业科学院蔬菜花卉研究所张友军团队利用生物信息学、分子生物学、生物化学、转基因、生物学测定等方法，发现了烟粉虱中存在植物源的水平转移基因*BtPMaT1*，并揭示其降解植物毒素从而导致烟粉虱广泛寄主适应性的分子机制，这为田间精准绿色防控技术研发提供新思路。

思政要点

2019年5月，党中央专门出台《关于进一步弘扬科学家精神加强作风和学风建设的意见》，要求大力弘扬“胸怀祖国、服务人民的爱国精神，勇攀高峰、敢为人先的创新精神，追求真理、严谨治学的求实精神，淡泊名利、潜心研究的奉献精神，集智攻关、团结协作的协同精神，甘为人梯、奖掖后学的育人精神”。中国农业科学院蔬菜花卉研究所张友军团队重大发现的背后是20年的坚守。张友军感叹，这一成果既是团队长期的积累所获，也是基因技术发展和时代发展给予的机遇。这一发现也让我国在植物寄主适应性方面的研究走在了世界前列。

适用课程及章节

农业昆虫学课程的蔬菜害虫。

参考文献

[1]张斐斐，刘圆圆，王炎炎，等.双生病毒侵染、烟粉虱取食及其互作对番茄生长及防御基因表达的影响[J].西南农业学报，2022，35(1)：113-119.

[2]中国科学家揭示“超级害虫”烟粉虱广泛寄主适应性的分子机制[N].宜宾日报，2021-03-27.

[3]关于进一步弘扬科学家精神加强作风和学风建设的意见[M].北京：人民出版社，2019.

（撰稿人：袁国瑞）

56

害虫的“计划生育”

——性迷向技术

与当今的农业害虫危害相比，历史上产生严重危害的害虫种类较少，害虫发生危害的频率较低。1949年以来，对我国农业危害严重的害虫种类发生了明显变化，且害虫种类不断增加。同时，虫灾日益频繁，危害越来越严重。现代的作物品种、化肥、农药、市场经营是虫害越来越严重的主要原因。化学防治一直作为首选控害方法。但由此带来的一系列生态学问题逐渐引起人们的重视，如：化学杀虫剂的杀虫靶标选择性低，特别是对天敌昆虫影响严重；化学农药在农产品上的残留；害虫产生抗药性。面对害虫防控的严峻形势，传统的防控手段显得捉襟见肘，利用新兴的害虫防控技术降低虫灾带来的危害，成为破解害虫防控困局的关键。而信息素迷向技术具有选择性强、环境友好、无残留、可持续性高等优点，在今后的害虫防控中有着较好的应用前景。

一、迷住害虫的“计划生育”

昆虫性信息素是由昆虫的雌性或雄性个体分泌于体外，被同种异性个体的感受器接受，并引起一定生殖行为反应的微量化学物质。聚集信息素是昆虫种内或种间进行沟通交流的重要物质，尤其在寻找资源、栖息地，集结抵御外来侵袭等方面发挥着重要的信息交流作用，如群居型飞蝗分泌聚集信息素大规模群聚等。抓住害虫这一生理现象，并以此结合多种现有的手段，科学家们研制出了一类高效无公害的防治方法——性迷向技术。

聚集信息素和性信息素可用于影响靶标昆虫的行为。目前，性信息素在监测昆虫种群动态上被广泛应用。但在用于防治时，需要在田间布置大量的诱饵装置方可达到目的。性迷向技术是目前利用性信息素防治害虫广泛采用的手段。性迷向技术不直接杀死害虫，而是通过阻断害虫交配来实现防治害虫的目的。具体来说，在空气中释放大量人工合成的性信息素，使雄蛾长久处于高浓度的人工激素环境中，雄蛾触角感受器产生适应性，对性信息素失去反应，无法定位雌蛾，导致雌雄交配概率降低，生育和繁殖后代能力下降或受到抑制，相当于实施害虫的“计划生育”，降低害虫的种群数量，从而降低或避免害虫的为害。

性迷向技术具有以下优势。一是选择性强。每一种害虫性信息素具有高度的专一性，只对特定的目标害虫具有控制种群的作用，在控制害虫种群数量、避免害虫为害的同时，不会对生物多样性产生不良影响。二是环境友好。应用性信息素迷向技术，一般选用物理载体（如迷向丝，为特定的复合橡胶丝）承载性信息素，性信息素不直接接触植物，而且载体中性信息素含量微小，对人类、野生动物、其他昆虫以及自然天敌等的影响可以忽略，不会破坏生态环境。三是可确保农产品的质量安全。应用性信息素迷向技术，是通过所用物理载体释放害虫性信息素，性信息素不会接触农产品，可确保农产品的质量安全。四是可持续控制效果好。应用性信息素迷向技术控制害虫，有效期长，持续控制效果好，不会诱导害虫产生抗药性或再猖獗。五是与其他防治技术兼容性好。应用性信息素迷向技术防治害虫，不会干扰其他防治技术的使用，与其他防治技术兼容性好，在实际应用中容易与其他技术进行集成应用。可以说，害虫性信息素迷向技术是迄今最为环境友好的绿色防控技术之一，已在果树害虫防治中发挥重要作用。

二、性迷向技术走向田间

目前，我国出口到国外的几种重要水果品种基本都采用性信息素迷向技术防治主要害虫。大量实践证明，持续使用性信息素或相关的化学性信息素，害虫种群数量能够被控制在非常低的范围内，甚至被完全根除。例如，1995—1997年，在澳大利亚昆士兰州，有一种入侵性极强的木瓜实蝇，在使用以性信息素和水解蛋白为诱饵的纤维板诱捕器后，两年内完全根除了20000平方千米范围内的木瓜实蝇。2009—2016年，全国农业技术推广服务中心组织有关省（自治区、直辖市）植物保护站、相关企业和科研院所成立技术开发与应用协作组，探索果树害虫性信息素迷向技术的应用。

钻蛀类害虫（常见的鳞翅目和鞘翅目类昆虫）是果树上最具危害性的害虫种类，如梨小食心虫与苹果蠹蛾等。梨小食心虫和苹果蠹蛾等害虫与大多数果树钻蛀性害虫相似，需要选择特殊的防治方法。20世纪70年代末，国际上开始利用性迷向技术防治梨小食心虫。至2009年，利用梨小食心虫性迷向技术防治面积达到约20万公顷。性迷向技术逐渐发展成为主要的梨小食心虫生物防治手段。为降低对梨小食心虫的防控难度，掌握性信息素防控害虫这一关键迷向技术，1975年，我国首次人工合成梨小食心虫性信息素，后又继续研究其载体种类、诱捕有效距离等，进行了大量的田间试验。20世纪80年代初，我国开始利用性迷向技术防治梨小食心虫，分别对使用的剂型、用量、用法做了大量的田间探讨试验。2013年，梨小食心虫在我国北方大面积严重发生，北京平谷西营村合作社试探性地引进了梨小食心虫性信息素产品，当年示范区内的蛀梢率和蛀果率显著降低。2015年，平谷区全区13万亩桃园全部使用了该产品。该区成功示范迷向技术成为农业新型绿色防控技术在推广过程中以点带面的优秀实例。

苹果蠹蛾是一种世界性检疫害虫。苹果蠹蛾性迷向技术通过特制的缓释载体向空气中不断释放高浓度的苹果蠹蛾雌虫性信息素，干扰雌雄虫正常交配，从而达到控制苹果蠹蛾种群数量的目的。2011年，在新疆阿克苏红旗坡农场与依杆旗乡2500亩生态健康苹果园、阿克苏柯柯牙140亩苹果示范园中应用了苹果蠹蛾迷向技术。通过调查监测诱捕量，发现性信息素迷向散发器对苹果蠹蛾的迷向率为95.06%，蛀果率仅为0.26%。由于其显著的防控效果，2013年，苹果蠹蛾迷向防控技术推广应用面积累计4万亩以上，辐射面积达到10万亩以上，直接经济效益可达2000万元以上。苹果蠹蛾迷向防控技术为保护我国3000万亩苹果的生产安全和苹果产业的健康发展提供了技术支撑。

思政要点

破解昆虫交配奥妙，以新角度、新视野创新害虫防控手段。采用性迷向技术对害虫进行防控，是理论研究走向田间实际，实现科技成果转化的体现。科技工作者应立足本职工作，贡献自身力量，助力农业现代化，助力科技强国。

适用课程及章节

农业昆虫学课程的果树害虫。

参考文献

[1]张新慰，李景刚，武海卫. 昆虫性信息素研究进展[J]. 山东林业科技，2020，50(3)：88-91.

[2]严火其. 农业害虫危害何以越来越严重[J]. 中国农史，2021，40(3)：3-15.

[3]董思佳. 昆虫性信息素迷向法对桃园梨小食心虫防控效果研究[J]. 北方果树，2018(6)：7-9.

[4]赵彤，王得毓，刘卫红，等. 迷向防治技术对苹果蠹蛾的田间防治效果[J]. 植物保护，2017，43(6)：207-212.

[5]夏尚有. 苹果蠹蛾性信息素迷向防治技术效果研究[J]. 农业科技与信息，2017(12)：62-63.

[6]杨普云，苏敏，李萍，等. 果树害虫性信息素迷向技术[M]. 北京：中国农业出版社，2017.

（撰稿人：袁国瑞）

57

“天敌昆虫+”

——蔬菜害虫的绿色防控

蔬菜作为人们生活中必不可少的一类重要食品，是人体所需营养的主要来源之一。我国地域辽阔，气候类型多样，适合多种蔬菜生长。我国种植的蔬菜种类超过200种，栽培面积超过2100万公顷，总产量超过7亿吨，已成为世界上最大的蔬菜生产国和消费国。蔬菜是重要的经济作物，在我国种植业中占有十分重要的地位。

一、我国蔬菜害虫防治面临的问题及无公害蔬菜生产的兴起

我国已记述的蔬菜有害生物种类超过700种，除了一些螨类和软体动物以外，绝大多数都是昆虫。其中对蔬菜生产造成较严重影响的种类有30—40种，如对十字花科为害较重的小菜蛾、菜粉蝶、夜蛾类害虫，对茄科、豆科和葫芦科为害较重的粉虱、蚜虫和螨类等。菜田生态系统的作物生长周期短，换茬勤，栽培方式复杂，间作、套种和前后作更替方式多变，严重削弱了天敌的自然控制作用。尤其是以日光温室、塑料大棚等为代表的设施蔬菜发展十分迅速，使得害虫发生、演替规律越来越复杂，种群预测预报也越来越困难。同时，由于蔬菜害虫发生种类多、危害重，多年来化学农药在蔬菜害虫防治中仍占较大比重，且常常不合理使用。这样不仅使害虫抗药性问题越发突出，防控难度不断增大，也造成了生态环境污染，严重影响了蔬菜的安全生产。蔬菜农药残留问题一度成为蔬菜产业的重大隐患。例如，2010年“海南毒豇豆”事件引发了全社会的关注。

早在20世纪70年代，无公害蔬菜生产就引起了一些工业发达国家的重视。无公害蔬菜是指蔬菜产品在生产到供应的过程中，没有受到环境和有害物质的污染，或有害物质残留量在国家规定的范围内的蔬菜。我国无公害蔬菜的研究和生产起步于20世纪80年代，各地均开展了无公害或绿色蔬菜生产技术的研究，蔬菜病虫害的防治工作取得了很大成就。我国对蔬菜生产过程中的各种污染因子，如农药、重金属等，开展了长期的控制措施。通过禁止六六六、滴滴涕、氧乐果、三氯杀螨醇、甲拌磷、克百威等高毒农药用于蔬菜作物，

开发、筛选和广泛推广应用高效、低毒、低残留的农药新品种，如阿维菌素、吡虫啉等，使得蔬菜上使用高毒农药的现象基本得到了遏制。

二、蔬菜害虫绿色防控技术的研究和应用现状

随着我国社会经济持续发展和人民生活水平不断提高，人们对食品质量提出了新的要求，对食品安全的意识也越来越强。利用更多绿色防控技术控制害虫，是实现蔬菜安全绿色生产的重要保障，也是环境友好、生态安全的必然要求。目前，我国蔬菜害虫绿色防控技术的研究和应用取得了明显进步，很多效果好的绿色防控技术在蔬菜害虫防治中得到了广泛应用。例如，利用Bt、病毒制剂等病原微生物防治菜青虫、菜蛾、斜纹夜蛾；利用捕食螨、瓢虫、草蛉和寄生蜂等天敌防控蔬菜小型害虫，如烟粉虱、蚜虫和螨类等，均取得了较好的效果。全国各地也大面积推广了诸如防虫网技术，色板诱集蚜虫、斑潜蝇、粉虱和蓟马技术，性诱剂诱集斜纹夜蛾、甜菜夜蛾、小菜蛾等防控技术。这些蔬菜害虫绿色防控技术的研究和推广应用，使我国蔬菜生产进入了一个新阶段。

三、蔬菜害虫天敌昆虫的研究和应用

生物防治技术是害虫绿色防控技术的重要组成部分。我国很多学者在蔬菜害虫生物防治基础和应用领域开展了大量的研究工作。经过几十年的努力，在蔬菜害虫天敌昆虫的研究和应用上取得了长足进展，尤其是在天敌昆虫资源调查、基础研究、技术研发和应用等方面。例如，在使用天敌昆虫控制害虫上，由陈学新教授领衔的多个单位共同完成的项目“优势天敌昆虫控制蔬菜重大害虫的关键技术及应用”在2020年获得了国家科学技术进步奖二等奖。该团队创造性地提出了“天敌昆虫+”协同促增控害的关键技术，集成创建了适合不同区域、不同栽培模式，十字花科、茄科和豆科三大类蔬菜上小菜蛾、烟粉虱、斑潜蝇等重大害虫的绿色防控技术体系，经多年多点大面积应用后发现，防控效率可达85%以上，减少农药使用60%以上。

通过长期系统普查、科学鉴定和分析，该团队查明了我国蔬菜害虫的大量天敌昆虫，使我国已知蔬菜害虫天敌种类增加了83%；基于天敌昆虫发生量大、捕食或寄生率高、环境适应能力强等标准，筛选出螟黄赤眼蜂、浅黄恩蚜小蜂等22种优势天敌昆虫资源，并系统阐明了它们的生长、发育、繁殖等关键生物学特性及种群消长规律；解析了不同天敌昆虫间互作互补的控害机制，为天敌昆虫的人工繁育、田间保护和利用提供了重要的科学依据。该团队先后攻克了螟黄赤眼蜂、颈双缘姬蜂等12种优势天敌昆虫的保种和人工繁殖方法，为生产应用储备了大量技术，创制了天敌昆虫的饲养、收集、包装和储运等装备，创建了规模

化繁殖天敌的生产工艺，并制订了相应的质量标准和规程。通过该团队技术支持的天敌生产企业，年产天敌的能力达到100亿头，为我国蔬菜重大虫害的安全绿色控制提供了重要的技术支持。

思政要点

生物防治在控制害虫危害蔬菜生产的同时，有效减少了化学农药对环境的污染，对农业农村环境起到了很好的保护作用。"绿水青山就是金山银山"，是习近平总书记统筹经济发展与生态环境保护作出的重要论断。习近平总书记强调，生态环境保护和经济发展不是矛盾对立的关系，而是辩证统一的关系。把生态保护好，把生态优势发挥出来，才能实现高质量发展。

适用课程及章节

农业昆虫学课程的蔬菜害虫、害虫生物防治、植物保护学、有害生物综合治理等。

参考文献

[1]李云瑞.农业昆虫学[M].北京:高等教育出版社,2006.

[2]张帆，李姝，肖达，等.中国设施蔬菜害虫天敌昆虫应用研究进展[J].中国农业科学,2015,48(17):3463-3476.

[3]柯溢能.三十年，专注蔬菜害虫的天敌研究——记国家科学技术进步奖二等奖项目"优势天敌昆虫控制蔬菜重大害虫的关键技术及应用"[N].浙江大学报,2021-11-12.

（撰稿人：张开军）

58

环境适应性生存策略

——昆虫的翅型分化

昆虫是地球上种类最丰富的生物类群之一，目前人类已知的昆虫超过100万种，占已知动物物种的80%左右。昆虫在自然界繁盛的原因之一是昆虫进化出了翅。有了翅，昆虫具备了飞行能力，可以跨越山川、河流、湖泊等物理屏障，可以远距离觅食，可以很方便地寻找配偶，可以有效躲避天敌，甚至可以抵御不良环境。

一、昆虫翅的多态性及其与环境适应性的关系

昆虫的翅具有多态性。翅作为昆虫的一个明显生物性状，是区分不同昆虫种类的重要依据。生活在不同环境中的昆虫也进化出了不同类型的翅。同种昆虫有时会出现有翅型和无翅型、长翅型和短翅型的分化。例如，大多数蚜虫都存在有翅型和无翅型两种形态的个体。同样，在蚂蚁、白蚁、螯蜂、蓟马、蚧壳虫、甲虫等很多昆虫中也存在着有翅型和无翅型的个体。而长翅型和短翅型的分化，在飞虱、蟋蟀、猎蝽等昆虫中较为常见。昆虫翅的变化与昆虫本身遗传物质的改变、环境条件的影响密切相关。例如，在有翅亚纲的昆虫中，营寄生生活的食毛目、虱目、蚤目等昆虫属于次生无翅类群；一些社会性昆虫的非生殖型个体，由于不参与生殖婚飞，如工蚁、兵蚁、工蛾、兵蛾等，通常也是无翅型个体。环境因子也会影响昆虫翅的变化。例如，一些生活在岛屿上的昆虫常常出现无翅、短翅及翅退化的现象；一些生活在沙漠中的甲虫常出现后翅退化和前翅愈合的现象，为了抵御高温和储存更多的水以适应荒漠、半荒漠的生存环境，甚至会在愈合鞘翅下形成一个被称作"鞘下窝"的多功能贮藏室。翅的多态性常见于很多昆虫类群，如半翅目、鞘翅目、膜翅目、直翅目、双翅目、鳞翅目、等翅目、啮虫目和革翅目等。

翅型分化是昆虫在飞行扩散和繁殖能力之间权衡的一种策略，对昆虫种群的环境适应性进化具有重要的意义。同种昆虫不同翅型的个体在生理、行为和生态等方面通常存在明显的差异性。例如，短翅型或无翅型通常属于定居型，有着更强的繁殖能力，发育速度较

快；而长翅型或有翅型通常具备较好的飞行能力，可以在环境不利的条件下向外扩散，甚至进行远距离的迁飞。如果这些可远距离迁飞的昆虫是重要的农林业害虫，就会造成大范围的危害和严重的经济损失。因此，昆虫翅型分化及其发育机制的研究具有重要的科学意义与应用价值。

二、昆虫翅型分化机理研究和“分子开关”的发现

半个世纪以来，昆虫翅多型一直是昆虫学领域的研究热点。众多学者以蚜虫、飞虱、蟋蟀为模式生物，从多方面对翅型分化的机理开展了研究，包括环境因素（光周期、温度、磁场）、遗传因子、寄主植物、营养条件、种群密度、天敌、共生微生物、激素、表观遗传修饰，甚至包括杀虫剂和抗生素等，并取得了大量的研究成果。很多因素的变化能够触发翅型的分化，但昆虫翅型分化的分子机制始终扑朔迷离。

近年来，在稻飞虱、蚜虫等重要农业害虫上，翅型分化的分子机理研究取得了重要突破。例如，稻飞虱作为最为重要的水稻害虫之一，除了直接取食为害，还可传播多种病毒病，给水稻生产造成巨大危害，对我国粮食安全造成很大威胁。稻飞虱若虫可以根据环境条件的变化，选择性地发育为能飞行的长翅型成虫，或发育为不能飞行但繁殖力更强的短翅型成虫。该虫每年春季从东南亚国家迁飞入侵我国，而后在我国不同地区逐步北迁及向南回迁，对我国及其他亚洲国家的水稻生产造成了严重的损失。浙江大学张传溪教授团队通过5年的自主设计和研究，在基因组和转录组分析的基础上，发现了控制稻飞虱长短翅可变发育的分子“开关”。稻飞虱脑部分泌的胰岛素通过与翅芽细胞胰岛素受体1结合，能激活胰岛素信号通路，使若虫发育为长翅型成虫；但当受体2与受体1结合后，会抑制胰岛素信号通路，使若虫发育为短翅型成虫。该原创性成果于2015年发表于顶级期刊*Nature*上，从分子机制上解析了稻飞虱翅型分化的原理，是多型现象分子机理研究的一个里程碑。该成果也入选2015年度“中国生命科学领域十大进展”。

同样，在另一类重要农业害虫蚜虫上，西南大学王进军教授团队经过长期的研究发现，褐色橘蚜和豌豆蚜在翅发育和翅型分化过程中miRNA（miR-9b）表达水平的变化，能够显著影响蚜虫后代中有翅蚜的比例，过表达miR-9b能导致蚜虫翅发育畸形；并且进一步研究发现，miR-9b通过调节胰岛素信号通路活性，进而影响蚜虫的翅型分化。该研究结果拓展了miRNA作为环境因子的信号“传递介质”调控昆虫表型可塑性的分子机理。

能长距离迁飞是一些农业害虫造成大范围灾害的重要原因之一。科学家设想，如果可以在稻飞虱的迁出区种植可干扰褐飞虱翅型分化的转基因水稻，使得取食的褐飞虱不能分化出长翅型，也许可以解决稻飞虱在众多亚洲国家长期为害水稻这一重要虫害问题。

思政要点

对昆虫翅型分化机理的研究经过几十年也没能取得突破性成果，充分说明了这一科学问题的复杂性。然而，众多优秀科学家在面对这么具有挑战性的研究难题时，不但没有畏苦怕难，反而迎难而上。这种勇于挑战、坚持不懈的科学家精神值得我们学习。

适用课程及章节

农业昆虫学课程的水稻害虫，普通昆虫学课程的昆虫外部形态、生物学习性和行为等。

参考文献

[1]彩万志，庞雄飞，花保祯，等.普通昆虫学[M].北京：中国农业大学出版社，2011.

（撰稿人：张开军）

59

学科交叉融合，构建昆虫三维超微结构

——世界首个纳米级分辨率的昆虫三维结构震撼面世带来的启示

保障国家粮食安全是一个永恒课题。习近平总书记说，只要粮食不出大问题，中国的事就稳得住。大国粮仓，于民，是饱腹安身之本；于国，是安邦定天下之基。稳定水稻产量对保障国计民生和经济发展具有积极意义。

稻飞虱是水稻生产中主要害虫之一，具有毁灭性、突发性等特点。该虫虫体小，藏身在稻茎基部，是一种隐蔽性高、暴发性强的害虫。稻飞虱主要有三种：褐飞虱、灰飞虱和白背飞虱。其中，褐飞虱的发生和为害最严重。作为一种单食性害虫，褐飞虱唯一的取食对象是水稻，且仅能在水稻植株上完成世代发育。褐飞虱若虫、成虫刺吸水稻植株茎秆汁液为害，影响水稻对营养、水分的吸收传导，传播病毒病，引起水稻生长分蘖缓慢，造成水稻严重减产，甚至颗粒无收。

一、利用跨学科技术，首次构建完整的昆虫三维结构

浙江大学张传溪教授团队坚持以国家粮食安全战略的重大需求为工作导向，瞄准学科前沿，重点围绕影响我国水稻产业可持续健康发展的害虫褐飞虱的迁飞规律和预警防控技术开展了系统深入的研究，利用新技术新方法取得了一系列原创性突破。该团队在国际上首次利用三维电镜技术，构建出褐飞虱纳米分辨率的三维结构，揭示了褐飞虱内部组织器官，尤其是口器和气管系统结构与功能的关系。该成果发表在*eLife*上。

在传统的昆虫生理学研究中，有基于微型计算机断层扫描成像技术探索昆虫内部器官构造的先例，对昆虫内部结构及其空间分布关系已经有了一定程度的认识。但由于分辨率较低，该技术尚无法对小型昆虫内部器官的细节加以区分。张传溪教授团队突破传统的昆虫研究思维，跨学科结合前沿技术，对稻飞虱切片近千张，并且将每张切片扫描成像，最后利用这些图像组合编译成褐飞虱全身和内部器官的三维模型，三维模型分辨率达到纳米级。这一超精细模型展示了褐飞虱中24个精细的神经纤维网，占据腹部22%体积的共生

菌，唾液腺中包括副唾液腺在内的10种腺体，以及气管的四通环结构。该结构可以连通身体左右两侧的气管网络。值得注意的是，对取食状态的褐飞虱头部肌肉的超细微结构进行分析后发现，褐飞虱是通过压缩喙部使口针从口针鞘伸出。这一结论与以前普遍认为由肌肉直接控制口针刺入植物的观点相左。该发现解释了褐飞虱与其他以植物汁液为食的刺吸式昆虫的具体取食过程，同时给刺吸式害虫的防治带来了新思路。

二、多年潜心积淀，传承创新，“虫口夺粮”保收成

不仅在稻飞虱的基础生物学上颇有建树，张传溪教授团队在国际杆状病毒和功能基因组研究领域也占有重要的一席之地。特别是他带领团队勇攀科学高峰，找到了控制昆虫长短翅膀发育的“分子开关”，解决了长期困扰学界的翅型可塑性发育重大难题。翅型可塑性即遗传基因完全相同的有翅生物，在后天不同的环境条件下，翅的形态有明显分化的现象。该团队在研究中发现了褐飞虱2个同源性很高的胰岛素受体（受体1和受体2），当受体2的含量低时，胰岛素信号转导通路就会开启，褐飞虱最终发育成为长翅型；而当受体2的含量高时，转导信号通路就会关闭，褐飞虱最终发育成为短翅型。在褐飞虱4种不同的胰岛素中，参与调控这种翅型发育的胰岛素是一种由脑部分泌的胰岛素，即insulin-like peptides 3。这一发现对进化发育生物学和昆虫翅型可塑性发育的研究极具参考价值，该成果在*Nature*上发表，对开拓防治害虫新途径、实现“虫口夺粮”具有重要意义。

思政要点

1. 胸怀天下、守正创新的钻研精神。习近平总书记指出，志存高远方能登高望远，胸怀天下才可大展宏图。张传溪教授团队经年累月的科学研究铸就丰厚积淀，突破传统昆虫研究思维，跨学科结合三维电镜技术，形成世界首个昆虫内部结构的纳米级重建。我们应了解学科发展前沿，勇于突破固有思维，学习科学家的钻研精神。

2. 勤勉奋进，润物无声。老一辈昆虫学家为我国昆虫事业做出了不可磨灭的巨大贡献，家国情怀已经深刻融入科学家的血脉。如今，以张传溪教授为代表的科学家厚植家国情怀，勇担时代责任，主动作为，带领团队勇攀科学高峰，做出了新的卓越贡献。多年潜心积淀，一朝长空揽月。我们应学习继承张传溪教授团队刻苦钻研、积极作为的科学家精神，强烈的时代使命感和责任感。

适用课程及章节

普通昆虫学课程的形态学、昆虫内部结构和生理。

参考文献

[1]辛敏."稻梦者"的故事——记张传溪教授五好导学团队[N].浙江大学报,2017-05-19.

[2]刘刚.浙江大学张传溪教授团队揭示稻飞虱纳米分辨率的三维结构[J].农药市场信息,2021(8):45.

（撰稿人:豆威）

60 从“蚊”风丧胆到默默无“蚊”

蚊，隶属于双翅目蚊科，是最重要的医学昆虫类群，全世界已记录35属3600多种。其中，按蚊属是疟疾的唯一媒介，还可传播丝虫病和脑炎；库蚊属为病毒性脑炎的媒介，在热带和亚热带还可传播丝虫病；伊蚊属可传播黄热病、登革热和脑炎。因可传播多种致命疾病，蚊子已然成为人类杀手中排名第一的动物。

一、蚊媒疾病，“蚊”风丧胆

蚊子在地球上生活了两亿余年，远超人类历史。从古至今，人类对蚊子深恶痛绝，许多古代诗人写下了讨伐蚊子的诗文。欧阳修洋洋洒洒写下400余字超长诗作《憎蚊》，对蚊子的厌恶可见一斑。傅选在《蚊赋》中写道：“妨农功于南亩，废女工于杼机。”反映了蚊子对当时社会活动的影响之大。更有甚者，如《嘉庆高邮州志》记载：“竟以是夜吮死舍外，其筋露焉。”

每年约有72.5万人因为蚊虫叮咬而死亡。蚊子是如何从“吸血鬼”摇身一变成为“杀人狂魔”的？事实上，真正赋予蚊子恐怖杀伤力的是众多通过蚊子传播的蚊媒疾病。吸食血液的雌蚊是多种传染病病原的中间宿主，在叮咬过程中会刺破皮肤，将所携带的病原体输送至被叮咬者的血液中。目前，全球已发现80余种蚊媒疾病，多为致命性疾病。最常见的包括疟疾、登革热、黄热病、寨卡热、西尼罗病毒等。其中，疟疾被世界卫生组织国际癌症研究机构列为2A类致癌物。世界卫生组织表示，2021年全球约2.28亿人患疟疾，其中60.2万人死亡。登革病毒在100多个国家和地区流行，25亿人生活在登革病毒流行地区。非洲由于特殊的地理位置和气候，蚊虫“横行霸道”，一直是蚊媒疾病的“重灾区”，人民生命健康受到严重威胁。

蚊子还是某些重大历史事件的幕后推手之一，其泛滥之处，蚊媒疾病“只手遮天”。在一次时值夏季的战争中，元朝大军在行军过程中受疟疾影响，损失惨重。苏格兰殖民巴拿马时期，一半以上的殖民者死于疟疾，导致苏格兰银行破产。美国革命期间，英军在佐治亚州的沼泽地作战，沼泽中的蚊子让英军死伤惨重。法国修建巴拿马运河时，1/3的工人感染黄热病，巴拿马运河公司宣布破产，致使该运河的初次修建工作最后以失败告终。美国首都从费城搬到华盛顿，很大程度上是因为当时费城暴发的黄热病得不到有效控制。

在人类历史中，蚊子犯下的“滔天大罪”罄竹难书。罪大恶极的其实并不是蚊子本身，而是它带给人类巨大的疾病苦难。在这无数的历史疤痕中，我们见到了一个又一个的惨痛细节。长期以来，控蚊技术的欠缺导致蚊虫的防控一直不尽如人意，使得蚊媒疾病大肆传播。

二、控“蚊”去病，守卫健康

人类的灭蚊史可谓源远流长，贯穿了整个人类的文明史。《周礼》中记述了周王朝特别设立驱虫官，烧莽草以驱蚊虫。春秋时期，古人就已开始使用蚊帐防蚊。到了秦汉时期，就有了香炉等熏蚊用品。宋代科技著作《格物粗谈》中记载：“端午时，收贮浮萍，阴干，加雄黄，作纸缠香，烧之，能祛蚊虫。”把草晒干，编织成绳，点上火，就能驱蚊，类似于今天的蚊香。清朝时期，劳动人民在劳作过程中为了防止蚊虫叮咬，制作出了能够去痛止痒的药膏——“万金油”，便是今天的清凉油。

古罗马人还会将一些醋的混合物制成药膏涂抹于头部和脚部以驱赶蚊虫，东南亚国家的人则会点燃制干的柠檬香茅熏屋。19世纪，美国商人Jumticoff发现，涂抹除虫菊的粉末可预防虱子的滋生。日本将除虫菊的粉末加工为螺旋状的香，这便是最早的螺旋蚊香。20世纪40年代，随着DDT等高效杀虫剂的问世，人类得到了杀蚊利器，蚊虫的防控取得了阶段性胜利。但由于DDT剧烈的毒性带来了巨大的生态安全问题，随后该类杀虫剂被世界各国禁用。20世纪50年代，为提升杀虫效率，科技工作者开展了除虫菊酯类似物的合成研究工作，该类似物被命名为拟除虫菊酯。随着科技发展，科学家们研发出了各种化学杀虫剂，驱蚊事业进入飞速发展的时代。然而，由于长期泛滥使用化学杀虫剂，蚊子对杀虫剂的耐药性问题日益严重，加之杀虫剂污染环境和对人畜有毒，科学家们不得不思考新的控蚊策略。

如今，各种高科技手段杀入了“灭蚊战场”，蚊子的防控技术有了新的突破。目前，最新的控蚊技术包括“绝育蚊子”和利用基因编辑技术灭蚊。科学家释放不育雄蚊，让其与自然界的雌蚊交配，交配后无法产生后代，从而在源头上灭蚊。基因编辑技术则是通过改造蚊子的基因，使蚊子失去基本的生存能力。

科学家们为切断蚊媒疾病的传播做出了巨大贡献。20世纪50年代以来，全球已有32个国家或地区消除了疟疾。20世纪40年代，我国每年的本土疟疾病例超过3000万例，经过

70年的努力，如今已完全消除疟疾。在这背后，离不开科学家们十年如一日地开展灭蚊研究。

三、推动构建人类卫生健康共同体

人类与蚊子的大战持续了千百年，从单纯讨厌被叮咬，到认识到蚊子是传播致命疾病的媒介，再到控制蚊子种群数量……人类与蚊子的斗争既推动了科技创新的历史，也谱写了科学家们为人类健康孜孜求索的精神史诗。

2020年，习近平总书记首次提出构建人类卫生健康共同体。2021年，习近平总书记在全球健康峰会上指出："让我们携手并肩，坚定不移推进抗疫国际合作，共同推动构建人类卫生健康共同体，共同守护人类健康美好未来！"

防控蚊子，实则是对蚊媒疾病的预防，全球必须守望相助、同舟共济，共同肩负起对抗蚊虫及蚊媒疾病的责任与使命，共同推进构建人类卫生健康共同体。在世界发展处于十字路口、人类前途命运面临许多挑战的关键时刻，我们更要"常怀远虑，居安思危"，对于威胁人类生命健康的一切因素丝毫不能懈怠、马虎，筑牢全球健康防火墙是各国不可推卸的责任。

大道之行，天下为公。构建人类卫生健康共同体，需要全球人民的共同努力，更需要全世界科学家们团结合作、携手前行，积极应对蚊媒疾病等全球性的威胁和挑战，为维护各国人民健康做出更大贡献。年轻科研工作者要始终关注国家需要和人类需求，并为此不懈奋斗，推动构建人类卫生健康共同体。

思政要点

1.深刻认识病媒昆虫防治的重要性，树立学科自信。蚊虫滋生致使蚊媒疾病肆虐，灭蚊是防控蚊媒疾病的重要手段，是守卫人类健康的重要举措。

2.深入学习领会习近平总书记考察湖北武汉时的重要讲话精神。习近平总书记在湖北省武汉市考察时强调，科技自立自强是国家强盛之基、安全之要。

青年学子应以科技创新为利器，锻炼科技本领，为国家健康事业做出贡献。

3.认真学习贯彻习近平总书记在全球健康峰会上的重要讲话精神。青年科技工作者应肩负起维护全球人类健康的使命，树立起为人类健康事业奋斗终生的理想信念。

适用课程及章节

普通昆虫学课程的绪论、生物学、生理学等。

参考文献

[1]荆墨.文人笔下的“骂蚊诗”[J].文史博览,2018(6):70.

[2]王英.我国蚊媒防制策略及成就和挑战[J].中国热带医学,2019,19(9):807-811.

[3]李平,徐海栋,汪茂荣.非洲地区常见传染病流行现状[J].东南国防医药,2020,22(4):390-394.

（撰稿人：蒋红波）

61 从果蝇处见微知著

果蝇是双翅目果蝇科果蝇属昆虫，作为模式生物的一般是常见的黑腹果蝇。果蝇主要的食物是在有氧与无氧条件下都可以生存的酵母菌。人们之所以在农田、果园和家庭厨房等处，特别是腐烂水果处发现果蝇，主要是因为酵母菌滋生的缘故。本质上果蝇喜欢的是腐烂水果等发酵产生出的酒精，所以酿酒发酵池周围也会有很多果蝇。因此，古希腊人称果蝇为“嗜酒者”。

一、小巧果蝇，奇妙生命

黑腹果蝇成虫为舐吸式口器，主要以舐吸水果汁液为食，对发酵果汁和糖醋液等有较强的趋性。成虫在8—33摄氏度范围内均可生存，以25摄氏度左右为宜，高于33摄氏度时便会死亡。当气温低于8摄氏度时，果蝇成虫不在田间活动，多聚集于幼虫取食后的烂果孔穴里。果蝇成虫飞行能力较弱，多在背阴处活动，多数时间栖息于杂草丛生的潮湿地里。

果蝇生命周期分为四个阶段，即卵→幼虫→蛹→成虫。卵长约0.5毫米，白色，前端背面伸出一触丝，能附着在食物或瓶壁上，卵经22—24小时孵化为幼虫；幼虫经2次蜕皮成为三龄幼虫，长4—5毫米，肉眼可见其一端稍尖为头部，上有一黑色钩状口器；约4天幼虫化蛹，起初颜色淡黄、柔软，之后逐渐硬化为深褐色，随后羽化。果蝇成虫自羽化后8小时可交配，2天后即可产卵。成虫果蝇在25摄氏度下一般可存活15天左右，最长可达30余天。

二、果绳研究火热

黑腹果蝇因其繁殖力强、生活周期短、易于饲养、基因组小、染色体结构简单等特点，被广泛应用于遗传学研究。一方面，由于积累了许多果蝇的知识和信息，制备了大量的突变体，结合果蝇自身携带的便于遗传操作的标记，极大地方便了实验的设计和操作。另一方面，在果蝇遗传研究中发展的技术，如定点同源重组以及基因定点敲除等，目前仅能应用于果蝇。因此，黑腹果蝇现已成为重要的模式生物之一，在生物及医学领域发挥着重要作用。基于清晰的遗传背景和便捷的遗传操作，果蝇在遗传学、发育生物学、神经生理学、分子生物学等领域占据着不可替代的位置。

果蝇作为模式生物，在近一个世纪以来的生物学舞台上占有举足轻重的地位，在过去、现在和将来，都将为人类探索生命科学的真谛做出不可磨灭的贡献。

三、果蝇遗传学研究

与果蝇相关的第一个诺贝尔奖来自果蝇遗传学，其研究者是摩尔根。从1909年开始，摩尔根潜心研究果蝇的遗传行为。他在一群红眼果蝇中发现了一只白眼突变雄果蝇，惊喜万分，让这只白眼雄果蝇同红眼雌果蝇交配。结果出人意料地发现，在第二代果蝇中，白眼果蝇全都是雄性的。这说明决定白眼的基因与决定性别的基因是联系在一起的，而他之前的研究已证明性别是由染色体决定的，因此摩尔根推断，白眼基因也一定在性染色体上。这是染色体作为基因载体所获得的第一个实验证据。1926年，摩尔根发表了《基因论》，把他完善的基因遗传理论公之于世，也把孟德尔的性状遗传学推进到了细胞遗传学的新阶段，并因此获得了1933年的诺贝尔生理学或医学奖。

1946年，摩尔根的学生，被誉为“果蝇的突变大师”的穆勒，证明了X射线能使果蝇的突变率提高150倍。这项研究历经10余年，在果蝇基因人工诱变研究方面取得了实质性突破，因此穆勒获得了诺贝尔生理学或医学奖。

四、果蝇发育生物学研究

1995年，诺贝尔奖再次授予3位在果蝇研究中辛勤耕耘的科学家，分别是美国生物学家爱德华·路易斯、埃里克·威斯乔斯和德国遗传学家克里斯汀·纽斯林-沃尔哈德。他们在果蝇的研究中发现了早期胚胎发育的遗传调控机理，揭开了胚胎如何由一个细胞发育成完美的特化器官的秘密，整理出胚胎发育相关的5000个重要基因和139个重要基因，最终确认100个以上的基因是以前未曾发现的，揭示出重要基因的突变很可能是造成人类自然流产以及约40%不明原因畸形的主要原因。

五、果蝇神经生理学研究

2004年，美国科学家理查德·阿克塞尔和琳达·巴克发现果蝇在嗅觉功能上有个特定的大脑区域，并获得了当年的诺贝尔生理学或医学奖。他们在1991年合作发表了基础性的论文，宣布他们发现了一个由约1000个不同基因组成的嗅觉受体基因家族，以及与这些基因对应着的数量相同的嗅觉受体种类。之后两人各自独立研究,从分子层面到细胞层面阐明了嗅觉系统的工作原理,给这一领域带来了全新的进展。

2017年,3位美国科学家杰弗里·霍尔、迈克尔·罗斯巴什和迈克尔·扬,从果蝇中鉴定出调控生物节律的“周期基因”。他们发现这种基因可以编码一种蛋白质,这种蛋白质在夜间于细胞内聚集,白天降解。他们随后确定了调控生物节律的其他蛋白质成员,发现了这个细胞内自我维持的钟表受怎样的机制控制。其具体过程为“周期基因”以一定节律产生PER蛋白,并与Timeless(TIM)蛋白结合为复合体,随后该复合体进入细胞核阻断“周期基因”的活动以封闭抑制反馈环,从而调控果蝇昼夜节律。

六、果蝇免疫生命学研究

2011年诺贝尔生理学或医学奖授予了美国科学家布鲁斯·博伊特勒、法国科学家朱尔斯·霍夫曼和加拿大科学家拉尔夫·斯坦曼,获奖理由是“先天免疫激活方面的发现”和“发现树枝状细胞及其在获得性免疫中的作用”。他们的研究成果对开发新型疫苗以及增强疫苗作用至关重要,不仅针对炎症、传染病,还针对癌症。免疫系统,是人和动物的健康“防线”,用以抵御细菌和其他微生物。博伊特勒和霍夫曼认为,免疫系统中的“受体蛋白”可确认微生物侵袭并激活先天免疫功能,构成人体免疫反应的第一步。斯坦曼发现了免疫系统中的“枝状细胞”(DC细胞)及其在适应性免疫反应(即以自身调控方式适应并清除体内微生物)过程中的作用,构成了免疫反应的后续步骤。

思政要点

1.理解昆虫学,爱上学昆虫。果蝇的研究史隐藏着生命的无穷奥秘,可以激发学生的学习兴趣。

2.志存高远,追求卓越。摩尔根潜心钻研,以小虫成就大业。

3.在科学领域中创先争锋。应当积极进取,争当“第一个吃螃蟹的人”。

4.坚持把创新作为引领发展的第一动力。习近平总书记多次强调,惟改革者进,惟创新者强,惟改革创新者胜。

适用课程及章节

普通昆虫学课程的绪论、昆虫生理学。

参考文献

[1]聂传朋.果蝇的生活史及其人工饲养[J].生物学通报,2002(2):21.

[2]郭建明.樱桃新害虫黑腹果蝇的生物学特性[J].昆虫知识,2007(5):743-745.

[3]黄进.果蝇——遗传学的模式生物[J].智富时代,2017(5):444.

[4]泉琳.琳达·巴克:“嗅出来”的诺奖得主[J].科学新闻,2017(12):67-69.

[5]2011年诺贝尔生理学或医学奖揭晓[N].人民日报,2010-10-04.

[6]俞强.生物钟的研究、功能和机理——2017年度诺贝尔生理学或医学奖成果简析[J].科技导报,2017,35(23):33-38.

(撰稿人:蒋红波)

62 CCD:蜂群崩溃失调症

2006年冬到2007年春,蜂群崩溃失调症(colony collapse disorder,简称 CCD)在世界范围内暴发,给蜜蜂产业和人类社会造成了巨大损失。

一、蜜蜂——人类社会发展重要的参与者

“纷纷穿飞万花间,终生未得半日闲。”蜜蜂是膜翅目昆虫,在全世界范围内均有分布,其中以热带和亚热带地区的种类最为丰富。蜜蜂与人类关系密切,在漫长的人类历史长河中,蜜蜂主要以“采蜜者”的身份参与人类社会的发展。蜜蜂是蜂蜜的天然生产者,也是众多种类植物花粉传播的介体,是最重要的传粉昆虫之一。蜜蜂也是勤劳的象征。在我国古代也有众多赞美蜜蜂的诗篇,如唐代诗人罗隐所写的《蜂》便热情讴歌了蜜蜂采蜜的勤劳。

二、CCD流行,引发巨大损失

蜂群崩溃失调症,也称蜂群衰竭失调,其典型现象是大量工蜂突然消失且蜂巢内外无任何尸体,蜂巢中仅剩下蜂王、卵、幼虫和部分未成年工蜂。CCD危机给蜂群带来严重损失的同时,还会诱发生态危机。许多植物的繁殖依赖花粉的传播,蜜蜂种群的锐减会导致植物种类的减少。作为生态系统的基石,植物种类的减少会引发生态危机。因此,研究诱发蜜蜂CCD的原因及保护传粉昆虫一直是国际社会关注的重点问题之一。

三、多种因素共同作用诱发CCD

目前,随着研究的不断深入,研究者们普遍认为CCD是由多种因素共同作用引起的,即CCD是一种综合征。这些诱发因素可分为遗传因素和非遗传因素。

遗传因素。细胞色素P450是生物体内最大的基因家族之一,在生物体的解毒代谢中

发挥着作用。蜜蜂基因组显示，蜜蜂细胞色素P450基因总数量较少。这暗示着蜜蜂对于毒素可能有着较弱的抵抗能力。而大量化学农药的使用势必会对蜜蜂产生负面影响，如蜜蜂数量下降。研究表明，新烟碱类杀虫剂（如吡虫啉）也是引发CCD的重要原因之一。

非遗传因素。在蜜蜂的生长过程中，对蜜蜂种群产生威胁的主要有生物因素、环境因素和人类活动。生物因素是指在蜂群的发展过程中，对蜜蜂的生长、发育和繁殖存在干扰的各种生物因子，如寄生虫和病原微生物等。研究表明，狄斯瓦螨和武氏蜂盾螨是引发CCD的主要寄生虫，以色列急性麻痹病毒和微孢子虫是引发CCD的主要病原微生物。环境因素是指对蜜蜂生长可能产生胁迫的各类环境因子，如温度、湿度等。全球气候变化引起植物春季花期改变和流蜜期提前，可能会影响蜜蜂的生存状况，进而引发CCD。此外，大规模的单一化作物种植，会造成蜜蜂栖息地减少、食物源季节性供给不足等问题，这也是导致CCD出现的重要原因之一。虽然对于诱发CCD的原因，研究者们尚未得出明确或无争议的结论，但可以确定的是，人类活动的干预在整个蜂群的崩溃、野生蜂的消失等问题中起了至关重要的作用。

四、保护生物多样性，共建地球生命共同体

人类与蜜蜂有着不可分割的关系。据联合国粮农组织的数据，蜜蜂、鸟类等授粉媒介影响着35%的世界作物产量。如果蜜蜂减少乃至灭绝，许多农作物、植物将无法繁殖，从而形成多米诺骨牌效应，最终导致人类灭绝。因此，人类应该尊重自然、顺应自然和保护自然，应该积极推动生态文明建设，共同构建地球生命共同体，最终实现人与自然和谐共生。

思政要点

1. 在领导人气候峰会上，习近平总书记说："人类应该以自然为根，尊重自然、顺应自然、保护自然。……我们要像保护眼睛一样保护自然和生态环境。"

2. 在《生物多样性公约》第十五次缔约方大会领导人峰会上，习近平总书记强调：生物多样性使地球充满生机，也是人类生存和发展的基础。保护生物多样性有助于维护地球家园，促进人类可持续发展。

适用课程及章节

普通昆虫学课程的昆虫生态学。

参考文献

[1]苏松坤,湛毅,蔡芳,等.蜂群崩溃失调病(CCD)研究进展[J].中国蜂业,2007(11):5-7.

[2]本报评论员.共建地球生命共同体——论习近平主席在《生物多样性公约》第十五次缔约方大会领导人峰会上主旨讲话[N].人民日报,2021-10-13.

(撰稿人:牛金志)

63 从宏观到微观的昆虫世界

一只南美洲亚马孙河流域热带雨林中的蝴蝶，偶尔扇动几下翅膀，可以在两周以后引起美国得克萨斯州的一场龙卷风。这就是大家耳熟能详的“蝴蝶效应”。一只小小的昆虫，居然能产生这么大的影响。我们不禁好奇，昆虫在地球环境中起着什么样的作用呢？

一、昆虫与生态系统

每种昆虫都生活在特定的生态系统中，而昆虫在生态系统的结构和功能中也起着至关重要的作用。它们是许多其他生物的重要食物资源、捕食者、寄生虫或微生物媒介，也是能量和物质流动的途径。昆虫可以调节生态演替、生物地球化学循环、能量通量，而这些都会影响区域和全球气候。近些年，人们对昆虫生态调控关注度提升，利用宏生态学分析方法，比如3S技术和遥感信息、以稳定同位素与生态能学为基础的定量分析方法，比如DNA分子追踪技术、生态景观设计方法等，从整体上对昆虫进行生态调控，以发挥各种生境最大的生物控害潜能。

二、昆虫与生态因子

昆虫生存的生态环境因素，按性质可分为两大类：一类是非生物因素，主要有温度、湿度、降水、光、风、大气等；另一类是生物因素，包括昆虫的食物、天敌及微生物等。昆虫的生命活动需要在一定的温度范围内进行，而温度的变化会引起昆虫一系列生理生化反应。这些反应会影响昆虫的生长发育速度、行为活动、存活和繁殖，并最终决定昆虫的地理分布、发生期、种群密度等。湿度主要通过影响昆虫体内的含水量而发生作用，其本质是影响虫体内的水分平衡。环境湿度调控昆虫的生长发育、取食行为，影响昆虫抗寒性及其越冬存活。在自然界中，对生物体来说，光是最不可忽视的可变因素，光照时间、光波波长主要在昆虫生长发育、繁殖能力以及呼吸代谢等方面产生影响。风也是影响昆虫产生与发展的重要因素，主要对昆虫迁徙和数量传播有重要影响。在生态环境中，昆虫并非只受一种非生物因素的影响，而是受多种非生物因素的影响。

三、昆虫—植物—微生物的“三界”互作

在生物因素中，食物是昆虫赖以生存的基础。在植食性昆虫和植物的互作中，植物利用本身的刺、角质层、毛状体等固有的物理和化学屏障，阻碍昆虫取食。植物受到昆虫为害后，一方面，植物产生防御反应并生成大量有毒次生代谢物，如芥子油苷、生物碱、酚类；另一方面，植物通过释放挥发物和花蜜，吸引天敌昆虫，起到间接防御的作用。为了能继续在植物上生存，植食性昆虫在取食过程中诱导的植物响应不同于机械损伤，这种差异可能是由植食性昆虫在取食寄主植物过程中口腔的分泌物引起的。昆虫唾液成分可以被植物识别并诱导植物防御反应，也可以抑制植物防御反应。前者被称为激发子，而后者被称为效应子。除此之外，唾液在昆虫取食过程中还具有润滑、消化、免疫和解毒等作用，因此，唾液是昆虫能否在寄主植物上成功定植的关键因子。

昆虫还是植物病毒的重要传播媒介，绝大多数植物病毒依赖刺吸式口器昆虫进行传播。在长期进化中，媒介昆虫与病毒之间形成了复杂的互作关系。一方面，病毒在昆虫体内的各种生理活动对媒介昆虫产生直接影响；另一方面，病毒侵染寄主植物后诱发其营养成分、次生代谢和信号途径等发生变化，间接影响昆虫在寄主植物上的生长发育和繁殖力等生物学特性，最终在一定程度上影响病毒的传播。

思政要点

保护生物多样性有助于维护地球家园，促进人类可持续发展。习近平总书记指出：生态文明是人类文明发展的历史趋势。让我们携起手来，秉持生态文明理念，站在为子孙后代负责的高度，共同构建地球生命共同体，共同建设清洁美丽的世界！

适用课程及章节

普通昆虫学课程的昆虫生态学。

参考文献

[1]段美春．农业景观的时空格局对植物和节肢动物多样性的影响研究[D]．北京：中国农业大学，2016.

[2] 都慧，王晓伟．植食性昆虫唾液调控昆虫—植物互作的研究进展[J]．植物保护学报，2022,49 (1)：184-197.

（撰稿人：牛金志）

64

蝗虫群聚成灾的奥妙

蝗灾与水灾、旱灾齐名，并称为人类农业的三大自然灾害。我国2000多年的历史记载显示，大规模的蝗灾发生过800多次，受灾区多集中于河北、河南、山东三省，江苏、安徽、湖北等省亦有分布。蝗灾会对环境造成巨大影响，导致大面积农作物减产，甚至绝收。

一、颠覆性发现：4-乙烯基苯甲醚是蝗虫的聚集信息素

蝗虫有群居型、散居型及过渡型等多种表型。一般来讲，散居型蝗虫是不会对农业生产造成影响的，而群居型蝗虫才是我们的重点防治对象。但散居型蝗虫会在短时间内转变成群居型蝗虫，从而造成严重的影响。中国科学院康乐院士团队通过长期研究，揭示了散居型蝗虫转变为群居型蝗虫的原因，发现了4-乙烯基苯甲醚（4VA，又称4-甲氧基苯乙烯）是迁徙性蝗虫的聚集信息素。虽然4VA是由群居的蝗虫释放的，但4到5只独居的蝗虫聚集在一起时也可以触发4VA的产生。此外，他们还发现OR35是4VA的一个特异性嗅觉受体。群居的雄性释放的4VA气味挥发物被其他蝗虫触角上的嗅觉感受器捕捉，并与嗅觉受体OR35结合引诱蝗虫聚集在一起，从而形成群居型蝗虫。与散居型蝗虫相比，群居型蝗虫在生理和行为上表现出更高的同步性，如卵孵化和性成熟；在进食和行进行为上，也表现出高度的同步性。通过比较群居型雌性与散居型雌性的首次产卵时间和终端卵母细胞的发育，发现群居型雌性表现出显著的性成熟同步性和更高的成熟率；且与散居型蝗虫相比，群居型雌性首次产卵周期更加一致。在此过程中，嗅觉发挥着非常关键的作用。该团队建立了嗅觉受体共受体基因功能缺失的突变体蝗虫，用群居型雄虫气味刺激嗅觉功能缺失突变体品系的雌性飞蝗，不能观察到它们的性成熟同步现象。这些实验结果表明，雌成虫的成熟同步性主要是由群居型雄成虫产生的挥发性气味化学物质诱导的。

二、持续性突破:4-乙烯基苯甲醚促进群居型雌蝗虫性成熟同步

通过对群居型雄性、群居型雌性和散居型雄性成虫体表挥发物组成及含量的动态监测和分析,发现只有4VA具有明显的剂量依赖的同步效应。此外,对不同发育状态的雌性个体进行效应检测发现,4VA能够促进年轻雌性性成熟,而对年龄偏大的雌性没有明显作用,且对于羽化后1—2天的雌性也无明显作用。但触角电位及单感器反应实验结果显示,不同年龄的雌性飞蝗对4VA的嗅觉感知能力并无显著差异,这表明这种促进性成熟效应的年龄差异并不是由嗅觉接受能力导致的。进一步对羽化后3—4天的雌成虫的脑和心脏—原体(CC-CA)复合物的基因表达概况进行分析,发现4VA诱导CC-CA的基因表达特征发生了显著变化。与保幼激素(JH)合成相关的基因表达明显较高,但与JH降解相关的基因表达较低。且经4VA诱导后,血淋巴中JH的滴度显著上升,但该通路在年龄偏大的雌性中并没有显著变化。利用4VA嗅觉受体缺失突变飞蝗品系(Or35-/-)进行JH回补实验显示,羽化后3—4天经JH类似物处理后,突变体雌性的性成熟同步性显著提升。该结果表明,保幼激素通路介导了不同年龄雌性个体对4VA敏感性的差异。

综上所述,蝗虫群聚成灾的奥妙,即群居型雄蝗虫的体表化学挥发物4VA被其他蝗虫的触角嗅觉感受器所捕捉,并与嗅觉受体OR35结合引诱蝗虫聚集在一起,同时由JH信号通路介导4VA来促进群居型雌蝗虫性成熟同步,从而在短时间内产下大量后代,扩大了种群数量,加重了危害程度。

思政要点

开展科学研究,要坚持"四个面向":面向世界科技前沿、面向经济主战场、面向国家重大需求、面向人民生命健康。习近平总书记指出,科学以探究真理、发现新知为使命。一切真正原创的知识,都需要冲破现有的知识体系。

我们要勇攀科学高峰,敢为人先,追求卓越,努力探索科学前沿,发现和解决新的科学问题,提出新的概念、理论、方法,开辟新的领域和方向,形成新的前沿学派,并不忘科研报国初心,牢记科技强国使命,为我国科学技术进步和农业农村现代化贡献自己的力量。

适用课程及章节

普通昆虫学课程的昆虫生理学。

参考文献

[1]张鹏飞.蝗虫灾害的暴发与危害[J].科学,2020,72(5):1-5;64;69.

[2]高书晶,郭娜,王宁,等.飞蝗表型可塑性研究进展[J].中国草地学报,2021,43(1):104-110.

（撰稿人:牛金志）

65 昆虫与微生物的“合作共赢”

昆虫体内存在大量微生物，包括细菌、真菌和病毒。这些微生物分布在昆虫的体表、肠道及血淋巴中。微生物与昆虫存在复杂多样的共生关系。微生物不仅对昆虫的生物学性状、生态适应性及抗逆性等方面有影响，还在昆虫进化及物种多样性形成中发挥着重要作用。

一、共生微生物——促蚜虫适应进化

蚜虫体内含有大量共生菌，包括初级共生菌和次级共生菌。蚜虫在不断进化中特化形成了巨大的、包裹着大量共生菌的细胞，即“菌胞”。布赫纳氏菌为蚜虫必须依赖的共生菌，在所有蚜虫中均存在，被称为初级共生菌。初级共生菌主要存在于菌胞中，合成蚜虫所需的氨基酸、维生素等物质，维持蚜虫正常的生命活动。蚜虫中次级共生菌的功能多样：(1)为蚜虫的生长发育提供营养成分。如次级共生菌立克次氏体、沙雷氏菌可在蚜虫中合成维生素B2，促进蚜虫的生长发育。(2)增强蚜虫抵御天敌的能力。如次级共生菌肠杆菌有合成类毒素和致病因子的潜力。(3)改善蚜虫的适应性。如立克次氏体还能改善热胁迫下蚜虫的生态适应能力，从而提高蚜虫存活率。(4)改变蚜虫体色。如次级共生菌立克次氏体能够刺激豌豆蚜产生蓝绿色的醌类物质，从而将红色型转变为绿色型，且虫体绿色程度与该共生菌密度成正相关。更为有趣的是，蚜虫中的多种微生物并不是孤立存在的，它们在宿主中相互协作配合，在维持共生体存活的前提下，最大限度地提高自身的适应性。

二、肠道微生物——助天牛代谢消化

天牛主要取食植物枝叶甚至枝干，而植物木质纤维素重要部分的降解需要多种肠道微生物的参与。天牛肠道微生物的组成与取食适应性密切相关，其对有毒植物防御化合物的适应性决定了天牛在生态位中的竞争力。一方面，树木中的葡萄糖主要以纤维素、半纤维素、葡聚糖和果胶等多糖聚合物形式存在。天牛可通过肠道细菌产生纤维素或半纤维素酶,或提高宿主昆虫体内相关消化酶活性,进而分解木质纤维素,获得所需的葡萄糖。另一方面,萜类化合物是植物重要的化学防御物质。天牛可以利用肠道细菌降解植物分泌的萜类物质,以提高其对寄主的适应性。由于昆虫前、中、后肠结构不同,不同肠段的微生物环境存在差异,所以微生物在功能上也存在不同。肠道细菌与天牛宿主形成了一个共生功能体,菌群帮助天牛代谢物质,获取营养,克服植物的防御。可以说,肠道微生物是天牛完成生活史不可或缺的协同因素。

三、微生物——供白蚁消化利用

在白蚁中,微生物与宿主的共生系统更为复杂。一般来说,白蚁肠道中存在原生动物和细菌这两类微生物,并根据后肠中有无原生动物,可将白蚁分为高等白蚁与低等白蚁。在低等白蚁的体内存在原生动物和细菌。当白蚁通过啃食植物获取木质材料时,其肠道内大量的微生物将木质材料分解为可被宿主利用的乙酸等营养物质,而剩余的木质纤维素又被位于白蚁后肠的原生动物进一步消化和利用。由于高等白蚁体内没有原生动物,所以高等白蚁进化出了其他有利于消化纤维素的方式。该类白蚁可在蚁巢内培养出鸡枞菌真菌,进化出白蚁、细菌和真菌的三维协同共生体系。对于白蚁而言,白蚁在构建巢穴的过程中需取食鸡枞菌的菌丝体和分生孢子,直接获得在生长发育和繁殖过程中不可缺少的营养物质和抗病物质。白蚁在取食鸡枞菌根系的菌丝体后,可分泌多种消化酶,促进消化植物残体。对于鸡枞菌而言,鸡枞菌需要从蚁巢和周围环境获取营养源。白蚁体内特殊的固氮系统为鸡枞菌种间竞争提供了优势。培菌白蚁与鸡枞菌在长期进化过程中,形成了紧密的共生关系。

事实上,自然界中昆虫与共生微生物的例子还有许多,如实蝇中存在的肠杆菌能够促进宿主的发育,褐飞虱中存在的肠球菌与宿主抗药性的产生有关,柑橘木虱共生菌可保护宿主免受天敌的捕食,等等。大自然存在的微生物与宿主的互作关系,体现了自然进化中"合作共赢"、寻求共同发展的思维。

思政要点

昆虫与其体内共生微生物相互依存,共同进化。人类是一个整体,地球是一个家园,任何人、任何国家都无法独善其身。习近平总书记指出:这个世界,各国相互联系、相互依存的程度空前加深,人类生活在同一个地球村里,生活在历史和现实交汇的同一个时空里,越来越成为你中有我、我中有你的命运共同体。

适用课程及章节

普通昆虫学课程的昆虫生态学。

参考文献

[1]王渭霞,朱廷恒,赖凤香.昆虫共生微生物及其功能研究进展[J].昆虫学报,2021,64(1):121-140.

[2]同心打造人类命运共同体——以习近平同志为总书记的党中央创新外交理念与实践述评[N].解放日报,2016-01-27.

(撰稿人:牛金志)

66

小虫大智，代代相传

——迁飞的君主斑蝶

君主斑蝶是一类中型蝴蝶，体黑色，翅红棕色，翅脉黑色，前翅顶角与前、后翅外缘有黑色网纹，网纹内为红色或白色斑点，黑红或黑白色相间，外表美丽，主要分布于美洲、欧洲及大洋洲，因此又有漫游斑蝶、苏门答腊大蝴蝶之称。

每年9月到10月，加拿大南部和美国北部的君主斑蝶开始像候鸟一样纷纷南迁，准备飞往更温暖的墨西哥中部过冬。它们用不及半个巴掌大的小翅膀跨越了长达4000千米的距离。为什么外表如此柔弱的蝴蝶却能完成令人震撼的大规模迁飞呢？科学家发现，君主斑蝶的身体为了适应这种长途迁徙做出了“反蝶性”的改变。其他蝴蝶早已在春夏完成传宗接代的使命，然后在秋天随落叶入土，而此时要迁徙的君主斑蝶却“清心寡欲”。秋天降低的气温和缩短的日照让君主斑蝶体内的保幼激素水平下降，抑制了君主斑蝶的繁殖本能，君主斑蝶把所有精力都放在了长途迁徙上。在繁殖欲望降低的同时，这些南迁的君主斑蝶的寿命也延长到了9个月。但令人惊讶的是，夏季出生的君主斑蝶的自然寿命仅有几周，很多地区的君主斑蝶只进行小幅迁徙或根本不迁徙。只有那些寿命增加到一定程度的君主斑蝶才可能顺利飞往数千千米之外的目的地，它们最少也要有7个月的寿命。南迁的君主斑蝶在每年11月到达墨西哥松林中的过冬地点，它们层层叠叠地停歇在树冠上，像从树上长出来的茂密黄叶，就这样静待冬天过去。待到第二年3月春暖花开时，这些君主斑蝶才终于开起了求偶盛会，心系故土的它们并不打算把后代产在这里，而是带着腹中的卵再次出发北上。但雌蝶已经等不到归乡产子。出发不久后，雌蝶就会寻找生长茂盛的乳草属植物，在这些鲜嫩多汁的植物上产卵，好让子代出生后吃喝不愁。一段时间后，新长成的君主斑蝶具备了飞翔和迁徙的本领，也加入到飞行队伍中来，显露群体飞迁的本能，继续背负着上一代的使命北上。然而这些夏季出生的后代的寿命不到两个月，它们会在中途繁衍下一代，让第三代继续接力这场马拉松。经过整整四代，这场史诗般的大迁徙才算完成。

在震撼之余，让科学家更感到困惑的是：这些小飞虫如何在这么长的路线中不迷失方向？有科学家对此进行了研究。对我们来说，看路最重要的是眼睛，对君主斑蝶来说，眼睛也是极为重要的。许多昆虫，包括蝴蝶、蜜蜂、蚂蚁的复眼能够探测偏振光，帮助其来定位方向。君主斑蝶的复眼探测到的偏振光信息会输入脑袋里的太阳罗盘系统，该系统位于脑中央复合体。这一脑区能够整合偏振光来源等信息，判断太阳的方位角，从而指挥身体的前进方向。这个导航系统的准确性非常依赖生物钟。所有动物都有自己的生物钟，这决定了它们的昼夜节律，包括什么时候醒来，什么时候入睡。动物调控生物钟的结构通常在脑部。君主斑蝶脑部的生物钟同样起着感知昼夜和季节变化的作用。科学家们将君主斑蝶的生物钟打乱之后，它们的导航系统就“失灵”了，但对导航起关键作用的部位却位于触角。君主斑蝶的触角能够感光，而且每根触角都能独立辅助导航。被移除或涂黑触角的君主斑蝶仍能在太阳罗盘系统的指挥下朝特定方向飞行。最近还有证据显示，在缺少阳光的情况下，君主斑蝶也能像一些鸟类和哺乳动物那样通过地磁系统导航。

思政要点

1. 君主斑蝶的集体迁飞让我们懂得了集体力量的伟大。集体力量来源于成员共同的目标和团结协作。“千人同心，则得千人之力；万人异心，则无一人之用。”

2. 不要因为自己渺小而惧怕困难。君主斑蝶凭借其小小身躯就能跨越4000千米，完成它们的使命。科技工作者应肩负使命，不畏艰难，勇于开拓，善于创新。

3. 在纪念五四运动100周年大会上，习近平总书记要求广大青年积极投身新时代中国特色社会主义伟大实践，做实现中华民族伟大复兴的先锋力量：“新时代中国青年要勇做走在时代前列的奋进者、开拓者、奉献者，毫不畏惧面对一切艰难险阻，在劈波斩浪中开拓前进，在披荆斩棘中开辟天地，在攻坚克难中创造业绩，用青春和汗水创造出让世界刮目相看的新奇迹！”

适用课程及章节

普通昆虫学课程的绪论、昆虫生物学。

参考文献

[1]Mirror. 疯狂蝴蝶的长途迁徙[J]. 电脑报，2021(21).

[2]秦昭，金涛. 帝王蝶大迁徙：公众视野下的发现与保护[J]. 中国国家地理，2018(6)：162-175.

（撰稿人：王宗庆）

67

从林奈的一枝独秀到现今的百花齐放

——昆虫纲分目的沿革

一、开启昆虫分类的先河

昆虫是动物界中种类最多、数量最大、分布最广的一个类群。最早进行昆虫分目研究的是生物分类学鼻祖林奈(1707—1778)。1758年,林奈在《自然系统》(第10版)中采用了鲍兴的“双名命名法”为植物命名。虽然今天的“双名法”的很多规则被修正,但是大体上还是沿用林奈的思想。林奈提出,划分物种的标准为形态同一和杂交不育,把动物分为哺乳、鸟、两栖、鱼、昆虫、蠕形动物6个纲;依据翅的特征将昆虫纲分为7个目,分别是鞘翅目、半翅目、鳞翅目、脉翅目、膜翅目、双翅目、无翅目。林奈能取得这些成就,是因为他对生物的特殊感情、好学精神和丰富的学习经历,而且他非常重视前人的工作,能够虚心取人之长并加以发展。如林奈受法国植物学家维朗特《花草的结构》一书的启发,根据植物的雌蕊和雄蕊的数目对植物进行分类。

随着资本主义的发展和科学技术的进步,航海和探险使得生活在欧洲的人们对欧洲以外地区的动植物区系考察成为可能。其中,达尔文(1809—1882)以环球游历的丰富经验和对考察结果的研究为基础,创作了被称为“开创了生物学发展史上的新纪元,引起了整个人类思想的巨大革命”的《物种起源》,标志着生物分类学进入了一个新的时期。达尔文阐明了物种演变和生物进化,这成为生物分类学的理论基础和核心。但他主张渐变进化,未给物种以明确的定义,对物种的相对稳定性强调得不够。达尔文在《物种起源》中称一个人为“难以效法的观察家”,这个人就是创作了《昆虫记》的法布尔(1823—1915)。法布尔对昆虫做了全面系统的观察,他用一生的时间来观察和研究昆虫,以他独有的风格将观察内容和他的感悟融合,写出了堪称昆虫史诗的《昆虫记》。这本书影响了一代又一代人,让我们感受到了生命的智慧和力量。

二、昆虫系统学的蓬勃发展

随着人类对自然认识的深入，科学家们发现了一些以前未发现的昆虫，建立了一些新的目。比如，1907年发现了原尾虫，而后建立了原尾目；1913年发现了缺翅虫，建立了缺翅目；1914年发现了蛩蠊属，后在1915年建立了蛩蠊目。科学家们发现传统的“同翅目”并不是一个自然的单系类群，而是一个人为的并系类群，于是在2005年将同翅目并入半翅目。2016年，科学家在缅甸琥珀中发现了一个化石昆虫新目，是白垩纪特有的类群，因此建立了奇翅目。

除此之外，一些科学家在林奈的基础上，提出按照口器特征、综合特征、变态特征、翅的次生与原生，运用比较解剖学、古生物学的原理与方法进行昆虫分类，将无翅目分为缨尾目和虱目、蚤目，从鞘翅目中分出革翅目和直翅目，从脉翅目中分出蜻蜓目、蜉蝣目、毛翅目、长翅目等。新技术和新方法的应用，尤其是分子生物学方法的应用，促进了昆虫分类学的发展，使人类能进一步认识昆虫世界。

世界各地的昆虫分类学家在各自的研究领域辛勤耕耘，提供昆虫种类鉴定的科学资料，建立符合进化实际的分类系统。2012年，来自深圳华大基因研究院、德国波恩动物学博物馆和美国罗格斯大学等近20家单位的科研人员，组成了“千种昆虫转录组进化”研究联盟。该研究联盟将在这之后两年内开展1000种昆虫的转录组研究项目，望能揭开昆虫进化之谜。2014年，他们在*Science*上发表相关成果，重建了昆虫的生命之树，解答了长期以来有关地球上种类最多、数量最大的动物起源和进化的问题，同时也为昆虫纲分目提供了充分的依据。从1758年到现在，昆虫分类学家先后提出了30多个昆虫分类系统。随着新的研究结果的出现，现有的分类系统将会不断被修正、补充和完善。

昆虫分目系统的修订和完善，离不开昆虫分目鼻祖林奈的开创和发现，更少不了后来的科学家在林奈的基础上提出的新想法和新内容。昆虫分目系统的不断发展是建立在继承和创新的基础之上的。

思政要点

1.培养学生独立思考、深入探究、不畏困难的精神。

2.追求有高度、有境界、有品位的人生。在纪念五四运动100周年大会上，习近平总书记殷切期望青年朋友“追求更有高度、更有境界、更有品位的人生”。三个“更有”，语重心长，蕴含着人生大格局的深刻哲理，发人深省。

适用课程及章节

普通昆虫学课程的昆虫系统学。

参考文献

[1]袁锋,张雅林,冯纪年,等.昆虫分类学[M].北京:中国农业出版社,2005.

[2]亨利·法布尔.昆虫记[M].肖旻,等译.北京:商务印书馆,2015.

（撰稿人:车艳丽）

第四章

精神文化

68

根植科学理想，传承开拓精神

——记植保先驱自力更生的艰难创业路

我国的现代植保事业从开创到兴盛，离不开植保先辈们的筚路蓝缕、开拓创新，也离不开一代代植保工作者的艰苦奋斗和精神传承。

一、奋战“东南窑”

在西北农林科技大学北校区有一个被称为“东南窑”的实验室。20世纪70年代末，西北农学院植保系李振岐团队在研究小麦条锈病的过程中，发现病菌只有在一定温度条件下才能侵染传播。但由于当时我国的科研条件十分简陋，缺乏专业的人工气候箱等控温设备，因此每年只能开展5个多月的实验研究，这大大阻碍了研究进程。为了推动实验顺利开展，李振岐便开始思考如何才能延长科研实验的时间。面对经费不足、难以建设人工气候室的实际困难，李振岐想到了当时还是职工宿舍的窑洞，窑洞里冬暖夏凉，不就是个恒温箱吗？最终，李振岐把窑洞改造成了专门用于研究小麦条锈病的低温实验室，在当时有限的科研条件下大大延长了科研实验的时间。通过这个特别的实验室，李振岐锁定了条锈菌“老巢”，带领团队完善了我国小麦条锈病综合防治技术体系。他们开展的“小麦品种抗条锈性丧失原因及控制对策研究”，为国家挽回小麦损失折合人民币22.69亿元。这个简陋而不简单的“东南窑”不仅是我国小麦锈病研究的重要基地，也见证了李振岐、康振生两代院士的科研生涯，是植保先辈自力更生、开拓创新的真实写照，是西农人扎根西北抗击锈病的精神图腾。

二、创新求实，奋斗不止

中国科学院裘维蕃院士是我国著名的植物病理学家、植物病毒学家、菌物学家和农业教育家，是我国植物保护与植物检疫事业的主要推动者。裘维蕃先生在科学研究上坚持求实创新，从不墨守成规，并力求使研究课题密切联系生产实际。早在1937年，他先后深入安徽屯溪、汤口等山区调查食用菌栽培情况，采集标本，发现了多种以前罕见的食用菌。他用随身携带的旅行显微镜鉴定标本，并用彩笔将这些食用菌的形态与结构画得栩栩如生。在国内首创了用锯末栽培平菇和金针菇的方法，写出了我国第一本食用菌专著《中国食用菌及其栽培》。他勤于动手，在有条件购买仪器设备时，亲自了解仪器的使用原理和正确操作技术。在困难时期，他动手制作了酸度计、科技照相移动架和缩微胶卷阅读器。在彩色胶卷尚属于稀缺品的时代，他掌握了冲扩黑白照片和着色的技术，制作了很多精美的彩色植物病害照片，便于师生识别病害。接近耄耋之年的裘先生决定学习计算机。他很快掌握了计算机的使用方法，并撰写了《菌物学大全》《菌物世界漫游》等著作。

三、"拓荒"太白山

20世纪50年代起，我国老一辈农业科学家为了中国粮食安全，从武功县后稷"教民稼穑"处走进秦岭主峰太白山，利用太白山独特的生态环境，建立了一座简易的玻璃温室，创建了我国第一座高山夏季小麦条锈病实验室。这座实验室后被农业部指定为"全国锈病夏季研究中心"，现已成为闻名遐迩的"农业部太白小麦条锈病菌重点野外科学观测试验站"。这座高山夏季小麦条锈病实验室的奠基人之一就是路端谊研究员，她负责的陕西省植物保护研究所小麦锈病防治研究课题组从创建太白山野外研究实验室起步，揭开了我国小麦条锈病生理小种动态监测和抗病育种的序幕。她参与筹划实验室的选址，领导太白山实验室建设，主持开展小麦条锈病动态监测和小麦品种抗病性鉴定研究工作。这些老一辈农业科学家是太白山小麦条锈病高山科学观测试验站的拓荒者，为我国粮食生产做出了重大贡献。巍峨矗立的太白山见证了我国老一辈农业科学家艰苦创业的历程。

诸如此类的光辉事迹在我国老一辈植保学家的奋斗历程中数不胜数。正是这种不畏艰难、自力更生的奋斗精神支撑着我国的植物保护事业一路前行和繁荣发展。每一位植保人都要发扬这种艰苦奋斗的创业精神，为我国植保事业做出更大的贡献！

思政要点

艰苦奋斗、开拓创新。艰难困苦，玉汝于成；创业维艰，奋斗以成。习近平总书记指出：今天，我们的生活条件好了，但奋斗精神一点都不能少，中国青年永久奋斗的好传统一点都不能丢。在实现中华民族伟大复兴的新征程上，必然会有艰巨繁重的任务，必然会有艰难险阻甚至惊涛骇浪，特别需要我们发扬艰苦奋斗精神。

通过介绍我国植物病理学家在有限的科研条件下自力更生、克服困难，为我国植物保护事业做出卓越贡献的光辉事迹,勉励学生发扬老一辈科学家不畏艰难、开拓创新的精神,充分发挥聪明才智,勇于攻坚克难,为中华民族的伟大复兴做贡献!

适用课程及章节

普通植物病理学课程的绪论。

参考文献

[1]程刚."东南窑"里的西农精神——记我国两代小麦条锈病理学家李振岐、康振生院士[N].陕西日报,2020-10-03.

(撰稿人:李明骏)

69

接力奔跑50年，精彩呈现62卷

——《中国真菌志》系列丛书诞生记

我国幅员辽阔，气候多样，有着极丰富的真菌物种资源。早在新石器时代，我国先民就利用真菌发酵进行酿酒。有些古籍根据不同药用真菌的形态、色泽和功能等特点，对其进行了分类。如《神农本草经》记载了12种，《本草纲目》记载了34种。我国真菌学家戴芳澜先生汇总了将近7000种中国真菌在他的代表作《中国真菌总汇》中。我国另一位真菌学先驱邓叔群先生的著作《中国的真菌》中记载了2400种真菌。他们为我国真菌学和植物病理学的发展做出了很大的贡献。为摸清我国真菌生物资源家底，20世纪70年代，相关研究和编写工作被提上了日程。

一、《中国真菌志》编研工作的发起和开展

为了将未被纳入《中国植物志》的藻类、真菌、地衣及苔藓植物纳入中国生物志计划内，1972年，参加中国科学院计划工作会议的孢子植物学工作者提出筹建"中国孢子植物志编辑委员会"的倡议。该倡议经中国科学院领导批准后，"中国孢子植物志编辑委员会"的筹建工作随之启动，并于1973年在广州召开的《中国植物志》《中国动物志》《中国孢子植物志》的编研工作会议上正式成立。自那时起，《中国孢子植物志》一直在"中国孢子植物志编辑委员会"统一主持下编辑出版。

二、巾帼执笔分属划种，白粉菌开篇书写华章

《中国真菌志》的第一卷由郑儒永和余永年共同担任主编。郑儒永是我国杰出的女性真菌学家，中国科学院院士，1953年大学毕业后，进入中国科学院植物研究所真菌植病研究室（中科院微生物所前身）工作，师从著名真菌学家戴芳澜先生。她专心科研，在戴老的指导下，科研水平日益精进，特别是在白粉菌属的研究上结出了累累硕果，发表了十几篇关于白粉菌的重要论文，在国内外产生了深远的影响。在白粉菌各个属的分类研究中，从定

种界限的确定、命名法规的处理以及有关订正研究中，郑儒永均起到了重要作用。她对过去国内有关本属白粉菌的标本资料进行了全面的整理鉴定和订正，最后确定白粉菌属真菌。在我国33科103属226种和变种的寄主植物上共有52种和5变种，其中新种22个，新变种4个，新组合5个。郑儒永于1985年在*Mycotaxon*上发表的白粉菌属级分类系统被沿用到现在，并被国外同行所引用。郑儒永对待科学研究精益求精，她思路开阔，善于独立思考，不畏挑战权威。1985年，她提出的白粉菌属级分类系统，澄清和订正了许多在国际上有争议的问题，保持了多年的国际领先地位。

1987年，她与余永年先生合作主编完成了中国第一本完全经过直接研究写成的真菌志——《中国真菌志·第一卷·白粉菌目》成为国际公认的白粉菌目检索书。该书对我国白粉菌目的有关属种以及全世界范围内白粉菌目的所有属的全型进行了详尽的研究。本书的专论部分共记载了在我国发现的白粉菌科全型或有性型18个属253个种和变种，分布遍及全国各地，并手绘插图200余幅。该书秉承的分类系统得到了国际著名专家的广泛赞誉，国内几十年来的白粉菌分类都按此分类系统进行。《中国真菌志·第一卷·白粉菌目》像敲门砖一样，开启并引领了《中国真菌志》的编写工作。

郑儒永清廉的品质、淡泊名利的态度和朴素简单的处世原则令人肃然起敬，难怪有人赞她是"纯粹的科学家"。

三、分管真菌志尽心竭力，研究霜霉目结出硕果

《中国真菌志》第一卷发行后，此后相继出版61卷。特别值得一提的是，第六卷又是由真菌学界的老前辈余永年和郑儒永担任主编，这是他们继第一卷之后所著的又一力作。余永年先生是重庆万州人，曾在西南农学院工作过4年，1956年考取了戴芳澜先生的研究生，毕业后也一直跟随戴老做研究工作。参编了《中国真菌总汇》，是《菌物学大全》的副主编，也是《中国菌物学100年》的主编。

余永年先生对中国腐霉属的研究比较全面深入。他用英文发表的《中国腐霉属志》，得到了国际腐霉权威、英国国际真菌研究所Grace E. Waterhouse博士等的评阅和赞许。由余永年先生和郑儒永先生主持并主编的《中国真菌志·第六卷·霜霉目》于1998年问世，在通论中，介绍了霜霉目菌物的经济重要性、形态和结构、发育和演化以及分类历史和现状等；在专论中，将中国霜霉目菌物分为5科16属232种和变种。其中，插图228幅、彩照8版。

四、其他书卷编写工作的开展和取得的成果

1992年，刘波主编的《中国真菌志·第二卷·银耳目和花耳目》出版；1996年，赵继鼎主

编的《中国真菌志·第三卷·多孔菌科》出版，胡炎兴主编的《中国真菌志·第四卷·小煤炱目(I)》出版；1997年，齐祖同主编的《中国真菌志·第五卷·曲霉属及其相关有性型》出版……直到2021年，庄剑云主编的《中国真菌志·第六十二卷·锈菌目(五)》出版。从1972年筹备至今，历时50多年，《中国真菌志》已出版62卷，共记录了905属8873种真菌。《中国真菌志》是按照类群记录我国真菌物种的系列专著，为全面认识进而利用我国真菌资源奠定了基础。

受篇幅所限，《中国真菌志》的所有工作不能一一详述。这50多年的长跑接力所获得的辉煌成果，是全国真菌学专家学者前赴后继、共同努力的结果。他们不畏艰难，团结奋进，从大局出发，从微观入手，于细微处见真章，书卷的每一行每一页，无不展示了他们组织协调、四处采样、分离鉴定和显微测绘等严谨细致的研究工作。这些成果不但是自然界生物多样性和生物经济时代之间的桥梁，也为菌物学等相关学科的研究者提供了宝贵的学习和参考资料。

思政要点

1. 物种是基因的载体，我国丰富的孢子物种多样性是生物资源的宝库。摸清真菌生物多样性家底，加快相关遗传资源的收集保存和利用，架起自然界生物多样性和生物经济时代之间的桥梁，《中国真菌志》是必不可少的重要元素。

2. 真菌学前辈们无私奉献、淡泊名利的境界，不畏艰辛、善于探索、勇于发现、求真严谨的科学家精神，值得我们学习。

适用课程及章节

普通病理学课程的绪论、植物病原菌物，植物病原菌物学课程的绪论，农业植物病理学、园艺病虫害防治、园林病虫害防治和林木病理学等课程中涉及菌物的内容。

参考文献

[1]青宁生.我国真菌学的开山大师——戴芳澜[J].微生物学报，2006(2)：169-170.

[2]《中国孢子植物志》第二届编委会在北京召开[J].微生物学通报，1976(3)：39.

[3]孔华忠.中国真菌志·第三十五卷·青霉属及其相关有性型属[M].北京：科学出版社，2007.

[4]郑儒永，余永年.中国真菌志·第一卷·白粉菌目[M].北京：科学出版社，1987.

[5]青宁生.真菌学家——余永年[J].微生物学报，2014，54(12)：1515-1516.

[6]冯丽妃.兢兢业业续写真菌学新篇章——记2021年“最美科技工作者”庄文颖院士[J].旗帜,2022(3):82-83.

[7]冯丽妃.《中国孢子植物志》:近半个世纪的接力[N].中国科学报,2021-07-09.

（撰稿人:窦彦霞）

70 大胆探索寻“真凶”，统筹全局擒条锈

著名小麦病害专家、中国工程院院士康振生办公室的墙上挂着两张照片，一张是碧绿的麦田，一张是开黄花的小灌木。在康振生之前，从来没人想到，这种毫不起眼、随处生长的小灌木竟是使条锈肆虐的“真凶”。

一、小檗才是条锈肆虐的“真凶”

被称为小麦“癌症”的小麦条锈病是由小麦条锈菌引起的一种低温气传病害，一直是影响我国乃至全球粮食安全生产的重大生物灾害。一般在流行年份，该病可导致小麦减产10%—30%，严重时甚至造成绝收。培育能抵抗小麦条锈病的小麦品种是目前主要的防治手段。然而，小麦条锈菌的致病性变异极其频繁，小麦育种专家花上8—10年才培育出的品种，往往2—3年后就会丧失抗病性。更令人感到奇怪的是，在中国，新的致病菌小种始终是在西北越夏地区被发现的。为什么中国会存在这样一个区域？病原菌在这里究竟发生了什么？

为了找到答案，时任农业部国家小麦产业技术体系病虫防控功能研究室主任的康振生带着团队成员下陇南、入川北，在条锈病菌的策源地留下了他们的脚印。2010年，美国科学家通过实验室接种发现，小檗可作为小麦条锈病的转主寄主，但进一步研究证实，小檗在小麦条锈菌的有性生殖与病害流行中不起作用。这条消息引起了康振生的高度关注。

自然界中的条锈菌会不会存在有性生殖过程？康振生决定挑战权威。就在这一年，他带领团队成员研究发现，陇南麦田旁边的陕西小檗、少齿小檗和长穗小檗上竟然都有被锈菌侵染过的痕迹。一时间，如获至宝的他把这些发病小檗的叶片小心翼翼地带回了实验室，并将发病小檗的锈孢子接种到小麦上。果然，小麦出现了典型的条锈病症状。经过一系列试验，他和团队成员终于有了重要发现：小檗可作为小麦条锈菌的转主寄主，小麦条锈菌可在小檗上完成有性繁殖过程，从而产生致病性更强的遗传重组后代。小麦条锈菌正是

在广泛分布于西北山区的野生小檗上“生儿育女”，才使得新一代病菌成为小麦品种的“杀手”。小檗的广泛分布与条锈病有性生殖的发生，则是“越夏易变区”形成的根本原因。一个长期困扰学术界的难题就这样被破解了。这是国际学术界首次明确有性生殖是条锈菌毒性频繁变异的主要途径。澳大利亚科学院院士 Robert Mclntosh 指出，自然条件下条锈菌有性生殖的发现在小麦条锈病研究历史上具有里程碑意义。

二、小麦条锈病综合治理体系的建立

小麦条锈菌有性生殖过程的发现，只是建立小麦条锈病综合治理体系的第一步。如何避免全国病害大流行，打好小麦条锈病“防御战”，形成一套成熟、可复制、可推广的防治模式才是重点与难点。发现小檗在小麦条锈菌生活史中的重要作用后，康振生团队迅速构建了以作物结构调整、抗病品种布局、药剂拌种、冬孢子隔离、小檗处理等为措施的“越夏易变区”治理技术体系，使“越夏易变区”初始菌源量减少了40%，新小种出现频率降低了50%，抗病品种使用年限延长了3—5年，对全国小麦条锈病的有效防控发挥了重要作用。同时，查清了小麦条锈菌秋季菌源和春季菌源两大菌源基地的精确范围与关键作用，明确了病害源头与重点治理区域，研发出病害早期定量分子诊断和以菌源基地秋季菌源数量为基础的病害大区流行异地测报技术，病害预报准确率达90%以上。2017年，“中国小麦条锈病菌源基地综合治理技术体系”在我国12个省（市）大规模应用，全国条锈病发生面积降低50%，每年挽回小麦损失20亿公斤以上，年均增收节支达40亿元。这项研究成果获2012年国家科技进步一等奖。同年，康振生当选了中国工程院院士。“当选院士是荣誉，更是责任，是对我和我们整个团队的认可。”康振生说。对他而言，理想与责任之间，院士康振生和教授康振生并没有什么区别，他依然是他，不忘初心，无问西东。他说：“我们是从田间地头走出来的，还是要回到田间地头上去，要瞄准世界农业科技前沿，努力用前瞻性的基础研究和创新成果，确保国家粮食安全。”

康振生和团队成员做出的防控策略，在全国推广应用，给万千农户带来了福音。“我也当过农民，知道种地的辛苦和不易。一斤小麦一块钱，种粮的农民是在为国家做贡献。”他把依靠科学助农增产增收作为初心和使命，一举一动中流露出对农村、农民深深的眷恋。科技一直在进步，但是病菌也一直在变异，所以科学进军一路永远没有终点。康振生的答案是不唯上、不唯书、只唯实，用产量和事实说话。山再高，往上攀，总能登顶；路再长，走下去，定能到达。

思政要点

1. 康振生院士扎根田间，无问西东，在自己的岗位上艰苦奋斗，把科研与生产紧密结合，为全面防治小麦条锈病做出了杰出贡献。

2. 康振生院士凭借敢于创新、不屈不挠的精神，终于得出了“小檗可作为小麦条锈菌的转主寄主”这一具有里程碑意义的研究成果。

3. 康振生院士不惧困难、勇挑重担，为国家粮食安全做出了巨大贡献。

适用课程及章节

普通植物病理学课程的绪论、农业植物病理学课程的小麦病害。

参考文献

[1]程刚.“东南窑”里的西农精神——记我国两代小麦条锈病理学家李振岐、康振生院士[N].陕西日报，2020-10-03.

[2]李晓春，付文婷，唐琳.赤子情怀绿色梦——记新晋中国工程院院士、西北农林科技大学教授康振生[J].科学新闻，2017(12)：57-59.

（撰稿人：杨宇衡）

71

肆虐千载多饿殍，治蝗百年迎盛世

蝗虫，俗称“蚂蚱”，属直翅目昆虫，包括蚱总科、蜢总科、蝗总科，全世界超过10000种，我国有1000余种，分布于全世界的热带、温带的草地和沙漠地区。蝗虫是农业害虫，为害禾本科作物，降低粮食的产量与质量，对农业造成了极大的危害。

在人类历史上，现在可以看到的最早的蝗灾景象是古埃及墓室中公元前2400年的一幅壁画。关于早期蝗灾的文字记载在古埃及、希伯来、古希腊和中国都有。

作为拥有悠久农耕文明的农业大国，我国历史上蝗灾迭起。《春秋》中关于蝗灾记载道：“秋，大雩，螽。”在春秋时期，史书有“凡物不为灾不书”的惯例，史官将其记入史册，就可以推断当时的蝗虫已成大灾。《史记》中记载：“十月庚寅，蝗虫从东方来，蔽天。”可见当时蝗灾十分严重。

汉代，对蝗灾及其治理方式都有了更加详细的记载。汉武帝时期，提倡“天人感应”的儒生董仲舒将蝗灾视为上苍的谴告，发出“国家将有失道之败，而天乃先出灾害以谴告之，不知自省，又出怪异以警惧之，尚不知变，伤败乃至”的感叹。关于蝗灾乃是“天谴”的说法开始在民间流传，各个社会阶层甚至将蝗虫敬拜为神虫或虫王，称蝗虫为“蝗神”，认为蝗虫不是人力可以战胜的，统治者应该“修德禳灾”。民间普遍建立八蜡庙和虫王庙，祭祀蝗神，民众甚至“或于田旁焚香膜拜设祭而不敢杀”。

南北朝时期，国家动乱，但仍可见蝗灾的相关记载。如《宋书》中记载：“大蝗，自幽、并、司、冀至于秦、雍，草木牛马毛鬣皆尽。”

唐诗中关于蝗灾的书写，主要的主题是捕蝗、灭蝗。《旧唐书》中记载了唐代最卓有成效的一次灭蝗运动。在宰相姚崇的坚持下，唐玄宗最终下令灭蝗，出现了“由是连岁蝗灾，不至大饥”，“蝗因此亦渐止息”的景象，为开元盛世的到来奠定了基础。

宋朝以后，关于蝗灾的记载开始逐渐增多。宋朝记载大小蝗灾共75次，元朝记载蝗灾42次。

在元朝灭亡前,元朝内部从南到北数十个州县同时发生蝗灾,史书记载:“四月大都、霸州、河间皆蝗,食禾稼草木俱尽,饥民补蝗食。”

明朝末年蝗灾连年暴发,“饿殍遍野”“人相食”的记载不绝于书。李自成在蝗灾最为严重的陕北,带领农民军发动了起义,提出了“均田免赋”等口号,并在攻陷洛阳等地后开仓赈灾,迅速赢得了民心。许多治蝗类农书在明朝时期也已经出现,对蝗虫习性、蝗灾发生规律、除蝗技术等方面有了初步的研究,如明末徐光启写的《除蝗疏》。

清代康熙皇帝在认真分析研究了蝗灾产生的原因及其巨大危害后,根据蝗虫生活史中每个阶段的特点,提出了相应的捕灭方法,并以此编著了著名的《捕蝗说》。

中华人民共和国成立以来,国家非常重视治蝗工作,我国昆虫学家不负众望,在蝗灾的发生机制、治理方案以及控制技术上取得重要成就。目前,我国已将蝗虫造成的灾害降到了极低的水平,几乎已无成灾的蝗虫群形成。人们不再惧怕蝗灾,而是更加关注蝗虫在食用、药用方面的价值。

“治蝗减灾,保粮安邦。”既是历史遗训,也是现实遵循。通过梳理中国历史上的蝗虫、蝗灾状况,深刻认识蝗虫对人类社会造成的影响,正确认识控制蝗灾是我国生物安全建设的重要内容。

思政要点

1. 习近平总书记指出:中华民族历史上经历过很多磨难,但从来没有被压垮过,而是愈挫愈勇,不断在磨难中成长、从磨难中奋起。

昆虫与人类的斗争从未停止,认识昆虫、了解昆虫,知己知彼,控其害、用其益。

2. 习近平总书记强调:中国人的饭碗任何时候都要牢牢端在自己的手上。

农业科技工作者要争做排头兵,在关键岗位和技术攻关中勇挑重担、攻坚克难。

适用课程及章节

普通昆虫学课程的绪论、昆虫生物学。

参考文献

[1]李璐.诗说虫语:唐诗宋词里的昆虫世界[M].北京:中国社会科学出版社,2017.

[2]何先成.唐代的蝗灾再认识[J].唐都学刊,2014,30(1):39-45.

[3]阎守诚.唐代的蝗灾[J].首都师范大学学报(社会科学版),2003(2):12-18.

[4]王栋亮.明代的蝗灾及其对农民战争的影响[J].科技视界,2014(8):130-131;181.

[5]赵艳萍.中国历代蝗灾与治蝗研究述评[J].中国史研究动态,2005(2):8.

（撰稿人：王宗庆）

72 亘古丝路铸辉煌，科技兴国谱新篇

种桑养蚕在我国历史悠久。家蚕是以桑叶为食的鳞翅目昆虫，起源于中国的古野蚕，可吐丝结茧，是丝绸的主要原料来源，在人类经济生活及文化历史上占有重要地位。当今，我国茧丝的产量和出口量分别占世界总量的70%以上和80%以上，因此，我国是在世界茧丝贸易中占主导地位的茧丝绸大国。

一、千年蚕桑书写辉煌"丝路"

在新石器时代中期，我国先民便开始采桑养蚕、取丝织绸。蚕桑是中国传统农业文化的重要组成部分，《尚书·禹贡》中有"桑土既蚕"的记载，《管子·山权术》中有"民之通于蚕桑"的说法，《陌上桑》中描写民间蚕桑习俗的"罗敷善蚕桑，采桑城南隅"更是脍炙人口。

桑蚕有着非常重要的农业、商业价值，在古代中国的地位非常高，历代统治者对桑蚕业都非常重视。《礼记·祭义》："古者天子诸侯必有公桑蚕室，近川而为之，筑宫，仞有三尺，棘墙而外闭之。"《齐民要术》："后妃斋戒，亲帅躬桑……以劝蚕事……无为散情。"天子、诸侯都必须种桑养蚕，后妃更要做表率，体现了桑蚕在中国古代农业中的重要地位。很多古籍中记载了中国古代的蚕桑之事，如《礼记·月令第六》："季春之月……天子乃荐鞠衣于先帝……命野虞无伐桑柘。鸣鸠拂其羽，戴任降于桑……后妃斋戒，亲东乡躬桑。禁妇女无观，省妇使，劝蚕事。蚕事既登，分茧称丝效功，以共郊庙之服，无有敢堕。"又如《隋书卷十九·天文》："每岁春月，各依乡土早晚，课人农桑……桑蚕之月，妇女十五以上皆营蚕桑。"这些记载无不显示着中国古代蚕桑业的兴盛。蚕桑业的发展改变了中华民族的服饰形象。丝绸文化与中华文明相伴而生，体现在礼仪制度、文化艺术、风土民俗等方面。

作为蚕桑文化的主要构成符号，蚕吃的是绿色的桑叶，吐出来的是洁白的蚕丝，这是一种自然现象，其中却蕴含着深刻的人生哲理。"春蚕到死丝方尽，蜡炬成灰泪始干"，把蚕的执着、坚贞、奉献精神诠释到了极致。蚕的一生，使古人将生死循环与自然天地之道联系起

来。人们对待蚕桑的态度体现了古人对待自然万物的态度，是一种向自然索取、物尽其用但不浪费的态度，一种让自然持续发展的态度。人们在从事蚕桑生产中寓情于物，表达着对自然的尊崇和爱护之情，形成了独特的中国古代桑蚕文化。

数千年来，中国丝绸凭借自身独有的魅力、绚丽的色彩、浓郁的文化内涵，为中国文明谱写了灿烂篇章。作为古代世界东西方之间最为重要的贸易和文化交流通道，丝绸之路将丝绸产品及其生产技术和艺术传播到了世界各地，为东西方文明互鉴做出了卓越的贡献。

二、现代科技重添“丝路”异彩

随着基因组时代的来临，丝绸之路的背景已不再是骆驼和沙漠，而是现代科学技术和基因知识产权的国际竞争。日本为确立其在鳞翅目昆虫基因组研究中的主导地位，于2001年在法国里昂召开了国际鳞翅目昆虫基因组计划筹备会，日、法、美、英等8个国家的20余位科学家参会，而当时蚕丝产量占世界总量70%的中国未被邀请。2002年，在日本筑波召开了家蚕基因组计划的国际会议，鉴于中国科学家的实力，会议达成了“日中两国牵头、任务各半、2004年完成家蚕基因组测序”的意向。2003年4月，日本单方面终止合作协定，独自启动了家蚕基因组测序，宣称要“开拓21世纪日本丝绸之路”。同年6月，向仲怀率领科研人员紧急启动中国家蚕基因组计划，决定背水一战。因为这不仅关系到中国在基因知识产权的国际竞争中能否占据主动地位，还关系到21世纪的“丝绸之路”是从中国开始，还是从别的地方开始。经过400多名科研人员夜以继日鏖战100多天，2003年11月15日，中国科学家率先绘制完成世界上第一张家蚕基因组框架图。这是中国科学家取得的具有里程碑意义的研究成果，使21世纪“新丝绸之路”从中国出发。2004年，家蚕基因组研究论文在世界顶级学术杂志《科学》上发表。

进入新时代，习近平总书记提出共建“一带一路”倡议，赋予丝绸之路新的生机活力。古丝绸之路所展现出的文化特质，被习近平总书记创造性地提炼为“丝路精神”，即千年历史积淀所形成的以“和平合作、开放包容、互学互鉴、互利共赢”为核心的丝路精神，是人类文明的宝贵遗产。中华儿女正在用自己的勤劳和智慧书写新世纪的丝路华章！

思政要点

1. 增强民族自豪感和责任心。了解我国蚕桑产业的发展历史、辉煌成就和对世界的贡献，认识到科学研究和科技发展对民族振兴的重要性。

2. 弘扬集体主义和爱国主义精神。学习向仲怀院士团队以国家、民族、科学为重，艰苦攻坚的精神。

3. 弘扬丝路精神。站在新的历史起点，传承发扬丝路精神，为中华民族的伟大复兴做贡献。

适用课程及章节

普通昆虫学课程的绪论、昆虫生物学、昆虫系统学。

参考文献

[1]龚国.乐至“蚕桑文化”资源及品牌建设的思考[J].四川蚕业，2015，43(1)：58-60.

[2]雷国新.蚕桑文化探析[M].长沙：湖南科学技术出版社，2021.

[3]李静.从蚕桑文化看古人如何对待自然物[J].农业考古，2013(6)：216-218.

[4]宁敏华.蚕桑文化发展浅析[J].广西蚕业，2020，57(3)：66-69.

[5]陶红，张诗亚.蚕桑文化的符号构成及礼治内涵解析[J].西南大学学报(社会科学版)，2007，33(6)：171-177.

[6]王永生，范永慧.传承蚕桑文化　弘扬中华文明[J].蚕桑茶叶通讯，2021(3)：6-8.

[7]王昭荣.日本侵华时期对中国蚕丝业的统制与资源掠夺[D].杭州：浙江大学，2002.

（撰稿人：杜喜翠）

73
空中"植物医生"

2013年11月27日，习近平总书记到山东省农业科学院考察时作出了"给农业插上科技的翅膀"重要指示。2014年中央一号文件明确提出要"加强农用航空建设"，为航空植保的发展指明了方向。目前，我国无人机的研发和生产能力世界领先，植保无人机的装备总量和作业面积也是全球第一。广大植保工作者应该把握智慧植保的时代机遇，了解植保装备的前沿知识，掌握先进植保技能，服务农业，报效国家。

一、空中诊病

无人机遥感监测则提供了新的空中"诊病"角度。基于无人机的病虫害遥感监测平台，利用搭载的各种传感器获取目标作物的遥感影像等数据，通过数据挖掘和建模来获取并分析受害作物的光谱变化，识别诊断作物的受害情况，最终实现空中诊病。与传统的田间现场诊断相比，无人机低空遥感监测技术具有信息采集迅速、空间覆盖率高、成本低、机动灵活等优点，可获得高空间分辨率、高时间分辨率、高光谱分辨率的影像。该技术已经成为作物病虫害遥感监测的一个重要发展方向，是目前数字化精准农业的热点和未来病虫害监测的必然趋势。

二、空中施药

无人机完成空中诊病后，专业人员根据采集的信息进行综合研判，确定防治方案。如需喷洒农药，无人机将再次登场，进行空中施药。目前，植保无人机农药喷洒主要以喷杆喷雾的形式实现，采用浓缩药液作业，进行低容量，甚至超低容量喷雾。喷洒作业过程由药液泵驱动农药在输药管路内流动，当管路内形成足够压力后，由喷头进行高雾化喷施。无人机具备多种先进的施药技术，比如变量施药技术。与传统施药技术相比，变量施药可以根据病虫害发生程度、作物疏密等信息按需给药，这样不仅可以解决农药过量使用问题，而且能够节省成本，提高防治效率。此外，无人机还可以通过安装专用喷头和高效助剂，进行“减飘喷雾”，能够有效减少施药过程中的雾滴飘移，这样既能保证药效，又能减少浪费和环境污染。未来，无人机将有望实现静电喷雾技术。该技术通过相关充电方式使雾滴带电，然后在高压静电的作用下，带电药液能够主动吸附于作物靶标的正反面，达到吸附效果，从而极大地提高药效。总之，无人机植保作业具有作业精准、高效环保、智能化、操作简单等优点，非常适合我国部分农业地区作物种植面积碎块化的种植模式，尤其适合山地和浅丘地带的作物种植区。同时，该技术也为我国农业人口老龄化、人口数量下降等问题提供了关键的解决思路，因此无人机施药必将成为将来我国农业生产中药剂施用的重要方式。

三、空中植物医生——中国领先全球

目前，植保无人机统防统治已经成为我国技术含量高、市场需求大的农业生产性服务。中国在该领域处于领先地位。2015年以来，我国农林植保领域工业无人机市场规模逐年上升，2019年达46亿元。在春耕、5G等多方面因素影响下，2020年植保无人机的数量、种类和应用场景等都实现了跨越式发展，市场规模近70亿元。在政策和需求的影响下，中国的农用无人机市场在未来10年还会进一步增长，预计到2025年中国将新增农用无人机2.2万架，到2030年将再新增2.5万架。而且，中国不但是农用无人机使用大国，同时也是无人机生产大国，在全球排名前13家相关厂商中，中国有8家，其中深圳大疆科技公司就占有全球市场50%的份额。

我国植保无人机总体呈现以下特点：第一，生产企业数量不断增长。我国已有近400家从事植保无人机研发、生产和销售的全产业链企业，而且总体上呈现增长态势。第二，各项技术日趋成熟。主流的植保无人机机型已经具备手动增稳模式和全自主飞行作业模式，能够实现厘米级定位，实现喷幅与作物冠面的精准对接，并且可以进行超低空（低至作物冠层上方0.5米高度）仿地飞行。第三，实践应用成效显著。截至2019年，全国植保无人机保有量已超4万台，作业面积超4亿亩次，防治作物包括水稻、小麦、玉米和棉花等，总体减少农药使用量20%以上，提高农药利用率30%以上。

思政要点

1. 夯实理论，拓宽视野，推动应用。植保科技的发展要求更坚实的理论基础和更广泛的学科交叉，我们应该敏锐捕捉行业需求，理论结合实践，积极推动植保技术的研发应用。

2. 敢为人先，当仁不让。当代植保人应该在智慧植保的时代浪潮中，抓住机遇奋力拼搏，巩固我国的领先优势，促进植保工作迈向更高水平。

适用课程及章节

植物化学保护学课程的农药剂型和使用方法、植保装备与应用课程的植物有害生物的防控装备。

参考文献

[1]胡维月，席玉强，尹新明．中国农用植保无人机施药技术研究进展[J].现代农业科技，2022(10):95-99.

[2]田志伟，薛新宇，李林，等．植保无人机施药技术研究现状与展望[J].中国农机化学报，2019，40(1):37-45.

[3]闫晓静，褚世海，杨代斌，等．给农业插上科技的翅膀：植保无人机低容量喷雾技术助力农药减施增效[J].植物保护学报，2021，48(3):469-476.

[4]杨国峰，何勇，冯旭萍，等．无人机遥感监测作物病虫害胁迫方法与最新研究进展[J].智慧农业(中英文)，2022，4(1):1-16.

（撰稿人：肖伟）

74

“植物转基因”并不是妖魔鬼怪

转基因技术是运用科学手段从某种生物中提取所需要的基因，将其转入另一种生物中，与另一种生物的基因进行重组，从而产生特定的具有优良遗传性状的物质，被称为“人类历史上应用最为迅速的重大技术之一”。1983年，世界上第一例转基因植物——转抗除草剂基因烟草，由美国华盛顿大学和孟山都生物技术公司联合成功研发。1993年，世界上第一种转基因食品——转基因晚熟西红柿在美国上市。转基因技术不仅可以提高农作物产量和生产效率，而且在一定程度上可以解决病虫害问题，改变作物生长周期，提升市场规模和经济价值。

一、转基因植物种植现状

转基因作物商业化种植始于1996年，2019年全球种植面积达到1.904亿公顷，占全球耕地的14%。种植转基因植物的国家已达71个，其中，美国、巴西、阿根廷、加拿大和印度的种植面积高居世界前五。在种类上，全球商业化种植的转基因作物有25种，主要是大豆、玉米、棉花和油菜。转基因棉花种植面积占比约为79%，转基因大豆、玉米、棉花和油菜的种植面积占比分别为47%、32%、15%和5%。我国转基因种植面积为320万公顷，占全球1.68%，位列第7位，主要种植棉花和木瓜两类转基因作物，其他农作物我国仅持有生产应用证书，并未进行实际的规模化种植，也未批准进行商业化生产。我国已批准50多个转基因作物品种的进口，主要的进口国家为美国、巴西等转基因作物种植大国。其中，2020年，我国转基因大豆进口量突破1亿吨，约占全国大豆消耗量的90%。

二、转基因植物的争议

自转基因作物商业化种植以来，其安全性一直是学界和社会关注的焦点。2012年湖南“黄金大米”事件在一些媒体的推动下，国内对转基因的负面舆论达到了顶峰。2016年，

133名诺贝尔奖得主联名签署公开信，力挺转基因技术，要求绿色和平组织等不要再反对转基因食品，而社会并不太认可。反对转基因食品的人认为，食用转基因食品可能会导致基因突变。但主张食用转基因食品的人认为，转基因食品产量高、农药残留低、营养含量高，到目前为止还没有大规模的人体实验证实其危害性。

三、我国转基因植物的监管与保护

我国于2011年颁布《农业转基因生物安全管理条例》，2017年做了修订，规定了农业转基因植物研究、生产、加工、经营和进出口活动应遵守的规范、监管责任主体和相关安全评价制度。2017年，修订《农业转基因生物标识管理办法》。2019年，发布《国务院办公厅关于加强农业种质资源保护与利用的意见》，提出要开展种质资源表型与基因型精准鉴定评价，深度发掘优异种质、优异基因，构建分子指纹图谱库，强化育种创新基础。2022年，修订《农业转基因生物安全评价管理办法》。从政策层面保障了我国农业转基因植物新品种的研发和后续发展。

四、我国转基因植物的发展趋势

在全球气候变暖的趋势下，农业面临着干旱、洪涝等气候变化可能带来的不利影响。更为严峻的是，世界人口现已达到历史性的70亿，贫困、饥饿和营养不良人口达到10亿，粮食严重短缺。近年来，国际形势复杂严峻，而美国和法国的世界四大粮商垄断全球80%的粮食交易，发达国家的跨国种业集团在植物转基因产业布局多年，我国相关产业面临“卡脖子”风险。我国既要坚守18亿亩耕地红线，也要利用转基因作物的优势，有关部门要在严格监管、风险可控的前提下，加快推进生物育种研发应用，开展生物育种技术体系创新，培育突破性品种，实现种源核心技术与战略品种国产化。

思政要点

通过介绍转基因植物相关背景，学生们认识到以生物技术和信息技术为特征的新一轮农业科技革命正在孕育重大突破，要坚持农业科技自立自强，加快推进农业关键核心技术攻关；要牢记粮食安全这个“国之大者”，要坚持中国人的饭碗任何时候都要牢牢端在自己手中，饭碗主要装中国粮；要拿出破解“卡脖子”技术的干劲，明确方向和目标，加快实施农业生物育种重大科技项目，早日实现重要农产品的种源自主可控。

适用课程及章节

植物化学保护学课程的绪论。

参考文献

[1]习近平.坚持把解决好“三农”问题作为全党工作重中之重　举全党全社会之力推动乡村振兴[J].求是,2022(7):4-17.

[2]段灿星,孙素丽,朱振东.全球转基因作物的发展状况[J].科技传播,2020,12(24):29-31;48.

[3]国际农业生物技术应用服务组织.2019年全球生物技术/转基因作物商业化发展态势[J].中国生物工程杂志,2021,41(1):114-119.

[4]凌闵.浅谈转基因植物在我国农业上的应用现状及未来[J].上海农业科技,2020(6):10-13.

[5]覃淮宇.中国转基因植物的市场监管及法律保护[J].分子植物育种,2022,20(6):1856-1860.

[6]梁晋刚,张开心,张旭冬,等.中国农业转基因生物环境安全检测标准体系现状与展望[J].中国油料作物学报,2021,43(1):1-14.

[7]熊腾.我国转基因植物专利保护问题研究[D].南昌:南昌大学,2020.

[8]王国义,贺晓云,许文涛,等.转基因植物食用安全性评估与监管研究进展[J].食品科学,2019,40(11):343-350.

（撰稿人:徐志峰）

75 从迷信到科学

——植物病害观的发展

我国是世界四大农业起源中心区之一，我们的祖先驯化了多种作物。本案例通过文献检索及考古发现来简析植物病害观从迷信到科学的发展史。

一、千年实践书写辉煌农业发展史

中华民族是富有创新精神的民族。我们的祖先在长期的农业实践中，为我们积累了宝贵的财富。根据作物种质资源的起源、驯化、传播和利用，可将民国之前的作物栽培历史划分为五个阶段：(1)史前植物(作物)采集栽培驯化时期(原始农业时期)。祖先的农学思想通过民间传说和远古神话等流传至今，其中最具代表性的是伏羲驯化野生动物及神农氏驯化野生植物等。(2)传统农业粗放经营时期(传统农业的萌芽期)。《诗经·臣工》："命我众人，庤乃钱镈。"(钱即铲，镈即锄)这说明当时的人已掌握了中耕除草技术等。(3)北方旱作农业形成发展时期(传统农业的形成期)。此时病害资料较少，虫害资料较多。《吕氏春秋·审时》："先时者，暑雨未至胕动，蚼蛆而多疾，其粢羸以节。"这说明过早播种的麦，易受虫害的侵袭。《齐民要术·种麻》："麻欲得良田，不用故墟。"这说明施肥的重要性。(4)南方稻作农业形成发展时期(传统农业的发展期)。《食疗本草》记载了160多种粮油蔬果植物。(5)多熟制农业形成发展时期(传统农业的成熟期)。《陈旉农书》首次提出在作物栽培生长期，不但要使用底肥、种肥，还要使用追肥技术。明清时，我国引进了美洲作物，对我国人口增加有一定影响。著名农业史专家万国鼎先生认为：清初人口1亿多，乾隆初年超过2亿，乾隆末期已近3亿，清末达4亿多。中国先民的作物驯化实践将激励着年轻一辈勇于创新，勇于改造世界。

二、勇于探索开创植物病害病原观

虽然人们不停驯化改良农作物，但是即使到了欧洲中世纪，世界主流观点仍认为植物病害是神灵造成的。如意大利人马可·波罗在他的书中提到，中国当时通过杀黑绵羊作祭品与欧洲一些国家祭锈神的情形相似。宋代韩彦直的《橘录》中记载："木之病有二，藓与蠹是也。"这里的"藓"是苔藓，"蠹"指天牛。"遇微损谓之点柑，即拣出，否则侵损附近者，屡汰去之"，说明腐烂的柑橘会传染周围的柑橘。《橘录》中提出了病害与虫害的区别。另外，随着科学的发展，越来越多的学者认识到病原在病害传染中的重要性。例如，《农政全书》中记载了播种期与棉病的关系，并介绍了适当推迟播种是一种有效的防病措施。《沈氏农书》中有对桑萎缩病的观察："设有瘸桑，即番去之，不可爱惜，使其缠染，皆缘剪时刀上传过。"《御题棉花图》中记载："种选青黑核，冬月收而曝之。清明后，淘取坚实者，沃以沸汤，俟其冷，和以柴灰种之。"它介绍了选种方法和播种前种子处理方法。

我们的祖先在探索病害时首次认识到了病原，早于国外病原生物学说700多年。

三、青年担当，继往开来

中华人民共和国成立后，我国在各农学院中设立了植物保护或植物病理专业，小麦黑穗病、黑粉病及小麦线虫病的大面积防治等研究进展迅速，并且培养了大量植物病理学专业人才。习近平总书记指出："要教育引导全党胸怀中华民族伟大复兴战略全局和世界百年未有之大变局，树立大历史观，从历史长河、时代大潮、全球风云中分析演变机理、探究历史规律，提出因应的战略策略，增强工作的系统性、预见性、创造性。"通过回顾我国传统农业的发展史，以及人们对病虫害认识的发展变化，引导青年学子正确认识现代农业的发展方向和特点，可增强植保学子的专业认同感和使命感，协同厚植学生的"三农"情怀。

思政要点

1.增强民族自豪感和责任心。学习植物病害观从迷信到科学的发展历程，了解我国农业的发展历史、辉煌成就和对世界的贡献，认识到勇于探索和实践对我国农业发展的重要性。

2.培养质疑的勇气和创新的精神。对植物病原的认识和分类是相对稳定的，但又是被不断质疑和更新的。注重批判性思维养成可以有效涵养大学生的创新精神气质，提升创新思维能力。

适用课程及章节

普通植物病理学课程的绪论、植物病害流行学，园艺病虫防治学课程的绪论，农业植物病理学课程的绪论。

参考文献

[1]莫鹏燕.中国古代农书编辑实践研究[D].武汉:武汉大学,2016.

[2]游修龄.读《中国农学史》[J].古今农业,2008(3):111-114.

[3]刘潇.万国鼎与《中国农学遗产选集》[J].商丘职业技术学院学报,2015,14(4):118-120.

（撰稿人:高剑）

76

突破认知局限，发现新的事物

——病毒的发现

病毒，是一种个体微小，结构简单，只含一种核酸，具有侵染活性，在活细胞内寄生并增殖的非细胞结构生物。我们对病毒这个微小生物已耳熟能详，但病毒当初的发现过程却是非常曲折的。

一、一棵烟草生病了，汁液摩擦可传染

1876年，荷兰国家农业学院在瓦格宁根成立。德国农业化学家麦尔赴荷兰担任瓦格宁根农业试验站主任、国家农业学院植物系主任。当时，很多农民在种植烟草的过程中发现，烟草新长出的深绿叶片上会莫名出现浅绿色斑纹，且烟叶的质量和产量都受到了严重的影响，这在之前从未遇到过。为了保障当地烟叶的正常生产，麦尔针对这一现象进行了细致的观察与研究，并于1882年将其命名为“烟草花叶病”。麦尔曾怀疑过种子、气温、光照是烟草花叶病产生的原因，但经研究均一一排除。最终他发现，这个病害是通过汁液摩擦传播的，健康烟草叶片经轻微摩擦造成微小伤口后，病汁液接种到健康烟叶上即可引起烟草发病，表现花叶症状。

二、病汁液里有蹊跷，病因一直是个谜

在当时，通常采用科赫法则来证实某种植物病害是由某一病原微生物侵染引起的。科赫法则验证需要满足4个条件：(1)在每一病例中都出现相同的微生物，且在健康者体内不存在。(2)从宿主中能分离出此微生物并在培养基中得到纯培养。(3)用纯培养的微生物接种健康而敏感的宿主，同样的疾病会发生。(4)从试验发病的宿主中能再度分离培养出这种微生物。麦尔运用科赫法则未能从病汁液中分离培养出细菌或真菌，很显然，引起烟草花叶病的“病原”不能满足科赫法则的证病条件。因此，他于1886年提出这个传染源是一种类似于酶的病原。

俄国科学家伊万诺夫斯基被派往乌克兰和比萨拉比亚地区调查一种对当地烟草种植园造成巨大破坏的烟草病害。与麦尔的不同之处在于，伊万诺夫斯基通过可以过滤掉细菌的尚柏朗氏陶瓷滤器将染病的烟草汁液过滤，结果发现，已滤过细菌本该失去感染性的滤液却仍然能保持感染性，于是他认为这个传染源可能是细菌分泌的一种毒素。尽管伊万诺夫斯基取得了如此重要的发现，但是受当时细菌致病主流学说的影响，他未能摆脱束缚，仍然坚信传染源就是细菌分泌的毒素，是由细菌感染引起的。

直到1898年，麦尔的同事拜耶林克做的一个试验。他先将感病烟草植株叶片的汁液通过尚柏朗氏陶瓷滤器过滤，再将过滤后的汁液保存了3个月并确保滤液不被污染。在此期间，他不断地测试滤液的感染性，发现其感染能力没有任何消退迹象。同时，拜耶林克对滤液进行大剂量稀释后做了一组对比实验，发现稀释后的滤液和未经稀释的滤液对健康烟草的感染程度几乎没有差别。于是，拜耶林克大胆推测滤液的感染性不是由无生命的化学物质引起的，在滤液中存在微生物繁殖的可能性。

如果滤液中存在有生命的致病因子，那么这种致病因子是如何繁殖的呢？拜耶林克又做了一个实验。他将健康的植物叶片汁液加入无菌的滤液中，植物感染后病症表现的程度和他用同体积蒸馏水稀释后的滤液一样。这一研究结果意味着致病因子并没有在健康烟草汁液的滤液中繁殖，只有在有细胞的条件下才有可能发生增殖。拜耶林克将含有致病因子的这种液体称为“有感染性的活的液体”。他将这一现象解释为一种新的微生物的出现。这3位科学家的研究说明了病毒的基本特性。后来，具有感染性、可滤过性、可在活细胞中增殖这3种特性，但不能按科赫法则用培养基培养出来的病原微生物，被称为病毒。

三、打破认知局限，推动科学进步

从发现烟草花叶病到明确病毒为具有可滤过性的新病原体这一结论，用了40多年时间。是什么原因使得病毒的发现历程如此曲折呢？

首先，病毒的发现受限于当时的硬件条件。光学显微镜虽然可以观察到细菌、真菌等微生物，但病毒这一纳米级的更微小的生物在光学显微镜下是无法观察到的。直到1935年德国人发明了电子显微镜，人们才第一次在电子显微镜下看到了病毒粒体。

其次，研究这个新病原在当时风靡一时，得出的结果不计其数，但研究报告中或多或少都存在一些错误或谬误。如果我们对于这些研究结果盲目轻信，甚至推崇备至，那么科学就可能会向错误的方向发展，甚至退步。正是因为研究者们不断质疑、不断求真，研究结果才能越来越接近真相。基于病毒是新的病原生物这一重要发现，拜耶林克被认为是真正意义上实现概念突破的那位勇士，因此他被称为“植物病毒学之父”。

科学知识的积累，科学技术的创新，不是提出一个观点去压制另一个，而是需要各方合作,互通有无。我们应该努力成为科学进步的创造者、促进者、推动者!

思政要点

1.深刻学习领会习近平总书记在纪念五四运动100周年大会上重要讲话的精神实质和丰富内涵。习近平总书记指出:“五四运动,孕育了以爱国、进步、民主、科学为主要内容的伟大五四精神。”“五四运动以全民族的行动激发了追求真理、追求进步的伟大觉醒。”只有具备追求真理、科学批判的精神,敢于质疑权威,突破认知局限,实现概念突破,才能发现新的事物,从而推动科学进步。

2.认真学习习近平总书记在金砖国家领导人第十三次会晤上的讲话。习近平总书记指出:“明者因时而变,知者随事而制。”提高创新思维能力,就是要有敢为人先的锐气,打破惯性思维,以思想认识的新飞跃打开工作的新局面。

适用课程及章节

普通植物病理学课程的绪论、植物病毒,植物病毒学课程的绪论。

参考文献

[1]谢联辉.植物病原病毒学[M].北京:中国农业出版社,2008.

[2]胡志红,陈新文.普通病毒学[M].北京:科学出版社,2019.

[3]宗兆锋,康振生.植物病理学原理[M].北京:中国农业出版社,2010.

[4]周程.病毒是什么?——人类发现首个病毒的过程考察[J].工程研究——跨学科视野中的工程,2020,12(1):92-112.

(撰稿人:青玲)

77

谁是柑橘黄龙背后的舞者

一、柑橘黄龙病的发生概况

柑橘位居全球三大水果之首。近年来，由于黄龙病的影响，柑橘产业正面临前所未有的严峻挑战。柑橘黄龙病系世界柑橘生产的头号杀手，也是国内外重要的植物检疫对象。该病害主要分布在亚洲、非洲、大洋洲、南美洲和北美洲的51个国家和地区，严重制约柑橘产业的可持续发展。中国19个柑橘产区中已有11个受到该病害的危害。该病害在南非被称为青果病，在印度被称为梢枯病，在印度尼西亚被称为叶脉韧皮部退化病，在菲律宾被称为叶斑驳病，在我国台湾被称为立枯病。由于黄龙病的嫁接传染性最先由林孔湘教授确认，因此，1995年在中国福建省福州市召开的第13届国际柑橘病毒学家组织会议商定以黄龙病作为该病害的统一名称。柑橘黄龙病在中国发生的历史长、分布广、危害大，是柑橘生产上最具毁灭性的病害。柑橘黄龙病病原能侵染几乎所有柑橘类植物，目前尚无抗病柑橘品种或砧木可供应用，苗木一旦感染将无药可治。

二、柑橘黄龙病的真正病原是什么?

在对柑橘黄龙病的发病原因进行研究的过程中，人们的认识经历了不同的阶段。曾经学者们认为的发病原因有线虫、地衣、水害（土壤缺氧）、真菌（镰刀菌）、缺肥（缺微量元素）、病毒、衰退病毒、线状病毒、类菌质体（类菌原体）、类立克次氏体或类细菌等。其中有几个重要的研究事例:20世纪50年代，华南农业大学林孔湘教授通过大面积调查和试验证明，柑橘黄龙病具有嫁接传染性，推测其病原为病毒。20世纪60年代，McClean等和Tirtawidjaja等分别通过试验证实，非洲青果病和印尼叶脉韧皮部退化病能通过嫁接传染，从而认定它们是病毒病。20世纪70年代，Laflèche等用电镜观察到南非青果病、印度梢枯病、我国台湾立枯病和菲律宾叶斑驳病病株体内存在类菌原体，因此认为这些病害的病原是类菌原体。同期，中国农业科学院柑橘研究所赵学源研究员通过试验证明，该病原对抗生素敏感，推测其为类菌质体。20世纪80年代，法国Garnier教授等通过电镜观察发现，黄龙病病原的膜结构比较复杂，膜经酶处理后内外层之间有R层，由此认定是革兰氏阴性细菌，进而明确其病原菌为韧皮部杆菌属细菌。

目前，学界基本达成共识，柑橘黄龙病病原菌属变形菌门、α-变形菌纲、根瘤菌目、根瘤菌科、候选韧皮部杆菌属。根据病原16S rDNA和β-操纵子基因的序列特征，以及传病媒介和病原性质，它又分3个已知种：亚洲种、非洲种和美洲种。其中，亚洲种(CLas)是全世界柑橘的主要致病菌种，但其病原纯培养尚未能获得突破，因而也被称为"难养细菌"。虽然从20世纪80年代至今，已有多个团队报道"纯培养成功"，但最后均被定性为孤证试验。目前，其病原纯培养仍属世界难题。

根据Duan等的研究结果，CLas基因组大小为1227204 bp，G + C含量约36.5%，预测到1136个编码序列。其中，74%能找到具有已知功能或推测功能的同源序列，余下26%是可能的开放阅读框。CLas基因中有44个t RNA基因，32个假基因，生物合成相关基因占比少。而与细胞流动性相关的基因，如Ⅳ型菌毛和鞭毛基因，所占比例却高达4.5%。另外，与主动运输有关的基因有92个(8%)，其中有40个是ABC转运基因。在CLas基因组中还发现了12个噬菌体相关基因，表明CLas基因组中可能存在噬菌体或原噬菌体。依据多蛋白进化分析结果，CLas属于根瘤菌科的早期分支。

2022年1月26日，*Nature Communications*发表了美国佛罗里达大学Nian Wang课题组题为"Citrus Huanglongbing is a pathogen-triggered immune disease that can be mitigated with antioxidants and gibberellin"的研究文章。该课题组研究表明，CLas病原侵染柑橘树后，会刺激韧皮部系统性和慢性免疫反应，包括胼胝质沉积、活性氧(H_2O_2)的产生和免疫相关基因的诱导表达。感染还会上调编码产生ROS的NADPH氧化酶的基因，并下调抗氧化酶基因，支持CLas引起氧化应激。CLas触发的ROS产生位于富含韧皮部的树皮组织中，随后伴随细胞和筛细胞发生系统性死亡。NADPH氧化酶抑制剂DPI对CLas阳性植物茎中ROS水平有抑制作用，表明NADPH氧化酶有助于CLas触发的ROS产生。此外，还证实添加赤霉素可上调编码H_2O_2的清除酶基因和下调NADPH氧化酶。用赤霉素或抗氧化剂(尿酸、芦丁)喷洒受柑橘黄龙病影响的柑橘叶片，可降低韧皮部组织中的H_2O_2浓度和细胞死亡，并减轻柑橘黄龙病症状。该文章提出了柑橘黄龙病是一种由病原菌触发的免疫性病害的新观点。

思政要点

柑橘黄龙病从最初报道到现在的百年研究历程，表明只有具备科学的批判与探索精神，敢于质疑权威，才能突破认知局限，发现事物的本质，从而推动科学进步。

适用课程及章节

普通植物病理学课程的病原原核生物，农业植物病理学、果树植物病理学课程的病原学和柑橘病害。

参考文献

[1]周常勇.对柑橘黄龙病防控对策的再思考[J].植物保护，2018，44(5)：30-33.

[2]赵学源.柑橘黄龙病防治研究工作回顾[M].北京：中国农业出版社，2017.

[3]范国成，刘波，吴如健，等.中国柑橘黄龙病研究30年[J].福建农业学报，2009，24(2)：183-190.

[4]胡文召，周常勇.柑橘黄龙病病原研究进展[J].植物保护，2010，36(3)：30-33.

（撰稿人：马冠华）

78

昆虫繁盛4亿年，独领风骚在世间

——昆虫演化史

昆虫最早出现于古生代泥盆纪，比鸟类的出现还要早近2亿年，是最早出现在陆地上的动物，堪称古老的动物类群。然而，昆虫的生存与发展并非一帆风顺，而是充满了坎坷，它们经历了地球史上3次大规模的生物大灭绝事件，尤其是二叠纪末生物大灭绝和白垩纪晚期灾变。许多古老的生物类群因不能适应变化的环境而被淘汰，而昆虫却生生不息，由无翅到有翅，由古翅到新翅，由不完全变态到完全变态，借助自身的快速演化，凭借非凡的避难能力等优势，繁衍至今，成为最繁盛的动物类群。

最早的昆虫起源于近似蜈蚣和马陆的水生节肢动物的多足纲的综合类初期幼虫，是寡节的六足型式。泥盆纪时期，昆虫从水里登上陆地，为了适应陆地生活，它们的身体构造发生了巨大变化，由原来的较多环形体节及附肢演变成具有头、胸、腹三部分的身体。大约在石炭纪早期，昆虫演化速度加快，出现了有翅昆虫。当时地球上已具有茂盛的森林，枝繁叶茂的植物（主要是热带羊齿植物）生长在湖泊沼泽边。温暖、湿润的气候，对昆虫的生存繁衍极为有利。羊齿植物高大健壮，一般高达十几米，甚至几十米，这促使昆虫必须要具备飞行能力，于是具翅的早期昆虫出现了。古翅昆虫的翅膀很长，无法折叠，在停息时仍要举着自己硕大的翅膀，不易隐蔽自己。直到石炭纪晚期，为适应环境、躲避天敌，古翅昆虫的翅膀逐渐演化为可折叠的形态。古翅昆虫体型小巧玲珑，能利用很小的空间安置自己的身体，躲藏效果较好，它们的翅膀在停歇时还承担保护身体的职责。当时，植食性昆虫与植物以及捕食性动物之间，展开了一场漫长而激烈的斗争。在这场博弈中，昆虫与植物相互适应，不断演化，许多体型小、食量少、繁殖力强的植食性昆虫获得了飞速发展的良机。

二叠纪末期发生了地球历史上最大、最严重的生物大灭绝事件，造成了生物界空前的大危机。地球上的气候发生突然变化，生机勃勃的陆地由于干旱而变成不毛之地，森林绿洲只局限在湖泊岸边和沿海地区的小范围内，这使很多植食性昆虫失去了赖以生存的食源。据估计，二叠纪末期地球上海洋生物的灭绝率为90%—95%，以前依赖水域生活的爬行动物不得不脱离水环境，向适应陆地环境演化。在此阶段的突变中，原来生活于水域中的部分动物,改变了在水中的生活习性及身体结构,演变成了会飞的以捕食昆虫为主的始祖鸟,这对部分在森林、绿地间飞翔的有翅昆虫的生存构成了威胁。在生存环境压力日益增大的情况下,部分昆虫演化出了完全变态类群,其生存能力、适应能力大大提高。

白垩纪末期,生物大灭绝又一次发生了。剧烈的地壳运动和海陆变迁,导致白垩纪生物界发生巨大变化。许多当时盛行的生物(如裸子植物、爬行动物、菊石和箭石等)相继衰落和灭绝,地球85%的动植物惨遭灭绝,其中包括恐龙及其他陆生和海洋生物类群,也包括部分昆虫类群,但很多昆虫再次逃过厄运,幸存并繁衍下来。虽然生物界发生了巨大的变化,但昆虫却随着新兴的被子植物的发展而日益繁盛。随着哺乳动物及鸟类的兴旺,靠营体外寄生生活的食毛目、虱目、蚤目等昆虫也随之而生,并繁衍至今。被子植物迅速发展,逐渐取代了裸子植物,并居统治地位,现生昆虫的绝大多数科(包括蚂蚁和蜜蜂种群)随之出现。昆虫与被子植物相互影响着彼此的进化,特别是由于显花植物种类的增加,各种依靠花蜜生活的昆虫种类(如鳞翅目昆虫)以及捕食性昆虫(如螳螂目等昆虫)与日俱增,逐渐形成了种类繁多的昆虫世界。

在生物进化的历史长河中,体躯庞大的恐龙及鼎盛一时的三叶虫等生物都灭绝了,而昆虫却历经磨难,不断适应环境、调整自我,进化出"体小势优、有翅能飞、繁殖力强、取食器官多样化、变态与发育阶段性、适应力强"等优势,成为如今地球上多样性最丰富、数量最多、分布最广的动物类群。

思政要点

1.具有顽强拼搏的精神。昆虫遇到磨难尚能顽强应对,在面对人生困境时,我们更应该迎难而上,冲破重重阻挠,不经历风雨,怎么见彩虹!习近平总书记指出:"我们的国家,我们的民族,从积贫积弱一步一步走到今天的发展繁荣,靠的就是一代又一代人的顽强拼搏,靠的就是中华民族自强不息的奋斗精神。"我们要紧跟时代步伐,奋力向前,用我们的智慧战胜重重艰难险阻。

2.具有科学的自然意识。人类只是地球生物中的一小部分,尊重自然、顺应自然、保护自然,与自然和谐共处,努力建设人与自然和谐共生的现代化。

适用课程及章节

普通昆虫学课程的绪论、昆虫系统学。

参考文献

[1]崔佳.一本书读完生物进化的历史[M].北京:中华工商联合出版社,2014.

[2]李哲.生物进化的历程[M].北京:中国画报出版社,2012.

（撰稿人:车艳丽）

79 小虫之道，人生之理

昆虫是地球上最繁盛的动物类群，演化历史悠久，代代繁衍，生生不息，这有赖于它们独特的生存策略。

一、亲代照护，父母之爱

亲代照护是母代产卵之后为提高子代发育速率及有效存活率而进行的一系列行为，广泛存在于动物界，如同人类父母照顾子女一样。在节肢动物门中，以昆虫的亲代照护行为最为普遍，涉及10个目50多个科，如半翅目、鞘翅目、膜翅目、鳞翅目等。

多数类群为雌性护幼，也有少数类群是雄性护幼。例如，雌性负子蝽会将卵产在雄虫的背面，由雄虫照护直到卵孵化，雄虫可交替调节背部卵在水或空气中的停留时间，不仅为卵的气体交换提供了机会，也有防御敌害、保护后代的作用。有的类群是双亲护幼。例如蜚蠊目的隐尾蠊，双亲除喂食子代外，还会表现出防御天敌、护巢等行为。

迄今为止，最早的亲代抚育行为的化石记录发现于我国热河生物群的中生代葬甲科化石中。葬甲科的覆葬甲属昆虫是一类腐食性的亚社会型昆虫，雌雄交配后，会构成简单的"家庭"，将小型哺乳动物或鸟类的尸体做成尸球埋入地下，将卵产至动物尸球中，肉球表面涂有分泌物防腐，待幼虫孵化后，双亲还会像鸟类一样反刍喂食幼虫，直到幼虫发育化蛹。这些非真社会性昆虫具有亲代抚育行为，构成了简单的社会分工，但未形成森严的等级制度。

二、真社会性昆虫，集体的力量

相比于独居昆虫，社会性昆虫显然更具优势。它们数量巨大，控制着陆地环境的中心，占有更大的空间。蚂蚁、蜜蜂、白蚁等均属于真社会性昆虫，其群体数量巨大。例如，一个蜜蜂群体往往由一只蜂王、几万只工蜂及数百只雄蜂组成，一个白蚁巢穴里有多达上百万个体。虽然数量众多,但巢群内井然有序。这得益于真社会性昆虫有着类似于人类社会一样的组织结构。真社会性昆虫除了有严格的内部分工外,还有森严的等级制度,成员分化成若干品级,各司其职。众多个体虽然生活在同一巢穴内,但它们在形态、生理和职能上均有明显的区别和严格明确的分工。例如蚂蚁,它们个体微小,数量众多,却有着森严的等级制度,成员分化成若干类型和级别,蚁后负责产卵繁殖后代,雄蚁负责交配,兵蚁负责保卫巢穴,工蚁外出觅食、建造和扩大巢穴、饲喂幼蚁及蚁后。蚂蚁之间还能够通过信息素进行交流,这种交流对觅食、防御具有重要作用。蚂蚁成员各司其职,通力合作,形成了一个高度秩序化、分工精细的蚂蚁社会。

蚂蚁的多种行为一直让生物学家着迷。例如,蚂蚁在过河时,一个群体团成球形,只有外围少数个体被水流冲走,大多数个体得以顺利过河;蚂蚁通过用身体搭建桥梁,可以跨越看似难以跨越的障碍;洪水虽然是地下生物的噩梦,但红火蚁遭遇洪水时可以在短短100秒的时间内紧紧相连,形成“救生筏”,在水里漂浮数周时间,通过集体的力量在洪水中生存下来。

小小的蚂蚁为什么可以完成这样的壮举呢?蚂蚁和其他一些社会性昆虫经常被认为是“超个体”,一个蚂蚁群体对外界的反应如同一个有机组织对身体不同部位的反应,对待不同情况时反应虽有差异,但都以系统、协调的方式进行。一只蚂蚁,看似微不足道,但当所有个体有效聚集起来,形成强大的组织,则具有极强的存活能力。除此之外,社会性昆虫所具备的个体分工与协调合作等能力赋予了该类生物极强的适应能力。通常一个独居的个体只能做几件事情,只能待在一个地方,而社会性昆虫能够进行多个活动,并保证群落成员同时处在不同的位置,每只职虫在需要时可以从一项任务转换到另一项任务,从而使每项任务都能尽快开展及完成。正是由于社会性昆虫具有明显的优势,它们的类群才得以繁盛。

思政要点

弘扬中华民族传统美德和树立正确的集体观。习近平总书记在党的十九大报告中指出:“人民有信仰,国家有力量,民族有希望。”在中国人的精神谱系里,国家与家庭、社会与个人,都是密不可分的整体,认同和践行社会主义核心价值观和集体主义具有重要意义。昆虫的亲代照护和社会性行为,映射人心,引发情感共鸣,让我们看到了父爱母爱、团结互助、忠于职守、合作共享。小到一个家庭,尊老爱幼,发扬中华民族的优良传统;大到集体国家,要秉持“我为人人,人人为我”的理念,勤勤恳恳、团结协作、乐于奉献、热爱集体,摒弃个人主义,把个人发展融入国家复兴大业中。

适用课程及章节

普通昆虫学课程的绪论、昆虫生物学、昆虫系统学。

参考文献

[1]黄维亚,周江,罗庆怀,等.昆虫护幼行为的研究进展[J].湖南农业科学,2016(9):107-110.

[2]张莉.中生代葬甲的亲代抚育行为研究取得重要进展[J].科学通报,2014,59(30):2998.

[3]伯特·霍尔多布勒,爱德华·O.威尔逊.蚂蚁的社会[M].刘国伟,译.北京:中信出版社,2019.

[4]伯特·荷尔多布勒,爱德华·O.威尔逊.超个体[M].焦鸿丽,张雁,译.北京:中国人民大学出版社,2011.

（撰稿人:李竹）

80

植物抗病过程中的协同作战

植物在整个生命周期中会遭到周围环境中真菌、卵菌、细菌、线虫和病毒等病原物的侵染和干扰。此外，植物病原菌在侵染过程中会产生大量毒素，如黄曲霉素和脱氧雪腐镰刀菌烯醇等。被毒素污染的作物及其产品若被人畜食用，会引起呕吐、腹泻等，严重危害人畜健康。因此，植物病害是农业可持续发展面临的主要问题，控制病害，提高作物产量和品质，是保障食品安全的有效途径，同时也是一个必须高度重视的研究课题。

一、病原菌为生而“战”

真菌、卵菌、病毒、细菌和线虫等植物病原物主要分为活体营养型、半活体营养型和死体营养型植物病原物，其致病机理各不相同，且十分复杂。其中，真菌、细菌、线虫和卵菌会产生细胞壁降解酶来破坏寄主植物的细胞壁，而且还会分泌效应因子抑制植物的防御反应，以顺利侵入寄主植物。此外，病原真菌还会产生部分次生代谢产物抑制植物的防卫反应，加速侵入，如草酸、黄曲霉素、脱氧雪腐镰刀菌烯醇和玉米烯酮等广谱或宿主特异性毒素。

二、免疫系统协同抵御外敌

植物在生长发育过程中会受到多种微生物病原的侵袭，然而特定的植物对大多数病原物表现出抗性，只对极少数表现出感病性。这是因为植物体内同样存在着类似于动物的先天免疫系统。与动物相比，植物缺少动物中参与免疫反应的免疫细胞，也缺少动物细胞中循环使用的免疫受体。但当遇到病原菌的侵染时，植物能够建立具有高度特异性和限制性的自体免疫性应答。植物对病原的感知、识别和响应，是通过对非自我、损坏的自我及改变的自我分子的监视来实现的。植物通过这一机制实现了对大多数病原物的抗性。植物对病原物的抗病机制十分复杂，形态抗性和细胞学抗性是植物对病原物的第一层抗性，主要是植物通过自身的形态特征，降低病原微生物入侵的概率，以及植物在面对病原菌的侵染时，细胞结构和生理生化等发生改变而形成的抗病反应。植物也可以通过形成木质素、胞壁沉积物、乳突，以及增厚蜡质层，或者产生水解酶等物质，阻止和延缓病原菌的侵入和扩展。

在植物与病原物长期互作和进化的过程中，存在着复杂而精密的攻与守的“军备竞赛”。植物协同进化出了一套有效的免疫和抗病系统，主要为模式识别受体诱导的免疫反应(PTI)和效应子诱导的免疫反应(ETI)两个层次的基础免疫防御系统。模式识别受体诱导的免疫反应(PTI)是第一层次的免疫反应。在病原菌识别寄主植物突破其生理性屏障后，会激活植物的防卫反应，植株通过自身的模式识别受体(PRRs)，能够识别病原菌的病菌相关分子模块(PAMPs)，或是寄主自身形成的损害相关分子模块(DAMPs)，进一步激活寄主植物的免疫反应(PTI)。由于植物的PRRs相对比较保守，病原菌会产生很多的效应子抑制寄主植物的PTI反应，形成由效应子触发的寄主感病性(ETS)。植物为了应对病原菌效应子，进一步进化出抗病基因介导的新的免疫抗性反应，称为效应子诱导的防卫反应(ETI)。相对于参与PTI反应的植物PRRs的保守特性，ETI反应通常在病原菌侵染点位置伴随着强烈的过敏性坏死反应。植物的ETI和PTI都可以诱导活性氧的产生、细胞内钙离子浓度的变化和MAPK信号通路的激活等一系列植物免疫反应，与此同时，也可以调节SA、JA和ET等激素介导的抗病反应。此外，最新的研究证实，植物两大免疫通路PTI和ETI间并非各自为战，而是存在相互放大的协同作用。

三、系统抗性助力植物抗病

植物免疫反应的另一个重要方面是植物受到病原菌再次侵染后，可产生系统获得抗性(SAR)。系统获得抗性是由局部病原菌侵染，引发植物产生全株性和广谱性的抗性。无毒病原菌可以激发抗病反应，同时还会诱导植物产生一些信号分子，如水杨酸、甲基水杨酸、壬二酸、甘油-3-磷酸和松香烷型二萜枞等。这些SAR信号分子可以在植物体内进行长距离运输，在病原菌未侵染部位启动免疫反应，表达病程相关基因，保护植物免受病原菌的再次侵染。

思政要点

弘扬团结协作精神，形成强大力量。习近平主席指出，人类是一个命运共同体。战胜关乎各国人民安危的疫病，团结合作是最有力的武器。全球战疫，这是维护全球公共卫生安全之战、维护人类健康福祉之战、维护世界繁荣发展之战、维护国际道义良知之战，离不开命运共同体意识，离不开团结合作之力。面对病毒这一人类共同的敌人，各国应当切实行动起来，担当道义，战而胜之。

适用课程及章节

农业植物病理学课程的植物抗病。

参考文献

[1]刘潮，韩利红，褚洪龙，等.植物与病原菌互作的分子机制研究进展[J].微生物学通报，2018，45(10)：2271-2279.

[2]丁丽娜，杨国兴.植物抗病机制及信号转导的研究进展[J].生物技术通报，2016，32(10)：109-117.

（撰稿人：田斌年）

81 植物比想象中更强大

植物为我们提供了80%的食物和98%的氧气，植物的健康直接关乎人类的生存，保护植物也就是在保护我们的生命。看似不能移动的植物，经过亿万年的演化过程，其适应能力远比我们想象的强大。

一、植物强大的适应性

植物为了生存也必须像人类和其他动物一样适应周边的环境。生存就意味着竞争。首先，不同的植物之间会争夺阳光、空气、土壤和水。其次，植物会与那些吃它或者威胁到它生存环境的人类和其他动物竞争。最后，植物所处的环境可能是有敌对性的或者不利于植物生长的。

为了能得到更多的阳光，一些垂直生长的枝芽会螺旋缠绕生长，以避免遮挡下边的叶子。虽然那些水平生长的枝芽上的蕾有可能被其他枝芽缠绕，但树叶会根据环境的变化调整自己的生长方向。生长在光线被遮挡环境下的大多是一些真菌类植物。真菌类植物依靠自己所寄身的动物或者植物产生的养分来维持生命。在光合作用过程中，植物对各种颜色光谱的吸收程度是不同的。红、橙、黄光谱比其他颜色的光谱更容易被吸收。植物在深水里吸收的蓝色光谱比绿色光谱更多，这也是为什么深水不适宜植物生长的原因。红藻有很强的适应性，因为这类植物除了叶绿素以外，还有类胡萝卜素和藻红蛋白。这些色素大量存在于红藻当中，并使它们具有特有的颜色。令人不可思议的是，吸收阳光后，它们能利用光合作用把光能存到叶绿素当中。热带雨林中的植物通常茂密到能遮挡住所有的光线。在这种又热又潮湿的气候条件下生长着大量的附生植物，例如寄生藤、兰花和鹿角蕨。这些附生植物生长在一些树木的枝干上，它们将自己的根暴露在空气中，以吸收空气中的水分和养分。

二、植物抗虫害能力

面对各种植食性昆虫的侵害，看似被动的植物并不是毫无防备任其取食，而是会穿上“盔甲”，拿起“武器”，奋力抵抗的。植物的“盔甲”有很多种，植物表皮上的毛、刺、蜡质、腺体以及某些骨化或硅化结构，是昆虫首先需要突破的屏障，也是植物抵御昆虫侵害的第一道防线。还有一点也很重要，很多昆虫都有“挑食”的毛病。它们对植物的大小、形状和颜色很挑剔，植物正好可以利用这一点，通过变形、变味、变色等方法来避开害虫的侵扰。概括来讲，植物抵抗害虫的手段可分为直接防御和间接防御。直接防御就是植物利用本身的物理屏障、体内贮存或者合成的有毒化合物直接抵抗害虫的伤害。间接防御则是植物在受到危害时合成一些化学物质，以驱赶害虫或招来害虫的天敌帮助消灭害虫。直接防御最典型的例子就是浑身长刺的仙人掌类植物了。它们就像披着铠甲的战士，让害虫们无处下口！除此之外，植物还会利用“化学武器”。有些植物会在体内贮存一些杀虫蛋白或其他次生代谢产物，如单宁、生物碱等，昆虫取食后会出现中毒、消化不良及生长不良等现象，从而减少对该植物的伤害。

有些植物中的物质可以被科学家们提取出来，用来制造杀虫或驱虫的制剂。例如，农药市场中的两大杀虫剂氨基甲酸酯类和拟除虫菊酯类，就是基于对毒扁豆和除虫菊这两种杀虫植物的研究而从植物中提取出来的。在自然界中，目前发现有2400多种植物能够产生控制害虫的活性成分。其实这些被科学家调查研究过的植物仅占现有植物种类的10%左右，还有大量的抗虫植物资源有待我们去发现和利用。

三、植物强大的自愈能力

植物受伤以后，也具备自愈能力。

第一招：分泌汁液。例如，马尾松正常情况下枝干光滑，没有异物。但被砍去部分枝条后，伤口处就会很快流出一种含油的汁液，即松脂。松脂可以防止脏物、病菌从伤口入侵，促使伤口尽快愈合，只留下些许伤痕。

第二招：疗伤愈合。植物局部受伤后，有保护伤口、形成愈伤组织的能力。愈伤组织就是植物体受伤时产生于伤口周围的组织，它可帮助伤口愈合。在园艺生产上，植物的愈合能力及再生能力可用于无性繁殖，如嫁接、扦插、组织培养等。

第三招：奋勇御敌。植物会通过某种信号途径来引发整个植物体的免疫抵抗。植物一被入侵，入侵部分发出的信号会传播到其他未被感染的部分。SABP2蛋白酶能为植物系统获得抗病性必需物质，使水杨酸甲酯转化成水杨酸。对于水杨酸，大家应该并不陌生，它是已有百年以上应用历史的神奇解热镇痛药——阿司匹林的主要活性物质。许多植物体内都存在水杨酸这种植物荷尔蒙，一旦植物遭遇微生物病原体侵袭，它便会在刺激下应急而生。

第四招：丢车保帅。番茄被番茄花叶病毒攻击时，SABP2蛋白酶会立即表现出极其敏感的阻抗反应，它还可以通过诱导被攻击部位的植物宿主细胞发生程序性死亡，让植物以局部献身换取整株幸存。细胞程序性死亡有助于将病毒感染限制在局部区域，以免扩散到全身。这种防御机制与动物免疫系统是类似的，当细胞感染病毒，或者细胞生长失控可能变为癌细胞时，细胞就会经历程序性死亡，牺牲个体以保全整体。

第五招：借助外力。聪明的植物还会借助外力。不少树木会成为蚜虫的栖息地。蚜虫在树上长出叫作“虫瘿”的中空肿块，在其中生活、觅食，并得到保护。如果虫瘿被毛虫咬出洞孔，兵蚜虫便会迅速赶到事故现场，并在缺口上分泌自己的体液，使其最终凝结成一个疤，以修复洞口。不过兵蚜虫的黏合物只起到部分作用，因为植物在接受来自兵蚜虫的伤口修复信号后，自身也开始了康复过程。

思政要点

1.植物是人类食物最重要的来源，与我们的生活息息相关，借此了解它们的神奇特性，激发对植物的研究兴趣。

2.深刻领会植物“向阳而生”的生命本质，从内心深处敬畏生命，热爱生命。

适用课程及章节

植物化学保护学课程的绪论、天然产物农药课程的植物源农药。

参考文献

[1]赵宁.青藏高原极端环境植物适应性进化分子机制研究进展[J].环境生态学，2022，4(1)：65-70.

[2]忠东.植物的顽强生命力[J].青少年科技博览，2013(12)：11-12.

[3]王畅.水杨酸结合蛋白SABP2缓解三氯生对烟草的毒理效应研究[D].天津：天津大学，2019.

（撰稿人：张永强）

82

剑走偏锋

——用哲学思维叩开植物病理学大门

植物病理学是研究植物病害的病原、发生、发展以及防治的一门应用学科。它以植物病害为研究对象,探讨发病的原因,在解剖学、生理学或生物化学上,探讨感染和症状出现的过程。

马克思主义哲学明确回答了三个基本问题:世界是物质的,物质是运动的,运动是有规律的。马克思主义唯物辩证法是强大的思想武器,学习和运用唯物辩证法可以帮助初学者叩开"学不懂枯燥、学懂了奇妙"的植物病理学之门。

一、植物病原世界多姿多彩,是客观的物质存在

世界是物质的。静悄悄的微生物世界,往往被人们忽略。一年一度,秋去冬来,许多病原物随着植物生育期终结,进入"冬眠"状态。常见的病原休眠体有冬孢子、卵孢子、厚垣孢子、休眠孢子、菌核、分生孢子器、子囊果、线虫孢囊等。冬去春来,冬眠宝宝们再次焕然一新,重显勃勃生机。我国很多农业大学每年都会举办植物病原生物摄影大赛,为莘莘学子打开了认识神奇自然界的一扇窗。植物病原世界多姿多彩,令人叹为观止。世界真是小小小,小得非常妙妙妙。

二、运用系统论方法,学习植物病理学原理

运用系统论方法理解植物病害三角关系,以及加入人为活动而形成的四角关系,对于认识病害暴发流行具有重要意义。病害流行三要素:有致病力的病原物、感病的寄主植物、有利的环境条件。病害系统中三者缺一不可,互为因果条件。某个条件要素发生变化,矛盾呈现形式也随之变化。这是对立统一规律在植物病理学上的集中体现。在20世纪影响了我国北方地区小麦生产数十年的粒线虫病,于21世纪几乎绝迹。水稻白叶枯病曾是我国水稻三大病害之一,而现在已是次要病害。松材线虫病自1982年在南京中山陵感染第

一株赤松，约40年传遍半个中国，目前北达沈阳、大连，南至台湾岛，西抵川陕滇三省。烟草靶斑病于2006年首次在辽宁被报道，10余年间已扩散至重庆数个产烟区县，成为当地烟农“谈虎色变”的主要叶部病害之一。植物症状并非静止的，同一种病害在不同发展阶段是动态变化的，同病异症、异病同症就是这个道理。植物病害通常在后期进入相对稳定期，此时病原物在病部呈现典型病征，诊断相对容易。相反，病害在初期，症状不典型、病征尚未形成，极易引起误诊。

三、植物病理学中的量变与质变及其辩证应用

量变是质变的前提和准备，质变是量变的必然结果，二者相互联系，并在一定条件下相互转化。植物病害流行学经典的逻辑斯蒂曲线分为静止期、增长期、稳定期、衰退期，体现了量变与质变的辩证关系。病害循环是对病害发生发展过程的规律性总结，依据病原物在植物同一生长季再侵染的有无，能否积累足够病害暴发的数量水平，常常把病害分为单年流行病害和积年流行病害，体现了量变与质变的哲学原理。植物土传病害，容易引起连作障碍，病原菌数量连年积累，常常促成病害在某一时间点急剧暴发。恰当地压低病原越冬基数存量，或减少病害循环再侵染次数、抑制病原物增量，是从根本上解决单年或积年流行病害暴发危害的重要策略。量变引起质变，质变巩固量变成果，质变又引起新的量变。当病害开始流行后，也就是引起质变后，植物感病状况大大加重，量变进一步增加……如此循环往复。我们只有正确把握量变与质变的辩证关系，才能对植物病害流行做出准确预测，从而及时有效地采取防控措施，减少因病害流行带来的经济损失。

四、认识植物病理学中的否定之否定规律

在学习植物病理学的过程中，初学者对寄主抗病性丧失、病原物产生抗药性问题甚是感到迷惘，而哲学理论中的否定之否定规律在这个时候大有用武之地。否定之否定规律与唯物辩证法中的其他规律一样，是客观的、普遍存在的。事物发展过程中的辩证否定，不是一次完成的，事物发展是事物矛盾逐步展开的过程，不仅要对肯定进行否定，还要对否定本身进行否定，“肯定—否定—否定之否定”，即事物发展的道路。对于植物病理学的专业探索，是在实践中不断否定旧假说和旧理论，逐渐完善和发展起来的。大量抗病育种的实践证明，选育和使用抗病品种预防农作物病害是最经济有效的措施。但长期以来，如小麦抗锈病等抗性育种研究主要采取了小种专化抗病性策略，而这种策略极易诱导病原菌生理小种变异，或者说专化抗病性开启了一个定向选择进程，短时期内压制了田间优势小种，忽视了次优势小种。次优势小种视专化抗病品种为无物，长驱直入、势如破竹，使得专化抗病品

种的抗性丧失殆尽，极大地缩短了抗病品种的使用年限，其抗性丧失速度甚至超过了育种速度，让抗病育种学家十几年的心血付之东流。病原物产生抗药性问题同寄主抗病性丧失如出一辙，也是植物病理学的学科发展悖论，需要科学家们运用否定之否定规律加以探索解决。寄主抗病性丧失、病原物产生抗药性问题同时告诉了我们这样的道理，即一切事物都是波浪式前进、螺旋式发展、相互促进、相互制约的，植物病原物世界其实客观存在着广泛的群体变异及其适应机制。

思政要点

1. 世界是物质的，物质是运动的，运动是有规律的等哲学原理，充分体现在植物病理学的研究与实践中。

2. 运用哲学思维叩开植物病理学大门，提升专业学习兴趣，强化学科认知深度。

适用课程及章节

普通植物病理学课程的绪论。

参考文献

[1]宗兆锋，康振生. 植物病理学原理[M]. 北京：中国农业出版社，2010.

（撰稿人：陈国康）

83

红伞伞与其亲属们的是是非非

——毒幻背后的科学

“红伞伞白杆杆，吃完一起躺板板……”想必很多人都知道这首“神曲”。它出自云南的一首童谣，用来提醒人们不要乱采乱食野生菌。2021年，云南发布《预防野生菌中毒预警公告》，提醒广大群众提高食品安全意识，网友还创作了顺口溜《云南吃毒蘑菇中毒顺口溜》。2022年，改编自《孤勇者》的野生菌版《菇勇者》，以喜闻乐见的形式，再次提醒人们谨防毒菇中毒。毒蘑菇引发的危机只有现在才有吗？啥是毒蘑菇？毒蘑菇有哪些种类？误食毒蘑菇后的危害？人类能否将毒蘑菇化毒为益呢？

一、一盘小蘑菇，命运大反转

古往今来，由毒蘑菇造成的悲剧一直都在上演。误食毒蘑菇中毒事件可谓屡见不鲜。在欧洲历史上，罗马帝国皇帝查理六世外出狩猎时，误食毒蘑菇而亡，因他无男性后嗣，引发了欧洲两大阵营长达8年的奥地利王位继承战争。难怪伏尔泰说这盘蘑菇改变了欧洲的命运。野心家也利用毒蘑菇夺权篡位。罗马帝国时代，几位皇帝都喜食一种橙盖伞鹅膏菌，美其名曰恺撒鹅膏菌，每逢宫廷宴会，要用银制器皿盛出，以示珍贵。恺撒的继承者克劳狄的第四任妻子阿格丽品娜和御厨串通，在克劳狄喝的蘑菇汤里偷偷掺入了毒鹅膏菌汁，克劳狄喝了此汤后不久便中毒死亡。之后阿格丽品娜前夫之子尼禄顺利登基。

二、毒菇来作俑，并非上天意

几千年前，古代人就发现了有些“魔菇”具有神奇的作用，食用者往往会产生幻觉，感觉自己灵魂出窍，置身各种变幻莫测、离奇古怪的场景中。南美洲古代印第安人把这种蘑菇称为“神之肉”，认为它是神或上帝赐予的一种能“显灵的圣物”。巫师们常借助“魔菇”与神灵“沟通”。这些“魔菇”均含有致幻物质，食用后会使人产生神经兴奋、神经抑制、精神错乱及各种幻觉反应。

有关误食毒蘑菇中毒的症状，我国早有记载。南宋陈仁玉撰写的《菌谱》中说："凡中其毒者必笑，解之宜以苦茗杂白矾，勺新水并咽之，无不立愈。"其中描述的场景不禁让人想起2020年云南曲靖的一起中毒事件：中毒的女士在病床上大唱《忐忑》。在新闻报道中，有些误食毒蘑菇中毒者会产生看到小人等幻觉，导致一些网友想要体验这种幻觉。这种想法非常危险，因为毒蘑菇种类之多，毒性之强，一旦误食后果不堪设想。

三、毒蘑菇种类多，毒素危害大

毒蘑菇又称毒菌或毒蕈，是担子菌或大型子囊菌中那些食后能使人中毒甚至丧命的一类真菌。我国野生蘑菇资源丰富且具多样性，在已知的4000多种蘑菇中，毒蘑菇有400多种。《菌谱》记述："杜蕈者，生土中，俗言毒蝥氧所成，食之杀人，甚美有恶，宜有所黜。"

在我国2004—2011年报道的444起误食毒蘑菇中毒事件中，有98起事件报告了22种毒蘑菇的种类，它们在分类学上分属于4个目8个科和11个属。其中，致命鹅膏等6种鹅膏菌属的真菌，是导致中毒事件、中毒例数和中毒死亡例数最多的，其次是亚稀褶红菇。2016—2020年间，长沙市误食毒蘑菇中毒事件中致人死亡的主要为裂皮鹅膏菌和灰花纹鹅膏菌。所以有毒的蘑菇不光是红伞伞，还有它们的亲戚白伞伞、灰伞伞和褐伞伞等。以杨祝良研究员为首的中国科学院昆明植物研究所毒蘑菇研究团队，针对鹅膏科真菌总结提炼出"头上戴帽 +腰间系裙+脚上穿鞋"的蘑菇不要吃，对开展毒蘑菇鉴别与中毒防控起到了积极作用。

不同毒蘑菇的致毒成分不相同，引起的中毒症状不一，轻则恶心、呕吐、腹泻、头晕或兴奋等，重则使人因器官衰竭而死亡。引起比较轻的神经精神型症状诸如致幻作用的毒蕈，如毒蝇鹅膏菌，俗称蛤蟆菌，属于鹅膏菌属的真菌，是一种典型的红伞伞。其外表靓丽，常出现在各类画作和文学作品中。欧洲和北美大部分致毒事件中都有该菌的影子。多种鹅膏菌属毒蘑菇，主要含有异恶唑衍生物，可使中毒者不能行走、精神错乱、视觉畸变、头晕、兴奋、嗜睡等。裸盖菇是致幻蘑菇的一种，裸盖菇素具有神经致幻作用，含有该类毒素的蘑菇亦有"神圣的蘑菇"或"幻觉蘑菇"之称。20世纪70年代以来，德国、英国、美国等欧美国家的许多青年普遍食用含此类毒素的蘑菇用于消遣，但若长期或过量服用此类蘑菇会引起神经中毒，所以这些蘑菇在美国被列为控制物品。另外，含有鹅膏肽类毒素的蘑菇，如淡红鹅膏可引起急性肝损害；含丝膜菌毒素的蘑菇，如史密斯鹅膏可引起急性肾衰竭；其他中毒症状还有胃肠炎型、溶血型和光过敏性皮炎型等。误食毒蘑菇会对中毒者造成不同程度的危害，甚至死亡。

四、生防抗病虫，适量来医病

凡事都有两面性，有些毒蘑菇所含的多种活性物质可抗菌、抗虫、抗病毒等，在治疗疾病和病害虫的防治方面有积极作用。如毒蝇鹅膏菌，属树木外生菌根菌，因毒蝇而得名，所含毒蝇碱等毒素对苍蝇等昆虫的毒杀力很强，可用于农林产业生物防治，对小白鼠肉瘤180有抑制作用。

有研究发现，致幻蘑菇中的成分有助于治疗抑郁症。研究者在一个小规模试验中，尝试用致幻蘑菇中一种具有迷幻作用的成分来治疗抑郁症患者，取得了一定效果。另有研究显示，裸盖菇素在诊断和治疗精神疾病、帮助吸毒者戒毒、辅助心理治疗、抑制病原菌等方面都有一定作用，且比较温和、毒性很低，适合心理治疗，是一种很有潜力的精神疾病诊断和治疗药物。目前，裸盖菇素已用于精神分裂症、阿尔兹海默病、强迫性神经失调、身体畸形恐惧症等疾病的研究和治疗，应用前景广阔。

随着科技的发展，相信人类对不同的毒伞伞及其毒素会有更多的认识，如对其进行合理的利用，将造福人类。

思政要点

习近平总书记在庆祝中国共产主义青年团成立100周年大会上强调：做敢于斗争、善于斗争的模范，带头迎难而上、攻坚克难，做到不信邪、不怕鬼、骨头硬。

植保人应运用过硬的专业知识，利用好社会有益资源，防范有害物种，为人类健康发展和生态环境保护做贡献。

适用课程及章节

普通植物病理学课程的绪论、植物病原菌物，植物病原菌物学课程的绪论，林木病理学等课程中涉及菌物的内容。

参考文献

[1]刘遐.寻蕈记[M].上海：上海辞书出版社，2017.

[2]战立克.罗马宫廷中的毒伞幽灵[J].食用菌，1982(1)：48.

[3]郭淑云.致幻药物与萨满通神体验[J].西域研究，2006(3)：71-77；119.

[4]李玉.菌物资源学[M].北京：中国农业出版社，2013.

[5]图力古尔，包海鹰，李玉.中国毒蘑菇名录[J].菌物学报，2014，33(3)：517-548.

[6]陈作红,杨祝良,图力古尔,等.毒蘑菇识别与中毒防治[M].北京:科学出版社,2016.

[7]马迪辉,曹可珂,张劲夫,等.2016—2020年长沙市毒蘑菇中毒事件流行病学分析[J].中国食品卫生杂志,2022,34(2):365-369.

[8]张楠.孜孜以求的进"菌"者——记全国先进工作者杨祝良[N].中国科学报,2021-01-07.

[9]卯晓岚.中国蕈菌[M].北京:科学出版社,2009.

[10]英国研究:致幻蘑菇或可治疗抑郁症[J].食品工业,2016,37(8):234.

[11]李秀婷,张婧,李诚斌.致幻蘑菇:从神灵的使者到人类的良药[N].南方日报,2014-09-27.

（撰稿人:窦彦霞）

84 一朵杂色的郁金香，从"狂热追捧"到理性应用

郁金香，百合科郁金香属的草本植物，世界各地均有种植，是荷兰、土耳其、匈牙利等国的国花。传统的郁金香花是纯色的。在16世纪中期，第一朵杂色郁金香在荷兰横空出世，随之引发社会热捧。到了16世纪后期，贵族圈里对杂色郁金香的追捧已经到了近乎疯狂的程度，甚至引发了人类历史上第一次有记载的金融泡沫。

一、杂色郁金香的出现，引发社会狂热追捧

郁金香原产于小亚细亚，16世纪从土耳其被引入西欧。因为引种时间很短，数量稀少，又恰逢欧洲的文艺复兴运动，美丽的郁金香很快就风靡欧洲上层社会。拥有名贵品种的郁金香成为达官显贵身份与地位的象征，也可作为不经意间炫耀的谈资，贵妇人在出席重大晚会时也常在晚礼服上别上一枝独特的郁金香以彰显其身份的高贵，郁金香逐渐成为当时时尚潮流的风向标。1608年，有法国人曾用价值3万法郎的珠宝去换取一个漂亮的郁金香球茎。

荷兰，在这场郁金香狂热追捧中更是疯狂到了极致。1630年前后，一朵杂色郁金香的出现，在本就炒得热火朝天的郁金香市场上掀起了轩然大波。杂色郁金香的花瓣像色彩对比鲜明的"火焰"，让郁金香花朵显得分外妖娆。这类杂色郁金香极其罕见，并且品种极易退化，很难遗传。因此，这种珍稀、美艳、自带"贵族"属性的杂色郁金香，受追捧的程度甚高。1635—1636年，荷兰郁金香合同价格上涨幅度是5900%。1635年，一种叫Childer的郁金香品种，单株卖到了1615弗罗林(florins，荷兰货币单位)。这是什么概念呢？在17世纪早期的荷兰，一辆拖车(与4头公牛等值)只需要480弗罗林，1000磅奶酪只需要120弗罗林。然而，狂热并未止步于此。第二年，当时整个荷兰仅有两株的其中一株郁金香以4600弗罗林的价格售出，除此以外，购买者还需要额外给予卖家一辆崭新的马车、两匹灰马和一套完整的马具，这在当时足以换取阿姆斯特丹运河边上的一栋豪宅。

一时间，荷兰举国上下陷入了郁金香交易的狂潮中。面对暴利的诱惑，大多数人都被冲昏了头脑，他们变卖家产，只为了购买一株奇特的郁金香。阿姆斯特丹交易所专门设立了买卖会场来满足郁金香的狂热交易者，并改变之前的实物交易形式，引入类似今天的期货交易制度，只需要少量预付款就可以完成交易。1637年2月4日，由于交货时间近在咫尺，卖方开始大量抛售郁金香，导致郁金香市场突然崩溃，投资者陷入恐慌，仅仅一个星期，普通郁金香品种的价格甚至不如一颗洋葱。从奇货可居到烫手山芋，郁金香市场的崩溃只用了短短一个星期。

二、解密郁金香杂色之谜，原来是病毒感染惹的“祸”

一朵杂色郁金香竟然能抵过一辆车、一个磨坊、若干牲口的价值，对此，我们不禁产生疑问：这种杂色郁金香从何而来？为何如此珍贵？

1637年，荷兰园艺学家发现，把出现碎色状态的郁金香鳞茎嫁接到颜色正常的种球之后，就会让后者出现碎色的现象。20世纪初，人们发现鳞茎之间的相互摩擦，以及在郁金香上吸食汁液的蚜虫都可以引发种球变色。1928年，Cayley报道了郁金香的碎色状态是由郁金香碎色病毒导致的。后来研究发现，郁金香碎色病毒之所以能让花瓣形成复杂而精致的斑纹，是因为这种病毒可以影响花青素的合成。那些发病植株的细胞中，花青素无法积累，因而出现了奇怪的色带和斑纹。而对于那些压根就不产生花青素的白色和黄色郁金香花朵来说，即便感染了病毒，也不会出现特别的条纹。

三、巧妙运用病原，造福人类生活

不同花色的郁金香除了具有观赏价值外，还有新的研究价值。提到病原物，人们往往会联想到病原物给人类造成的危害。而杂色郁金香的发现，使人类对于郁金香的美有了新的认识。人们开始通过改造植物病毒来丰富花的颜色，从而美化我们的生活，这也为我们理解病原物与人类的关系提供了新的思路。

除了杂色郁金香，在我们的日常生活中也有很多通过改造病原物为人类造福的案例。比如茭白是一种美味的蔬菜，其实是由对人体无害的黑穗菌寄生禾本科杂草“菰”使其根茎膨大形成的。在春季茭白新芽萌发时，黑穗菌以菌丝体的形式由地下茎进入芽中，并与芽共同生长直到花茎。花茎受到侵染的黑穗菌的刺激，细胞增殖膨大，植物中的养分流向花茎，就形成了肥嫩的茭肉。如果植株中没有黑穗菌寄生，就不会产生茭肉，也就没有茭白这一美味的盘中餐了。

由此可见，我们应该理性看待“病原物”的两面性，在某种意义上病原物的确是致命的，但如果合理利用或改造也可能使其造福人类。

思政要点

1. 习近平要求全党要“更加自觉地坚持和运用辩证唯物主义世界观和方法论”，“学习掌握唯物辩证法的根本方法，不断增强辩证思维能力，提高驾驭复杂局面、处理复杂问题的本领”。

2. 辩证思维是唯物辩证法在人们思维中的运用，是客观辩证法在思维中的反映。在认识和分析问题时，必须以联系和发展的眼光来看问题，防止以孤立和静止的形而上学观点来看问题。16世纪杂色郁金香在荷兰引发社会狂热追捧的历史，启发人们应辩证认识植物病原物的有害性和有益性。

适用课程及章节

普通植物病理学课程的绪论、植物病毒，植物病毒学课程的绪论。

参考文献

[1]胡志红，陈新文. 普通病毒学[M]. 北京：科学出版社，2019.

[2]宗兆锋，康振生. 植物病理学原理[M]. 北京：中国农业出版社，2010.

（撰稿人：青玲）

85

麦角碱的危害与应用

——一把双刃剑的理性透视

麦角菌为真菌界子囊菌门核菌纲肉座菌目麦角菌科麦角菌属的统称，60余种，其中代表种为紫麦角菌。麦角菌专门寄生在黑麦、小麦、大麦、燕麦、披碱草、鹅冠草等禾本科植物的子房内，菌丝侵染子房后发育形成坚硬、褐至黑色的角状菌核，故称麦角。

一、麦角病频发生，危害人类健康

麦角菌不但会造成麦类作物严重减产，其产生的麦角碱还会使人中毒，严重威胁人体健康。当人们食用含有麦角的面粉后，便会中毒发病，开始时四肢和肌肉抽筋，接着手足、乳房、牙齿感到麻木，然后这些部位的肌肉逐渐溃烂剥落，直至死亡，其状惨不忍睹，这种病被称为麦角病。麦角中毒的症状主要有两类，即坏疽性麦角中毒和痉挛性麦角中毒。其中，坏疽性麦角中毒的症状包括剧烈疼痛，肢端感染，肢体出现灼焦和发黑等坏疽症状，严重时可导致断肢；痉挛性麦角中毒的症状是神经失调，主要包括麻木、抽搐、运动失协、呼吸困难、脉搏加快、流涎、呕吐、失明、瘫痪和痉挛等。家畜吃了感染麦角菌的牧草也会中毒，出现缺血性肢端坏死、饲料摄入量减少、生长和生殖障碍等症状。

麦角病曾在中世纪的欧洲横行了几个世纪。一部分科学家认为，欧洲人口在1350年至1490年期间的减少是由于人们食用了受麦角菌侵染的黑麦制作的面包，导致女性生育率下降。17世纪末期，法国南部专门成立了一个宗教团体来关注这一病害。这个宗教团体的领袖叫安东尼，因此这种病也被称为“圣安东尼火病”。到18世纪，随着面粉制作工业的改进和发展，混在小麦中的麦角得以有效去除，麦角病逐步得到了控制。

二、麦角碱新发现，治疗多种疾病

由于孕妇感染麦角病时会出现流产症状，所以很早就有人尝试利用麦角催产。早期的欧洲助产士用麦角来加速孕妇分娩，只要少数菌核就能使得孕妇分娩时间缩短几个小时。

1918年，Arthur Stoll教授从麦角提取物中分离出第一个纯麦角碱——麦角胺。1935年，化学家Moir、Dudley等发现了第二个具有生物活性的麦角碱，即麦角新碱。英国著名药理学家、诺贝尔奖获得者Dale教授也对麦角菌进行过深入研究。他证实，正是由于麦角新碱的缘故，麦角菌具有催产的作用。但麦角新碱在大剂量应用时，会造成子宫体和子宫颈强直收缩，现在已不用于催产和引产，而主要用于预防和治疗产后因子宫收缩无力或缩复不良而造成的子宫出血。

到目前为止，除常见的麦角碱之外，人们已从麦角菌中分离出了70多种生物碱。根据C_8位取代基结构的不同，可将这些麦角碱分为4类：(1)棒麦角生物碱，主要由雀稗麦角菌和C.fusiformis产生，包括田麦角碱、野麦角碱、裸麦角碱、瑟妥棒麦角碱等。(2)简单麦角酸衍生物，由雀稗麦角菌产生，如麦角新碱、麦角酸。(3)肽型生物碱，由黑麦麦角菌产生，主要包括麦角胺、麦角克碱、麦角考宁、麦角斯亭、麦角坡亭碱、麦角宁碱、麦角布亭碱、α-麦角隐亭、麦角生碱。(4)酰胺类麦角生物碱(麦角它曼)。这些生物碱类化合物已被广泛应用于各种疾病的治疗，如麦角胺能收缩脑血管，可用于偏头痛的诊断及发作时的治疗；麦角溴烟酯适用于治疗各种血管疾病，如脑血栓、动脉粥样硬化及动脉阻塞。此外，研究人员还在麦角碱的基础上合成了多种新型生物碱，如用于治疗高泌乳素血症和帕金森病的卡麦角碱和尼可胆碱。因此，随着人类对于麦角菌认识的深化，数百年前令人恐惧的引起“圣安东尼火病”的麦角菌已经演变成了各种良药。

在植物病害的研究历史上，这种随着研究的深入而使病原菌变害为利的例子还有很多，如一类重要植物激素——赤霉素的发现与利用。1926年，日本科学家黑泽英一发现，当水稻感染了赤霉菌后会出现疯长的现象，但结实率却大大降低，故称之为恶苗病，而喷施赤霉菌培养滤液的水稻幼苗表现出同样的症状。随后的研究进一步从赤霉菌培养滤液中分离出这种活性物质，即赤霉素，并鉴定出了其化学结构。现已证实，赤霉素广泛分布于植物、藻类、真菌和细菌中，其主要作用机理是加速细胞的伸长。除此之外，赤霉素还能抑制成熟、侧芽休眠、衰老和块茎形成。目前，赤霉素已被广泛应用于农业生产，其能促进多种作物的生长、发芽、开花及结果，如棉花、番茄、马铃薯及部分果树等，具有显著的增产效果。

思政要点

习近平在中共中央政治局第二十次集体学习时强调，辩证唯物主义是中国共产党人的世界观和方法论，我们党要团结带领人民协调推进全面建成小康社会、全面深化改革、全面依法治国、全面从严治党，实现“两个一百年”奋斗目标、实现中华民族伟大复兴的中国梦，必须不断接受马克思主义哲学智慧的滋养，更加自觉地坚持和运用辩证唯物主义世界观和方法论，增强辩证思维、战略思维能力，努力提高解决我国改革发展基本问题的本领。

麦角碱的发现与应用过程是辩证地认识事物发展的典型例子。

适用课程及章节

普通植物病理学课程的植物病原菌物、植物病原菌物学课程的子囊菌。

参考文献

[1]张海娟，何雅丽，李秀璋，等.麦角菌的研究进展[J].草业科学，2019，36(12)：3076-3084.

[2]潘瑞炽.植物生理学[M].北京：高等教育出版社，2008.

（撰稿人：余洋）

86

如果没有病毒

——用辩证思维看待病毒

在学了植物病毒学后，学生虽然对病毒特性的认识多了一些，但是，总体而言，植物病毒是作为植物病害的病原之一被解读和识记的。那么，病毒如果从世界上消失，会怎么样呢？

一、病毒是生态平衡的维持者

宾夕法尼亚州立大学病毒生态学家坞丽莲·鲁辛克认为，这本身就是一种偏见——科学界关注的一直都是病原体。某种程度上，病毒对整个生态系统乃至人类生存都很重要。环境病毒学家柯蒂斯·苏特尔指出，当某类生物种群数量非常丰富时，病毒倾向于快速复制并摧毁该种群，为其他物种创造生存空间。如果病毒突然消失，有竞争力的物种可能会在损害其他物种的情况下过度发展。

噬菌体是能够感染细菌的病毒，是极其重要的一类病毒。噬菌体是海洋中细菌种群的主要调节者。如果某些病毒消失了，一些细菌失去了天敌，数量激增，而其他一些细菌则可能会在竞争中失去优势，种群锐减。这些病毒每天要杀死大约20%的海洋微生物和50%的海洋细菌。通过选择性淘汰微生物，病毒确保产氧浮游生物有足够的营养进行高效率的光合作用，最终将氧气供给地球上的大部分生命。

在漫长的进化过程中，病毒与寄主相互促进，不断进化。如果寄主的“抗性”太强，它们便无法依附；如果寄主的“抗性”太弱，便会被“斩尽杀绝”，导致宿主物种的消逝。病毒和宿主在不断对抗中得以进化，物种之间形成了相对稳定的协同进化关系，生态系统得以平衡。

二、病毒是人类生命的共存者

人类的生存也可能离不开病毒的存在。人体和其他生物体都是一个非常排他的系统。但是，母体内的免疫系统不排斥从受精卵开始就存在于子宫内的胎儿。原因何在？有证据表明，人类之所以能够生出健康的婴儿，要归功于人类的遗传密码中融合了1.3亿年前感染了我们祖先的远古逆转录病毒的遗传密码。美国加利福尼亚大学的研究人员发现，内源性逆转录病毒在进化中与哺乳动物细胞形成了非常亲密的关系，并成为高级哺乳动物DNA中的组成部分。由此推论，这种病毒基因在进化的过程中，通过调节胎盘的功能，阻止母体内的免疫系统排斥胎儿。

三、病毒是昆虫种群的调节者

病毒对昆虫种群的平衡也有重要作用。昆虫病毒可以感染一些昆虫，该病毒在昆虫间传播流行，从而抑制寄主种群。人类利用昆虫病毒制成了杀虫剂，开发出了高效的生物农药。我国已经研发并商品化生产了棉铃虫单粒包埋核型多角体病毒杀虫剂，经过不断改进和优化，获得了一系列有开发前景和自主知识产权的重组病毒株。在此基础上，开发出了一系列杀虫性能优良的新一代重组棉铃虫病毒杀虫剂，可用于棉铃虫、烟青虫等虫害的防治。目前，大规模应用于田间治虫的有：赤松毛虫质型多角体病毒、棉铃虫和油桐尺蠖核型多角体病毒、菜粉蝶颗粒体病毒等杀虫剂。

四、病毒是绚丽世界的缔造者

植物病毒除了制造出绚丽多彩的碎色郁金香外，在一些观赏花卉育种方面被开发利用，创制出了多彩的植物世界。日本的卫矛叶变色品种，印度的杂色锦麻，中国的“绿菊”，金心黄杨，金边与银边大叶黄杨，杂色花香石竹，杂色花虞美人，等等，都是巧妙运用植物病毒的杰作，还有感染了麻疹病毒的南天竹，感染了赛葵黄脉病毒的天竺葵。更让人意想不到的是，美国研究人员发现植物病毒可充当纳米粒子载体，能将杀虫剂输送到土壤深处，杀死危害植物根系的害虫，降低杀虫剂对环境的毒害。

因此，病毒作为地球生物体系的组成部分，虽然给人类带来了痛苦和灾难，但是其对整个生态系统乃至人类依然是不可或缺的物种。更重要的是，了解更多关于病毒多样性的知识，有助于我们更深入地了解地球、生态系统和人体系统运作方式。我们应用辩证思维看待病毒，学习科学知识，研究病毒，降低其对人类造成的危害，挖掘利用其有益的特性。

思政要点

习近平总书记在十八届中央政治局第二十次集体学习时指出，“辩证唯物主义是中国共产党人的世界观和方法论”，“必须不断接受马克思主义哲学智慧的滋养，更加自觉地坚持和运用辩证唯物主义世界观和方法论”。

在科学知识的学习过程中，我们也要用辩证的思维看待病原微生物。

适用课程及章节

普通植物病理学课程的绪论、植物病毒学课程的绪论、农业植物病理学课程的各作物病毒病。

参考文献

[1]黄小丽，杨美健.如果没有病毒……[J].百科知识，2005(4):21-22.

[2]奇云.如果没有病毒……?[J].世界科学，2003(6):8-10.

[3]张茜.如果所有病毒都消失会怎样[J].世界科学，2020(8):12-14.

（撰稿人：孙现超）

87

虫是害，亦能是宝

——辩证看待昆虫的益与害

昆虫是世界上物种最多的一个动物类群，踪迹几乎遍布世界的每一个角落，是生物链中不可缺少的重要一环，对农业生产和人类健康有重大影响。我们根据昆虫对人类生产和生活的不同影响，将昆虫分为益虫和害虫。益是指对人类生产和生活有益处，害是对人类的发展造成负面影响。昆虫的益与害是相对的，并非绝对的，在特定环境中，随人的价值判断而发生转换。

一、昆虫的有益性

被人类称作益虫的有蜜蜂、蜻蜓、螳螂、七星瓢虫、食蚜蝇等昆虫。蜜蜂可以为植物进行授粉，维持生态平衡，维持植物种类的多样性，同时提高农作物的产量和质量；提供蜂蜜、蜂胶、蜂王浆等蜂产品，以及基础原材料。蜻蜓可以捕食苍蝇、蚊子、叶蝉、虻蠓类和小型蝶蛾类等多种农林牧业害虫，还可以用来监测环境污染，有药用、食用、观赏价值。螳螂也会捕食农作物或者花卉植物上的棉蚜、菜青虫、苍蝇、蝗虫、菜螟等。食蚜蝇是有益的昆虫，对人体无害，在中国很多地方都有分布，种类丰富，大约有350种。食蚜蝇经常在花草间飞来飞去，幼虫以蚜虫为食，成虫主要以植物和蚜虫为食。七星瓢虫也是一种著名的益虫，成虫和幼虫的觅食行为属于广域搜索和区域集中搜索之间的转换，其成虫可以捕食麦蚜、棉蚜、桃蚜、蜱和其他害虫。它们经常在秋天吃植物花粉，这不仅大大减少了害虫对许多瓜果作物和树木的损害，而且有助于植物传递花粉。

二、昆虫的有害性

昆虫的有害性表现在很多方面，最常见的当然是在农业上无处不在的农业害虫。它们种类繁多，对农业的危害巨大，危害农作物的生长使其减产，威胁农产品的储存运输。水稻害虫：二化螟、三化螟、稻纵卷叶螟、稻飞虱等。小麦害虫：吸浆虫、麦芽等。棉花害虫：棉铃虫、红蜘蛛、棉蚜等。园林植物害虫：天牛、蛾类、象甲科等。仓储类害虫：玉米象、谷蠹、麦蛾、黄粉虫等。其中,黄粉虫多存在于粮食仓库、中药材仓库,以及各种农副产品仓库中,以仓库中的粮食、药材以及各种农副产品为食,严重危害仓储产品的安全。

除了农业害虫,还有一些卫生害虫也在危害人类的身体健康。比如,美洲大蠊喜食糖和淀粉,污染食物,传播病菌和寄生虫,是世界性卫生害虫。科研人员发现,美洲大蠊体表或多或少带有痢疾杆菌、沙门氏副伤寒甲乙杆菌、绿脓杆菌、变形杆菌,还有蛔虫、钩虫、蛲虫及兰氏贾弟鞭毛虫的卵等。还有报道称,美洲大蠊的肠道中还常存活着具有活性的霍乱弧状细菌、结核病杆菌、麻风病杆菌等。此虫是人类许多传染性疾病的重要媒介。另外,美洲大蠊的分泌物和粪便中还含有致癌物质。苍蝇更是为我们熟知的卫生害虫。苍蝇的体表多毛,足的爪垫能分泌黏液,并且喜欢在人或畜的粪、尿、痰、呕吐物及尸体等处爬行觅食,身体容易附着大量病原体,如霍乱弧菌、伤寒杆菌、痢疾杆菌、蛔虫等,常在人体、食物、餐饮具上停留,附着在它身上的病原体很快就会污染食物和餐具,从而对人类的健康造成危害。

三、变害为“宝”

所有事物都具有两面性,昆虫也不例外。在济南章丘餐厨垃圾处理中心里住着一群“特殊住客”——3亿只美洲大蠊,个头大、吃得多、处理能力强,每天可吃掉15吨餐厨垃圾。蟑螂食用厨余垃圾这种生物有机处理方式,遵循了食物链的基本规律,进入循环系统,可以说是零污染,实现真正意义上的变废为宝,开创了国内生活垃圾处理的新模式。目前,许多地方都利用美洲大蠊处理厨余垃圾。除此之外,净菜后的烂菜叶、倒掉的剩饭菜、变质的肉,这些垃圾桶里常见的餐厨垃圾,经过美洲大蠊的处理转化,不仅可以“吃干榨尽、无残留”,而且死去的蟑螂还可以变身高蛋白饲料。有研究表明,美洲大蠊磨成的粉富含高蛋白,将这种粉加在鸡饲料里,可以显著提高鸡的免疫功能。另外,在《本草纲目》等多本医学名著中均对蟑螂入药有所记载,如蟑螂粉有活血化瘀、利尿消肿的作用,对虫蛇咬伤也有上佳疗效。现代医学也证明美洲大蠊有很大的药用价值。美洲大蠊体内含有抗癌基因1000多种,可激活非特异免疫功能细胞,调节人体免疫功能,延缓衰老,主治儿童疳积、扁桃腺炎、身体包块、痈疮肿痛等。经过研磨的美洲大蠊也可以添加在化妆品之中。以蟑螂粉为原料的化妆品,具有抑制疤痕的作用。我国著名药理学专家李树楠教授经过几十年对蟑螂的研究,研制出了“康复新”。此药对治疗胃、十二指肠溃疡有显著疗效,并能彻底治愈各种顽固性创面,对外部烧、烫伤愈合有独特疗效,是国家中药保护品种。另外,美洲大蠊的粪便可以作为天然的肥料。

黄粉虫富含蛋白质、维生素、矿物质等营养成分,蛋白质的含量大大高于鸡蛋、牛肉、羊肉等常规动物性食品,且易于消化吸收,是优良的蛋白食品,可以作为饲料用于饲养蛤蚧、蝎子、金钱龟、观赏鱼类、鸟类、蛙类等一些经济价值较高的特种经济动物，也可作为一般畜禽的饲料添加剂使用。黄粉虫口感好，具有独特风味，容易被消费者接受，可进行煎炸、烘烤，加工成含有果仁味道的蛋白饮品等各种形式的食品。黄粉虫还有环保价值，利用黄粉虫过腹转化的能力，把各种蔬菜尾菜及瓜果废弃物转化为虫体蛋白质，同时将其粪便当作有机肥用于水耕蔬菜种植。黄粉虫还可以吞食和完全降解塑料，100只黄粉虫每天能够吃掉34—39毫克的泡沫塑料。

苍蝇本是令我们唾弃的一种昆虫，但因为工程蝇项目的出现，苍蝇变成了“宝贝”。这种人工饲养的苍蝇的寿命是28天，在这期间会下20多万枚卵。除了留下5%左右做种蝇，其他的卵在孵化1天后，就可以直接撒到猪粪上。用工程蝇的蛆处理猪的粪便，能够有效杀除其中的病菌，从而将猪粪转化为品质更高的有机肥，而蛆也能吸收猪粪中的部分营养，可用来制成优质的高蛋白饲料。于是苍蝇产蛆，蛆处理猪的粪便，处理完的粪便可出售，完成工作的蛆又可以喂养养殖场里的鸡、甲鱼、黄鳝，每一个部分都做到了物尽其用，实现了垃圾无害化处理和资源化利用的有机结合。

我们既要善于利用昆虫有益的方面为人类谋求更大的福利，也要深刻认识昆虫的有害性，努力将有害昆虫造成的损失降低到最低程度。

思政要点

习近平总书记指出：辩证唯物主义是中国共产党人的世界观和方法论，我们党要团结带领人民实现“两个一百年”奋斗目标、实现中华民族伟大复兴的中国梦，必须不断接受马克思主义哲学智慧的滋养，更加自觉地坚持和运用辩证唯物主义世界观和方法论，增强辩证思维、战略思维能力，努力提高解决我国改革发展基本问题的本领。

作为科技工作者，我们应学习和运用唯物辩证法，提高创新思维能力，以更好地服务社会，为科技强国贡献力量。

适用课程及章节

普通昆虫学课程的绪论。

参考文献

[1]陈晓鸣，冯颖．资源昆虫学概论[M]．北京：科学出版社，2009.

[2]曹成全．昆虫创意产业[M]．北京：中国农业大学出版社，2021.

[3]耿福能．中药美洲大蠊大全[M]．成都：四川大学出版社，2020.

（撰稿人：王宗庆）

88 “一扫光”与“独遭殃”

在农药使用过程中，追求对害虫的全杀死是很多一线植保工作者和农民朋友的目标和愿望。实际上，农药科学使用的关键是对靶标害虫有效，而对非靶标生物安全，药剂对害虫防治的程度是以不造成作物的经济损失为目的的。这一观念不仅用在药物创制和农药使用上，也用在环境安全和食品安全上。

一、“一扫光”带来的重大隐患

害虫防治在20世纪40年代随着DDT的出现而发生了革命性改变，人们把化学农药称为“杀死害虫剂”，见虫就用药，而且在选择农药时对杀虫谱广的农药情有独钟。但是，仅仅在使用DDT两三年后，在瑞典、丹麦、意大利和美国等国家就发现家蝇产生了抗药性。20世纪80年代，在拟除虫菊酯类农药出现后，氰戊菊酯曾被广大农民称为“一扫光”。然而好景不长，用药几年后，棉花地里一些棉铃虫的抗性可以达到上千倍，过去每亩只用2毫升，现在需要2公斤，一些棉铃虫甚至可以在药液中“游泳”。这是典型的因为过分依赖农药而走向极端的例子。由于人们过分依赖农药，农药残留大大超标，农产品污染严重，生态环境遭到破坏，一些天敌昆虫也遭到伤害，给自然生态系统带来了极大的隐患。因此，采用化学药剂对害虫“一扫光”的策略显然在害虫控制上是行不通的。

二、害虫防治的哲学

在长期的害虫治理过程中，人们逐渐认识到害虫控制是一个复杂的系统工程，不仅要考虑害虫本身的生物学特性，还要考虑环境、作物、人类活动等因素；在治理对策上，不仅要采用化学药剂的办法，更应该关注农业栽培措施，诱集、阻隔等物理措施，以及生物防控的技术等。因此，人们提出了有害生物综合治理（IPM）。IPM十分强调自然控制因素，能被自然因素控制而不达到经济阈值的害虫，不必防治；达到危害水平的害虫，不应全部消灭，应保留一部分,这样对天敌的生存更为有利,以维持生态平衡。由此可见,IPM的基础是容忍的哲学,而不是以前害虫防治策略中消灭的哲学,因而生物防治在IPM中占有重要地位。按照马克思主义的观点,自然只有在被"人化"的过程中才显示出价值和意义。因此,IPM中那些被烙上"有利"或者"有害"印记的生物,是以人的价值观定义的。所谓的"有害""负面""治理",都是相对的,是从人的意向和目的出发的。在可预见的未来,控制害虫是必然的,只要人类要发展自己,就不可避免地会对自然系统产生影响。我们需要认真思考的是,如何在自然体系中很好地把握科学发展和可持续发展。因此,对一些必须控制的害虫,就需要精准施药,既要有效控制害虫,又不至于产生一系列负面影响。

三、精准用药与对靶防控

在采用农药控制害虫的过程中,必须将药物喷洒到作用对象上才能发挥作用。这个作用对象就是农药的作用靶标。根据作用对象范围的大小,可把作用靶标分为以下三种。一是大靶标:药剂需要保护的对象,通常指的是作物。二是小靶标:药剂需要防控的对象,如蚜虫、斜纹夜蛾、赤星病菌等具体的有害生物。一般情况下,药剂只有和这些对象进行接触,并发挥相应的作用,才能达到用药的目的。三是分子靶标:一般指药剂的作用位点。药剂必须达到作用靶标才能发挥作用,因此要创制出具有特异作用靶标的新药剂。要达到杀虫的效果,药剂不仅要使用在大靶标上,更重要的是必须接触小靶标,然后经过吸收传导,进入昆虫体内或者病原菌组织内,最后达到作用的核心位点,才能发挥作用。如甲霜灵的作用靶标为RNA聚合酶,菊酯类杀虫剂的作用靶标为神经系统的钠离子通道和AcrE,有机磷杀虫剂的作用靶标是AchE等。在农药喷洒过程中,对准作物喷药,有25%—50%的农药能沉落到作物体表(大靶标)上,然后有5%左右的农药能达到昆虫身体或者病斑上面,经过吸收传递,最后只有1%左右的农药能够到达发挥作用的分子靶标上。这样算来,我们在田间喷药,真正能够发挥作用的药剂只有不到我们喷洒药剂量的1%。由此可见,创制靶向农药和精准用药是多么关键。农药精准施用是指在农药施用过程中,根据作物生长和病虫害发生情况,组配出恰当合适的用药配方,应用先进的施药器械,采用定时、定量和定点施药方法,最大限度地发挥药剂的作用,实现节约农药、提升防效、减轻污染和残留的农药使用技术。它包括:精准诊断、精准配方、精准对靶、精准器械和精准用量五个方面。精准用药为我们有效防控害虫提供了理论指导,避免在农药使用过程中"一扫光",从而实现对靶标害虫的有效精准控制,让靶标害虫"独遭殃"。

目前,我国正在大力推进绿色防控和减肥减药行动。其总体目标是采用更多的绿色防控手段来有效控制病虫草害,最大限度地减少化学农药的使用量;在控制病虫草害的同时,确保生产者安全、农产品质量安全和农业生态环境安全。推进绿色防控并不是完全否定农药的使用,相反,绿色防控对农药的科学使用提出了更高的要求。因此,我们要有绿色防控观念,积极采用绿色防控措施,但也绝对不能忽视对化学农药的科学使用。

思政要点

1.辩证地看待新生事物。

2.创制药物的目的不是把害虫全杀死,而是保护植物的健康,保护人类的健康。

3.在解决重大问题上,不能急功近利,而要找到解决问题的关键和根本对策,这样才能更好地服务社会发展。

适用课程及章节

植物化学保护学课程的绪论、有害生物抗药性、农药科学使用。

参考文献

[1]马瑞燕,荆英.析害虫防治策略及思想[J].山西农业大学学报,1999(3):209-213;276.

[2]丁伟,周红.植物医学的新概念——精准用药[J].植物医生,2019,32(4):1-8.

(撰稿人:丁伟)

89 波尔多液的前世今生

波尔多液是无机铜素杀菌剂，1882年法国人A.米亚尔代在波尔多城发现其杀菌作用，故叫波尔多液。波尔多液是一种天蓝色胶状悬浊液，配料比可根据需要适当增减，一般呈碱性，有良好的粘附性能，但久放物理性状会被破坏，宜现配现用或制成失水波尔多粉，使用时再兑水混合。

一、波尔多液的前世——开发历史

法国的波尔多盛产葡萄，所以“波尔多葡萄酒”驰名天下。但在1878年，名为“霉叶病”的植物病害狂扫波尔多城，许多葡萄园很快变得枝叶凋零。园主们心急如焚，却无计可施。

大学植物学教授米拉德却发现了一件怪事——公路旁的葡萄树郁郁葱葱，丝毫未受到霉叶病的伤害。经过观察，他发现这些葡萄树的叶和茎都被洒了一些蓝白相间的东西，经打听，才知是园主为防馋嘴的过路人偷吃而洒的“毒药”，由熟石灰与硫酸铜溶液混合配制而成。于是，米拉德在杜扎克酒庄进行了试验，发现这的确是对付霉叶病的好农药，并在1885年将他的发现公之于众。从此，波尔多地区又变成了“葡萄园世界”。同时，这种农药以“波尔多液”命名，广泛流传于世界各地。

该农药的化学原理是熟石灰与硫酸铜起化学反应，生成碱式硫酸铜，具有很强的杀菌能力。波尔多液是一种保护性杀菌剂，通过释放可溶性铜离子而抑制病原菌孢子萌发或菌丝生长。在酸性条件下，铜离子大量释出时也能凝固病原菌的细胞原生质而起杀菌作用。在相对湿度较高、叶面有露水或水膜的情况下，药效较好，但对耐铜力差的植物易产生药害。持效期长，广泛用于防治蔬菜、果树、棉、麻等的多种病害，对霜霉病和炭疽病等效果尤佳。该制剂具有杀菌谱广、持效期长、病菌不会产生抗性、对人和畜低毒等特点，是应用历史最长的一种杀菌剂。

二、波尔多液的奇效搭档

波尔多液是硫酸铜和生石灰混配的弱碱性药剂，不会快速与酸性药剂发生强反应，更不会快速全部中和掉杀虫、杀菌剂的药效。波尔多液中混合以下药物使用，有奇效。

波尔多液与碳酸氢铵330倍液配合，既可起到叶面肥作用，又可杀灭苹果棉蚜和红蜘蛛。波尔多液是保护性杀菌剂，加入多菌灵（内吸性杀菌剂）使用，可防治疫腐病、褐斑病、炭疽叶枯病、斑点落叶病以及各种烂果症。波乙合剂，即等量式或倍量式波尔多液200—240倍液加三乙磷铝200—300倍液，加展着剂，在葡萄生产前期和后期使用，可防治黑痘病、霜霉病。配制时，要先配好波尔多液，再加三乙磷铝，现配现用，不宜久存，否则失效。波退合剂，即倍量式波尔多液加50%退菌特600倍液，要求先配置好波尔多液，再加入退菌特600倍液，搅拌成灰黑色使用。本合剂在葡萄生长后期阴雨连绵时单喷果穗，可防治葡萄炭疽病。使用农药后病部结痂，停止扩散，效果明显。

三、波尔多液的药害

波尔多液引起的药害，主要分为两大类：一是由铜离子引起的药害。叶片受害后自叶尖开始变黑，逐渐干枯，向叶柄方向蔓延到叶片的一半，以致出现死斑，甚至穿孔，最后引起落叶。受害果实有锈斑、麻斑，这在苹果金冠、胜利等品种上时有发生。二是由石灰引起的药害。表现为叶片受害后生长畸形，变厚而粗糙，果皮出现硬化。

波尔多液属低毒农药，对人畜基本无毒，但在林木果树上使用时，如果配制和使用不当就会出现一些药害症状。原因有以下几方面：一是配制波尔多液时，硫酸铜溶解不完全，连同药渣喷到果实上，会使果面出现红褐色药害斑点，降低果品的商品价值。苹果幼果期和果实临近成熟时使用波尔多液，会造成果面锈斑，果皮粗糙，光洁度差，影响果实外观品质。二是有些果树对波尔多液敏感。桃树、杏树、李树等，在生长季节对铜敏感，使用波尔多液极易发生铜离子毒害。波尔多液中石灰量多于倍量式时，苹果（尤其是金冠品种）、山楂等易发生药害；若石灰量高于等量式，龙眼、无紫核及乍娜等易发生药害。三是任意混用。波尔多液若与石硫合剂、退菌特等农药混用，或交替使用间隔时间太短，均易产生药害。四是气候条件。波尔多液在高温条件下使用，易引起由石灰造成的药害。喷药以后，药液未干即遇降雨，或叶片上露水未干时喷药，由于铜的离解度及叶片渗透能力变化，会使叶面上的可溶性铜的含量骤然增加，致使林木、果树叶片出现大量灼伤。遇有较大风雨时，叶面上可溶性铜的含量会迅速增加，使叶片焦枯，即所谓波尔多液的风雨药害。

思政要点

回顾发现波尔多液的历史，引导学生学会辩证认识药剂的有害性和有益性，激发专业兴趣，善于在实践中发现事物的有用性。

适用课程及章节

植物化学保护学课程的杀菌剂。

参考文献

[1]曾彦铭.波尔多液的奇效搭档[J].农村新技术，2017(5)：37.

[2]李云，张彦珍，张波.怎样正确施用波尔多液[J].现代园艺，2016(23)：146.

[3]李翠英，吴春兰.波尔多液对林木果树的药害与合理使用[J].营销界(农资与市场)，2016(20)：72-73.

[4]曹立耘.波尔多液的替代农药——绿乳铜[J].农业知识，2014(22)：47-48.

（撰稿人：钱坤）

90 能忍受1000倍剂量的超级昆虫

我国是最早种植水稻的国家，水稻作为我国第一大粮食作物，是筑牢国家粮食安全的最大压舱石。据研究发现，远古时期在我国珠江流域就出现了野生水稻，通过对野生水稻的驯化，现已形成性状稳定、高产优良的栽培稻。至2020年，我国水稻种植面积4.51亿亩、总产量2.12亿吨。

一、与稻飞虱斗争步履维艰

早在2000多年前的先秦时代，就有大规模种植水稻的记载。《小雅·白华》："滮池北流，浸彼稻田。"到了唐朝，国家政治安稳，百姓安居乐业。王驾《社日》："鹅湖山下稻粱肥，豚栅鸡栖半掩扉。桑柘影斜春社散，家家扶得醉人归。"宋朝时，辛弃疾的"稻花香里说丰年，听取蛙声一片"，展现出花香怡人，水稻产量富足，生态良好的景象。唐宋之后，中国经济中心逐渐转移到南方，水稻作为粮食作物占据着重要地位。尤其是到了宋朝，水稻的地位超越了粟、麦，成为我国种植非常广泛、在经济发展中发挥重要作用的粮食作物。

随着现代农业不断发展，水稻选育越来越趋向于高产量、口感佳的优质品种，田间生态系统越来越单一，新的生产方式彻底改变了农业生产的面貌，改变了害虫发生和发展的条件。这种发展引起的结果是，害虫的种类和危害程度都发生了显著变化。稻飞虱对水稻危害巨大，每年都造成了严重的经济损失。稻飞虱属于同翅目飞虱科，不仅能在水稻茎部刺吸汁液、产卵引起褐烧，还能传播水稻病毒病而造成病害流行，严重威胁水稻生产。我国为害水稻的稻飞虱主要有3种：褐飞虱、白背飞虱、灰飞虱。褐飞虱发生最为严重，其次为白背飞虱和灰飞虱。稻飞虱具有国际性、迁飞性、暴发性、毁灭性等特点。

早在20世纪80年代末，新型高效的几丁质合成抑制剂噻嗪酮便开始在我国大面积应用于防治褐飞虱。噻嗪酮在昆虫蜕皮时起作用，使昆虫因无法脱去表皮而死亡。由德国拜耳公司和日本农药公司共同研发的吡虫啉，于1991年投入市场。吡虫啉是一种新型高效氯代烟碱类内吸性广谱杀虫剂，其作用机制为有选择性地作用于昆虫神经系统中的乙酰胆碱受体，破坏昆虫中枢神经的正常传导，扰乱昆虫的正常神经活动，使其处于极度兴奋状态，逐渐麻痹直至死亡。噻嗪酮和吡虫啉这两类药剂在防治褐飞虱上效果优异，在当时成为防治稻飞虱的主要药剂品种。

在长期大面积单一使用噻嗪酮和吡虫啉后，亚洲不少国家和地区相继报道褐飞虱对噻嗪酮和吡虫啉产生了抗药性。时至今日，褐飞虱对吡虫啉已经达到了高水平抗性，抗性倍数在1200倍以上，我国江苏、江西、湖北地区的褐飞虱对噻嗪酮抗性倍数也都在1000倍以上。因此，我国从2005年后禁止使用吡虫啉防治褐飞虱。2018年，全国农业技术推广服务中心对多地区的褐飞虱田间种群开展了抗性监测后，也建议各稻区停止使用噻嗪酮防治褐飞虱。科研人员对抗性产生原因进行研究后发现，褐飞虱抗性机制主要涉及解毒代谢增强与靶标敏感性下降。

二、科技创新杀虫开创新篇

如今，人们已经意识到，长期单一地使用一种类型的杀虫剂会导致害虫产生严重抗药性，造成农药残留、环境污染等问题。因此，现在提倡以农业防治、物理防治、生物防治和化学防治相结合的综合防治策略。民为国基，谷为民命，农业是国家发展和稳定的支柱产业。全面贯彻习近平新时代中国特色社会主义思想，深入贯彻落实创新驱动发展战略、乡村振兴战略和可持续发展战略，必然要构建农业绿色发展技术体系，从总体上提升有害生物防控水平，满足国家粮食安全、生态安全、农产品质量安全的重大需求。

仓廪实，天下安。党的十八大以来，我国植保科技创新日新月异。农作物病虫草鼠害综合防治的基础性研究全面进步，监测预警技术不断完善，农药创制能力迅速提升，农药品种结构日益合理，生物防治产品创制能力不断提升，配套应用技术不断进步，理化诱控、生态调控等单项防控技术迅速发展，为农作物安全稳定生产保驾护航。习近平总书记强调，实施乡村振兴战略，必须把确保重要农产品特别是粮食供给作为首要任务，把提高农业综合生产能力放在更加突出的位置，把“藏粮于地、藏粮于技”真正落实到位。要在推动社会保障事业高质量发展上持续用力，织密社会保障安全网，为人民生活安康托底。

思政要点

1.通过介绍水稻的种植发展历史，提高学生对粮安天下、农稳社稷的认识，以及对农业生产的关注度。

2. 通过介绍水稻害虫稻飞虱的危害，以及农药不合理使用导致褐飞虱对高效杀虫剂吡虫啉、噻嗪酮产生严重的抗药性，致使两种高效杀虫剂被弃用的历史，加深学生对科学合理使用杀虫剂重要意义的认识，并联系乡村振兴战略，引发学生对科学农业的思考，提高学生参与乡村振兴的积极性。

适用课程及章节

植物化学保护学课程的绪论、农业有害生物抗药性及综合治理。

参考文献

[1]徐桂平，王炳太，徐瑶，等. 浅论农业有害生物抗药性[J]. 南方农业，2020，14(26)：36–37.

[2]张金平. 全国农技中心监测结果表明部分病虫抗药性显著上升[J]. 农药市场信息，2017(6)：66–67.

[3]严火其. 农业害虫危害何以越来越严重[J]. 中国农史，2021，40(3)：3–15.

[4]廖逊，万虎，李建洪. 褐飞虱对杀虫剂抗性研究进展[J]. 农药学学报，2019，21(Z1)：718–728.

[5]张帅. 2018年全国农业有害生物抗药性监测结果及科学用药建议[J]. 中国植保导刊，2019，39(3)：63–67；72.

[6]甯佐苹. 褐飞虱抗药性监测、对噻嗪酮的抗性风险评估及生化机理研究[D]. 南京：南京农业大学，2011.

[7]温玉从. 田间褐飞虱对吡虫啉的抗性及其机理研究[D]. 南京：南京农业大学，2009.

（撰稿人：魏朋）

91 “爆炸西瓜”的真相

通过回顾西瓜爆炸事件来分析西瓜爆炸的原因，如西瓜膨大剂、氮肥过多、西瓜品种、天气等，最终让学生们明白只有坚持学以致用，综合利用不同学科知识、理论与技术，才能破解实际生产中遇到的各种问题。

一、西瓜爆炸事件起因

西瓜是我国广大人民爱吃的水果之一。近年来，随着育种技术的发展，各种各样的美味西瓜频频上市，为人们在炎炎夏日带来一抹清凉。但是爆炸西瓜的出现，使西瓜的甜美混进了一丝异味。2011年5月，江苏镇江市丹徒区的瓜农种植的西瓜在生长期几乎全部炸裂，损失惨重。江苏省农业委员会和丹阳市农业委员会对延陵镇大吕村瓜农使用的肥料膨大剂进行了抽样，委托农业部农产品质量安全监督检验测试中心（南京）进行检测。6月，两份检验报告都显示不含膨大剂。这个结果几乎让所有人都大吃一惊。

二、西瓜爆炸原因众说纷纭，没有定论

起初该事件经媒体报道后，人们对西瓜开裂的原因众说纷纭。部分专家认为是人为因素导致西瓜爆裂，因为自然生长的西瓜在未成熟之前是不会爆裂的，只有成熟的西瓜才有可能在某些特定的条件下发生开裂。这种人为因素很可能是不当使用西瓜膨大增甜剂。不少媒体“一致认为”出现这种现象是因为瓜农为了让西瓜生长速度加快，在错误的西瓜生长时期使用了“西甜瓜膨大增甜剂”，导致西瓜违背自然生长状态，进而发生开裂。即使检验报告显示开裂西瓜都不含膨大剂，依然有不少媒体报道膨大剂是造成爆炸西瓜的罪魁祸首。一时之间，食品安全再次成为大家担忧的问题，西瓜销量暴跌，同时相关果蔬的消费也受到影响。

三、打破认知局限,分析真正原因

作为当代大学生,应该遵循科学知识,保持清醒的头脑。在分析西瓜爆炸这个现象之前,我们首先要了解什么是“西甜瓜膨大增甜剂”。“西甜瓜膨大增甜剂”是一种植物生长调节剂,具有加速细胞分裂,促进细胞增大、分化和蛋白质合成,提高座果率,促进果实增大的作用。该类药剂主要含氯吡脲和赤霉酸。然后我们来分析膨大剂可能在西瓜开裂过程中起到的作用。从多年使用的情况看,膨大剂技术成熟,生产效果好。而氯吡脲是目前市场上“西瓜膨大剂”的主要成分。但是从政策上来说,我国明确将膨大剂纳入农药管理范围。《农药管理条例》规定:发现已登记农药对农业、林业、人畜安全、农产品质量安全、生态环境等有严重危害或者较大风险的,国务院农业主管部门应当组织农药登记评审委员会进行评审,根据评审结果撤销、变更相应的农药登记证,必要时应当决定禁用或者限制使用并予以公告。虽然,氯吡脲在我国属于登记允许在西瓜上使用的农药品种,但是在批准农药登记时,规定了其仅能“浸、喷瓜胎”,且目的是“增产,提高座果率”,且经过实验发现,该药剂在西瓜上若使用时间不当、使用剂量不当,会导致西瓜裂果。2017年,国家农产品质量安全风险评估专项的科学家们通过验证实验表明,在坐瓜时期用氯吡脲浸、喷瓜胎,若药剂浓度太高,后期裂瓜率会显著上升。从爆炸西瓜的检测报告来看,西瓜爆炸的原因反而不是过量使用膨大剂。

那么到底是什么原因造成西瓜爆炸呢?首先是西瓜的品种。某些西瓜品种果皮韧性差且薄,遇到田间水分过量或者震动的情况时,特别容易开裂。其次是天气情况。在连续阴雨后阳光猛烈的条件下,或者久旱逢大雨,西瓜会发生猛长的现象,这时瓜皮承受不住压力,容易发生开裂的现象。最后是施肥不当。比如施用氮肥可以提高西瓜生长速度,但是当瓜瓤生长所需要的钾、钙、硼等营养物质不足时,内瓤会大量吸水,造成西瓜爆炸。

综上所述,依据后续检验报告的结果以及相关专家实际调查判断,江苏镇江市丹徒区发生的西瓜爆炸现象可能与以下几个方面有关。首先是气候。在西瓜“爆炸”的前一天,下了一场大雨,基地的西瓜在经历前段时间的干旱后猛然吸收大量水分很容易胀裂。其次是西瓜营养过剩。最后是瓜农有可能在西瓜种植前期使用过膨大剂。

我们应该运用学到的科学知识,辩证地看待生产实际中遇到的问题,而不是人云亦云,主观臆断。同时,我们也应该按照国家相关规定,安全、科学地使用药剂。

思政要点

引导人们正确认识与科学使用农药,是植保人的重要工作方向。通过分析实际生活中的焦点问题，引导学生学会辩证看待问题，从国家发展层面理解农药科学使用的重要性，增强使命感与责任感，激发学习兴趣。

适用课程及章节

植物化学保护学课程的植物生长调节剂、农药与环境安全。

参考文献

[1]黄慧，李丽颖．植物生长调节剂之于瓜果　不是你“听说”的那样[N]．农民日报，2020-07-03.

[2]赵叶苹，葛晨．西瓜本无事　传言猛于虎——“膨大剂”传言祸害西瓜产业调查[N]．四川农村日报，2011-05-28.

[3]孟庆普．西瓜“爆炸”让膨大剂安全性走上前台[N]．健康报，2011-05-19.

（撰稿人：张赞）

92

菌蕈文化

——中华传统文化中的一颗璀璨明珠

自古以来，我国人民就以菇、菌、蕈、耳等高等真菌入药、入撰、入诗、入画。迭经数千年的演化发展，形成了独特的菌蕈文化。

一、描写菌蕈的古诗文

在浩渺的史籍中，关于菌蕈的诗词多和哲学思想紧密相连，且其中不乏名家之作，值得读者去仔细品味。有些状景咏物，对菌蕈做了生动而传神的描述；有的借菌抒情，或感怀身世，或抒发爱国忧民之情；有的惊叹大自然对人类的厚赐，赞赏菌草菜肴风味之鲜美。以下两首诗引自《中国古代菌蕈诗选录》(刘亚，1994)。

先 秦(一首)

(楚)屈原

采三秀兮于山间，石磊磊兮葛蔓蔓。

怨公子兮怅忘归，君思我兮不得闲。

(节选自《楚辞·九歌·山鬼》)

蕈 子

(宋)杨万里

空山一雨山溜急，漂流桂子松花汁。

土膏松暖都渗入，蒸出蕈花团戢戢。

戴穿落叶忽起立，拨开落叶百数十。

蜡面黄紫光欲湿，酥茎娇脆手轻拾。

响如鹅掌味如蜜，滑似蓴丝无点涩。

伞不如笠钉胜笠，香留齿牙麝莫及。

菘羔楮鸡避席揖，餐玉茹芝当却粒。

作羹不可疏一日，作腊仍堪贮盈笈。

此外，在古代文学作品中也有关于人类栽培菌蕈的内容，如栽培草菇、灵芝、银耳等。在宋朝陈仁玉创作的《菌谱》中，作者使用了大量诸如“仙居”“仙灵”等词来形容浙江台州的菌蕈。正是在“尽菌之性”的理念指引下，陈仁玉创作的《菌谱》成为世界首部菌蕈专著，其中共收录菌类产品11种，并从产地、形态、功效等多个角度进行详细论述。

二、佳肴保健，食药同源

在数千年的中国文化中，饮食文化始终占据重要位置，菌物在可食美味中备受赞许。菌蕈文化是我国文化体系的起源之一，其文化萌芽可以追溯至旧石器时代人们的“采食文化”。《吕氏春秋》中有“齐文宣帝凌虚宴取香菌以供品味”。中医药学历来讲究“药食同源”，将菌物作为药材在我国有悠久的历史。2000多年前，我们的祖先已经用“神曲”治疗积食，用豆腐上的霉治疗疮痈。我国现存最早的药书《神农本草经》和之后的历代本草著作中都记载了至今仍在广泛使用的真菌类药物，如茯苓、灵芝、马勃、虫草等。李时珍的《本草纲目》记载了34种真菌，并进行了分门别类的介绍。可见，我国古代菌物学的研究水平是很高的。

美食与文化交相辉映，共同推动着食用菌产业的发展，菌类的附加价值开始体现。2017年中央一号文件提出：做大做强优势特色产业。实施优势特色农业提质增效行动计划，促进杂粮杂豆、蔬菜瓜果、茶叶蚕桑、花卉苗木、食用菌、中药材和特色养殖等产业提档升级，把地方土特产和小品种做成带动农民增收的大产业。目前，我国食用菌年产量已超过4000万吨，占全球产量的3/4，所以我国是当之无愧的食用菌生产大国。香菇是我国最早实现人工种植的一个品种，也是我国产量最大的食用菌栽培品种。我国双孢菇产量在国内排第四，但在全球排第一。过去，羊肚菌只有野生的，但近几年，羊肚菌的栽培技术取得了突破，人工种植羊肚菌呈现蓬勃发展态势。另外，我国灵芝产业规模超百亿元，包括灵芝孢子粉、灵芝油、灵芝菌粉、灵芝提取物等深加工产品。

菌蕈文化是一种复合型文化结构，与经济、社会、医养和文学等多个领域深度融合，成为内涵丰富、地域特色突出的文化体系，呈现出多样性的文化特征。在浩瀚的生命世界里，在生物进化的漫漫长河中，菌物扮演了非常重要的角色，并且必将影响人类的未来。让我们继续发掘自然界菌物资源，不断认识菌物，开发和利用菌物，使菌物更好地造福人类。

思政要点

1.学习菌蕈文化蕴含的丰富哲学思想、人文精神和道德理念，增强文化自信和民族自豪感。

2.学习菌物文化，守护菌物资源。食、药、医、农、林、生物、环保领域中，都少不了菌物形态迥异的活跃身影。人类生活一刻也离不开菌物，菌物对人类发展所产生的巨大影响更是远超想象。

适用课程及章节

普通植物病理学课程的绪论、植物病原菌物学课程的绪论。

参考文献

[1]谭娟.菌蕈文化的探源与传播[J].中国食用菌，2020，39(7)：143-145.

[2]吉菁菁."它"改变了人类历史——漫谈真菌世界[N].北京科技报，2020-12-14.

[3]韩省华，韩鸿翼.菌文化的形成及其对产业的推动作用[J].食用菌，2022，44(1)：76-80.

[4]李玉，刘淑艳.菌物学[M].北京：科学出版社，2015.

[5]刘亚.中国古代菌蕈诗选录[J].食用菌，1994(3)：39-40.

（撰稿人：董国菊）

93

昆虫入诗词，自然写文化

昆虫自古以来就对人类的生产生活和精神世界有重要影响，由此形成了源远流长的昆虫文化。古人对自然界中昆虫的动人描绘，是人与自然和谐关系的体现。在我们祖先的眼中，大自然不仅是人类生存的摇篮，更是艺术创作的源泉。昆虫文化充实了中国文化，是文学园地中一道独特的风景，关于昆虫的诗词更是让昆虫文化流光溢彩。

一、昆虫入诗寄情写尽春秋

大自然中，昆虫的生命轨迹遵守着自然法则。一年四季，它们遵从昼夜节律，在各自的生存环境中活动。昆虫世界是绝好的自然诗篇，昆虫多样的特征和习性是文学与生物相融的媒介。在古诗词中，蝴蝶和蜜蜂是“春虫”的代表，蝉和蟋蟀分别是“夏虫”和“秋虫”的代表，这些来源于自然的元素使昆虫诗词具有了完全不同的文化内涵，促生了很多经典佳作。

昆虫诗词中，作者将昆虫各异的行为和习性巧妙地融入诗词中，或借虫寓情，或托虫言志，昆虫成了作者描写自然万象和抒发情感的媒介。人们在阅读和欣赏这些诗词时，能产生情感共鸣和精神力量。这些诗词往往借助某种昆虫最突出的生物学特性，将情志与昆虫有机融合。如咏蝉的诗句中，虞世南通过“垂緌饮清露，流响出疏桐。居高声自远，非是藉秋风”道出立身品格高洁的人，不需要凭借外在的力量，自能声名远播；戴叔伦写蝉“饮露身何洁，吟风韵更长”，从节操和风韵两方面赞颂了蝉的清雅高洁和韵致悠长。虞世南的“的历流光小，飘飖弱翅轻。恐畏无人识，独自暗中明”，以萤火虫的弱小反衬出其顽强刚毅。很多诗词蕴含着昆虫各异的生物学习性。如许浑的“林晚鸟争树，园春蜂护花”，钱起的“露下添余润，蜂惊引暗香”，描写了蜜蜂访花和逐甜的习性；裴谐的“多少游蜂尽日飞，看遍花心求入处”，呈现了蜜蜂整日流连花间的情景；王建的“野蚕作茧人不取，叶间扑扑秋蛾生”，展现了蚕作茧化蛹、蛾从茧中羽化而出的现象；杜甫的“穿花蛱蝶深深见，点水蜻蜓款款飞”，描绘了蝴蝶在花丛中穿梭飞舞，以及蜻蜓点水产卵、款款而飞的情景。

古代有很多与月令和季节有关的昆虫诗词。《诗经》中有“五月斯螽动股，六月莎鸡振羽，七月在野，八月在宇，九月在户，十月蟋蟀入我床下”，蟋蟀随着天气转凉而不断转移自己的位置，人们可依据此状来判断天地时序的运行规律。利用昆虫的行为习性描写春季的诗句非常多。如许浑的“鸟散千岩曙，蜂来一径春”，指出蜜蜂在花间飞舞预示着春天的到来；岑参的“风恬日暖荡春光，戏蝶游蜂乱入房”，描绘了春光里蜂蝶游戏的情景。而贺兰进明的“君不见芳树枝，春花落尽蜂不窥”，写了春天繁花落尽后蜜蜂也远离了芳树枝。《礼记·月令》篇有“季夏之月，温风始至。蟋蟀居壁，鹰乃学习，腐草为萤”。蝉是“夏虫”的代表，萧子范的“试逐微风远，聊随夏叶繁，轻飞避楚雀，饮露入吴园”，使人们仿佛看到了夏蝉的活动，还有王籍的“蝉噪林逾静，鸟鸣山更幽”和李商隐的“万树鸣蝉隔岸虹”等。当然，夏季不只有蝉，还有乐雷发的“一路稻花谁是主？红蜻蛉伴绿螳螂”和杜甫的“穿花蛱蝶深深见，点水蜻蜓款款飞”。夏去秋来，从辛弃疾的“明月别枝惊鹊，清风半夜鸣蝉”，到柳永的“寒蝉凄切，对长亭晚，骤雨初歇”，孟浩然的“日夕凉风至，闻蝉但益悲”，李白的“络纬秋啼金井阑，微霜凄凄簟色寒”，可谓“一虫”写尽春秋。

二、诗词咏虫寓事道说沧桑

描写昆虫的诗词中有很多与人们生产生活密切相关的作品。其中，与养蚕有关的诗句非常多，如皇甫汸的“蚕馆开周典，鸾舆扈汉仪”，谢枋得的“子规啼彻四更时，起视蚕稠怕叶稀”，赵汝鐩的“每天蚕时候，村村多闭门”，蒋贻恭的“辛勤得茧不盈筐，灯下缫丝恨更长”，张俞的“遍身罗绮者，不是养蚕人”，等等。而苏轼的“今年春暖欲生蝻，地上戢戢多于土”，描写了幼蝗繁多的情景，同时也表现了诗人对农业生产的关心。戴叔伦的“新禾未熟飞蝗至，青苗食尽余枯茎。捕蝗归来守空屋，囊无寸帛瓶无粟”，郭敦的“飞蝗蔽空日无色，野老田中泪垂血，牵衣顿足捕不能，大叶全空小枝折”，则形象地描述了蝗灾发生时的悲惨情况。

由于不同时期的社会和科学发展水平不同，对描述自然现象的诗词需根据专业知识进行选择性，甚至批判性的赏阅。如《诗经》中的“螟蛉之子，蜾蠃负之”，表达了“蜾蠃将螟蛉的后代带回巢穴作为自己孩子来抚养”的观点。直至南北朝时期，医学家陶弘景对此说法产生了怀疑，并通过亲自观察辨别真伪，发现“蜾蠃将螟蛉的后代带回巢穴是在为自己的后代准备食物”。这告诉我们实践出真知，实践长真才。

昆虫诗词如星辰大海，天地万物皆有灵性。诗词中的昆虫绚丽梦幻如蝶，高洁清雅如蝉，精妙如蜻蜓，飘逸如蜉蝣，响亮如蝈蝈，好斗如蟋蟀，繁忙如蜜蜂，奉献如家蚕，都是令人敬畏的生命本色，是值得咏唱的自然经典。

思政要点

1. 鉴赏昆虫诗词，坚定文化自信。昆虫诗词是自然与人文的有机融合，研读之可激发专业志趣，提高人文素养。

2. 诗词源于自然，真知在于实践。研读"螟蛉之子，蜾蠃负之"等诗词典故，培养勇于探索的科学精神和创新思维。

适用课程及章节

普通昆虫学课程的绪论、昆虫生物学、昆虫系统学。

参考文献

[1]龚国. 乐至"蚕桑文化"资源及品牌建设的思考[J]. 四川蚕业，2015，43(1)：58-60.

[2]李璐. 诗说虫语：唐诗宋词里的昆虫世界[M]. 北京：中国社会科学出版社，2017.

[3]言思. 诗经全编全赏[M]. 北京：中国华侨出版社，2013.

（撰稿人：杜喜翠）

94 灿烂历史文化中的植物药

一、中国历史上的“医圣”和“药圣”

在护佑中华民族绵延数千年的中医药史上，出现了数不清的名医和神医，但杏林之中仅有两位被后世称为圣人，一位是被称为“医圣”的《伤寒杂病论》作者东汉名医张仲景，另一位是被称为“药圣”的名医李时珍。1956年2月，时任中国科学院院长郭沫若评价：李时珍乃16世纪中国伟大医药家，在植物学研究方面亦为世界前驱。

二、李时珍与《本草纲目》

李时珍于1518年出生于行医世家，他的父亲李言闻曾任太医院吏目，李时珍曾任正五品的太医院判，其子李建木为太医院医士，一家三代都曾供职太医院。李时珍进入太医院的目的很单纯：便于进言重修本草。当一次次上疏要求官府重修本草却无人理睬时，他毅然离开安逸的太医院，以一己之力，承担起官府的责任，率领全家和弟子开始重修本草，开启个人重修本草的新历史。此时距上次官修本草已过去了400多年。1596年，耗尽李时珍一生心血的《本草纲目》刊行于世，此时李时珍已经去世3年了。但是李时珍的名字却随着《本草纲目》走向全世界。在法国，植物学家、医生勒牡萨以研究《本草纲目》的论文获得巴黎大学的博士学位。在英国，进化论的创始人达尔文不仅在《动物和植物在家养下的变异》中引用了《本草纲目》中关于鸡的7个品种和金鱼家化的资料，还称赞《本草纲目》是“1596年出版的中国百科全书”。在俄国，至今在莫斯科大学礼堂的墙壁上还镶嵌着李时珍的画像。

《本草纲目》除了就药论治、以药为纲之外，在全书的前面还摘录了历代医家关于中医药的基本理论，帮助读者掌握药物采制、性味、禁忌的基本知识和用药的基本原理，并补充了新的经验，以及纠正前人缺失。李时珍的儿子李建元和李建木绘制了1100多幅精美药图，帮助人们图药对照，甚至按图寻药。

三、屠呦呦与青蒿素

屠呦呦，抗疟药青蒿素和双氢青蒿素的发现者，中国中医科学院终身研究员兼首席研究员、青蒿素研究中心主任，国家最高科学技术奖获得者，诺贝尔生理学或医学奖获得者。1930年12月30日出生于浙江省宁波市，其名“呦呦”源自《诗经》中的诗句“呦呦鹿鸣，食野之蒿”。1951年考入北京大学医学院药学系生药专业，1955年毕业后到卫生部中医研究院（中国中医科学院前身）中药研究所工作至今。

2015年，瑞典卡罗琳医学院宣布将诺贝尔生理学或医学奖授予屠呦呦以及另外两名科学家，以表彰他们在寄生虫疾病治疗研究方面取得的成就。这是中国医学界迄今为止获得的最高奖项，也是中医药成果获得的最高奖项。屠呦呦说：“青蒿素是人类征服疟疾进程中的一小步，是中国传统医药献给世界的一份礼物。”

20世纪60年代，在氯喹抗疟失效、人类饱受疟疾之害的情况下，在中医研究院中药研究所任研究实习员的屠呦呦于1969年接受了国家疟疾防治项目“523”办公室艰巨的抗疟研究任务。屠呦呦担任中药抗疟组组长，从此与中药抗疟结下了不解之缘。由于当时的科研设备比较陈旧，科研水平也没有达到国际一流水平，不少人认为这个任务难以完成，只有屠呦呦坚定地说：“没有行不行，只有肯不肯坚持。”整理中医药典籍、走访名老中医，她汇集了640余种治疗疟疾的中药单秘验方。在青蒿提取物实验药效不稳定的情况下，东晋葛洪《肘后备急方》中的“青蒿一握，以水二升渍，绞取汁，尽服之”给了屠呦呦灵感。通过改用低沸点溶剂的提取方法，富集了青蒿的抗疟组分，屠呦呦团队最终于1972年发现了青蒿素。据世界卫生组织不完全统计，青蒿素作为一线抗疟药物，在全世界已挽救数百万人生命，每年治疗患者数亿人。

在发现青蒿素后，屠呦呦继续深入研究以青蒿素为核心的抗疟药物。2019年6月，屠呦呦研究团队经过多年攻坚，在青蒿素“抗疟机理研究”“抗药性成因”“调整治疗手段”等方面取得新突破，提出应对“青蒿素抗药性”难题的切实可行的治疗方案，并在“青蒿素治疗红斑狼疮等适应症”“传统中医药科研论著走出去”等方面取得新进展，获得世界卫生组织和国内外权威专家的高度认可。

四、中医药与新冠肺炎疫情①

2022年3月31日，世界卫生组织官网发布的《世界卫生组织中医药救治新冠肺炎专家评估会报告》指出，中医药能有效治疗新冠肺炎，降低轻型、普通型病例转为重症，缩短病毒清除时间，改善轻型和普通型患者的临床预后。评估会上，中方专家展示了中医药报告的

① 2022年12月26日晚，国家卫生健康委员会发布公告，将新型冠状病毒肺炎更名为新型冠状病毒感染。

临床研究基础。中方介绍，截至2022年3月，中国临床试验注册中心已注册859项中国新冠临床研究，其中213项与中医药相关。总体来看，与未给予中药干预的患者相比，服用中药的患者症状恢复时间更短。其中，21项研究表明，中药有助于缩短核酸转阴时间；43项研究表明，中药能够减少非重症患者转重的比例。该报告同时鼓励成员国考虑中国形成并应用的整合医学模式，即中西医结合模式，有效管理当前疫情。

五、植物药未来的发展机遇

植物药的可持续发展要建立在基础研究和建立科学有效的药用植物质量标准上。在化学药研发投入不断增加而失败风险增大的背景下，大多专家学者对于植物药的研发前景表示乐观，认为植物药很快就会成为健康行业的生力军。

思政要点

1. 懂植保，爱植物；懂中药，爱健康。

2. 为中药在抗击新型冠状病毒感染中的卓越战绩感到自豪。

3. 理解“医药—兽药—农药”创制一体化，树立从中药植物中找寻天然活性物质的意识，用中医药重塑民族自豪感。

适用课程及章节

植物化学保护学课程的绪论、杀虫剂，农药生物测定课程的绪论、杀虫剂室内生物测定，天然产物农药课程的植物源农药。

参考文献

[1]周士权，肖国香，张超，等.《本草纲目》视域下的动物药资源科学认知思想及可持续发展探讨[J]. 时珍国医国药，2021，32(8)：2018-2021.

（撰稿人：张永强）

95

师生共进同上田间课堂，五育并举落实立德树人

2020年5月，教育部发布的《高等学校课程思政建设指导纲要》指出：培养什么人、怎样培养人、为谁培养人是教育的根本问题，立德树人成效是检验高校一切工作的根本标准。落实立德树人根本任务，必须将价值塑造、知识传授和能力培养三者融为一体、不可割裂。全面推进课程思政建设，就是要寓价值观引导于知识传授和能力培养之中，帮助学生塑造正确的世界观、人生观、价值观，这是人才培养的应有之义，更是必备内容。2020年，中央一号文件明确指出：推动人才下乡。培养更多知农爱农、扎根乡村的人才，推动更多科技成果应用到田间地头。

西南大学植物保护学院坚持立德树人根本任务，积极构建"十大育人"体系，高度重视本科教育教学，始终把推进实践育人作为落实"三全育人"的重要抓手，逐步形成了"学院统筹、师生参与、教学相长、共同提高"的实践育人模式。2002年以来，每年7月学院会在合川农场开展农业昆虫学、农业植物病理学等专业核心课程教学实习。通过教学实习，将立德树人融入田间课堂，提升师生的专业技能和实践能力，强化师生的劳动教育，培养师生的"三农"情怀，为培养新农科人才奠定良好基础。

一、把思政课开在田间地头

植物保护学院按照国家特色专业、国家级一流专业建设的要求，坚持在合川农场开展教学实习，切实做到理论与实践相结合，坚持在实习中开设思政大课，指导学生在学习中实践，在实践中学习，切实贯彻以学生为中心的教学理念，紧紧抓住以培养学生能力为主的教学主旨。按照"五育并举，全面发展"和"为党育人，为国育才"的要求，坚持"德才兼备、以德为先"的理念，通过思政大课与课程学习的有机结合，引导学生深刻感悟习近平总书记"知之深，爱之切"的"三农"情怀，深刻理解"一懂两爱"，坚定信念，抓住课堂，紧盯课本，学好理论，勤于实践，以做好新时代"三农"工作为本分，为加快推进农业农村现代化，实现乡村全

面振兴贡献自己的力量；激励学生以实现民族复兴为己任，不负时代，不负韶华，始终坚持以人民为中心，不断夯实专业功底，构建新农科知识体系，争做有理想、有担当的植保人。

二、把论文写在祖国大地上

实习期间，指导老师带领学生顶着烈日或冒着大雨，深入田间地头，对农场及周边的水稻、玉米、高粱、烤烟以及蔬菜的病虫害进行调查。学生克服了炎炎酷暑、蚊叮虫咬等困难，表现了不怕苦不怕累、求真知务实干的精神，了解了农村现实状况和农业产业实际，巩固了专业知识，提高了对“三农”的认知。师生去田间实践，不仅巩固了专业知识，也提升了思想素质，加深了对于保持平稳健康的经济环境、国泰民安的社会环境的重要性的认识，加强了对于做好“三农”工作、稳定“三农”基本盘、“中国人要把饭碗端在自己手里”的责任感。师生们深深体会到，必须用自己所学的知识为群众谋取幸福，将人民的幸福作为自己的幸福，主动进行专业实践，把论文写在祖国大地上，以优异的研究成果回报社会。

三、把劳动教育落实到育人全过程

“赤脚下田，记忆最甜”“一次实习，终身受益”。通过实习，师生们切实了解了农业生产中的作物病虫害问题，熟悉了调查取样技术，掌握了作物病虫害的常规诊断鉴定方法，提高了与农户的沟通能力，真正感受到了理论必须结合实践，实践是理论的基础；通过实习，学生充分认识到作为新时代青年所应承担的历史责任，深刻感悟“三农”情怀，立志做到“一懂两爱”，为实现乡村振兴贡献力量。同时，师生通过共上“田间课堂”，增进了师生之间教学相长的情谊，激发了同学之间团结互助的力量，为全面培育植保人才、建设好植物保护专业打下基础，引导学生全面关注“三农”问题，思考巩固脱贫攻坚成果与实现乡村振兴的关系，继续发扬优良传统，勇于战胜自我，克服困难，勤于实践，学好专业，服务“三农”，报效祖国。

四、把专业知识运用到社会实践中

每次实习，师生们不畏烈日酷暑、不畏大雨滂沱，坚持深入合川区渭沱镇场镇进行科技赶场，接受当地农户的咨询，开展“三下乡”社会实践。师生们向赶场群众主动讲解标本病虫害主要发生种类、危害症状以及防治手段，详细介绍该地区主要农业病虫害的特征及危害习性，耐心解答农户在生产中遇到的问题及疑虑。学生们还向农户随机进行问卷调查，了解农户的基本田地情况、种植情况，以及农户对绿色防控、生态调控以及化学农药的了解情况，向农户进行农业植物病虫害及其防控方法的科普宣传。

五、把立德树人与新农科建设相结合

学院通过教学实习，实现思政大课、专业大课和田间大课的同频共振，培养学生知行合一、心系“三农”、团结协作和艰苦奋斗的精神，激发教师回归立德树人、教书育人、社会服务和科学报国的本分。学院将始终牢记习近平总书记的嘱托，以立德树人为根本，以强农兴农为己任，践行以人民为中心的理念，积极构建新农科人才培养模式，着力培养立大志、明大德、成大才、担大任的新时代植保学子，为全面实现乡村振兴和农业现代化做出应有的贡献。“田间课堂”系列活动已相继被人民网、环球网、重庆电视台、西南大学官网等多家媒体报道。

思政要点

1. 厚植“三农”情怀，培育“一懂两爱”新农人。坚持理论与实践并重，引导学生以专业为本，培养学生的动手能力，树立共产主义远大理想和中国特色社会主义共同理想。

2. 三全育人，培养新时代农科人才。坚持以强农兴农为己任的价值引领，专业知识传授与能力培养相统一；坚持立足长远，以本科教育教学为重点，接续培养服务乡村振兴和建设美丽中国的新农科人才。

适用课程及章节

农业昆虫学、农业植物病理学等专业核心课程。

参考文献

[1]习近平给全国涉农高校的书记校长和专家代表的回信[N].重庆日报，2019-09-07.

（撰稿人：李园媛、唐荣发、李玉胜）